Jochen Bölsche (Hg.)

Natur ohne Schutz

Neue Ökostrategien
gegen die Umwelt-Zerstörung

SPIEGEL-BUCH

14.–21. Tausend Mai 1982

Umschlagentwurf: SPIEGEL-Titelgrafik
Karten und Schaubilder: SPIEGEL-Grafik
Veröffentlicht im Rowohlt Taschenbuch Verlag GmbH,
Reinbek bei Hamburg, April 1982

Satz Times, Alfred Utesch GmbH, Hamburg
Gesamtherstellung Clausen & Bosse, Leck
Printed in Germany
ISBN 3 499 33022 9

Inhalt

1
Ökosoziale Marktwirtschaft – Ausweg aus der Krise

Zu den Thesen der Bonner Projektgruppe „Aktionsprogramm Ökologie“

Die Frage, wie es zur Schöpfung der Erde kam, mögen je auf ihre Weise Theologen und Naturwissenschaftler beantworten. Über die Ursachen dagegen, die zur Erschöpfung der Erde geführt haben, können Journalisten Zeugnis ablegen – zum Beispiel in diesem Buch.

In den USA ist seit Erscheinen der Umwelt-Studie „Global 2000“ regierungsamtlich, daß der Raubbau an den irdischen Ressourcen dazu geführt hat, die natürlichen Grundlagen menschlichen Lebens zu gefährden. Doch während „Global 2000“ international diskutiert wird, hat kaum jemand zur Kenntnis genommen, daß westdeutsche Sachverständige, tätig im Auftrag der Bonner Regierung, zu ähnlich düsteren Schlußfolgerungen gekommen sind. Eine Projektgruppe „Aktionsprogramm Ökologie“, Ende 1979 vom Innen- und vom Agrarminister eingesetzt, hat nach zweijähriger Arbeit folgendes Fazit gezogen:

„Zahlreiche Untersuchungen belegen, daß das Produktions- und Lebensniveau der hochentwickelten Industrieländer kaum Aussicht auf langfristigen Fortbestand hat. Die endlichen Ressourcen der Erde erschöpfen sich allmählich, wichtige Ökosysteme der Meere und Kontinente sind gestört, viele der noch lebenden Pflanzen- und Tierarten stehen vor der Ausrottung, die Umweltmedien Boden, Wasser und Luft werden in einer Weise verändert, daß die ökologischen Folgen vor allem wegen der möglichen Ketteneffekte unabsehbare Ausmaße annehmen können und die für den Menschen lebenswichtigen natürlichen

Selbstreinigungsmechanismen außer Kraft gesetzt werden. Der Menschheit wird die Lebensgrundlage entzogen."

Der Menschheit wird die Lebensgrundlage entzogen. So alarmierend der Befund ist, der aus den dürren Wissenschaftler-Worten spricht – politische Reaktionen hat er nicht ausgelöst, die Bonner Politik ging zur Tagesordnung über. Weltuntergang, na und?

Je folgenschwerer eine Entwicklung, desto weniger, so scheint es, ist sie Thema „großer" Politik: Daß der Flora und Fauna die verheerendste Vernichtung biologischer Vielfalt seit dem Sauriersterben vor 65 Millionen Jahren droht; daß Wissenschaftler den Niedergang der Wälder durch Säureregen und die irreversible Vergiftung der Äcker durch Schwermetalle voraussagen; daß es schon im Jahr 2000 in bundesdeutschen Städten keine Straßenbäume mehr zu geben droht; daß Quellen versiegen und das Trinkwasser knapp wird; daß die gigantische Selbstreinigungskraft der Nordsee der Überforderung durch Schadstoffe womöglich bald nicht mehr gewachsen sein wird – das alles, Thema dieses Buches, ist in Teilen der Alternativkultur bislang heftiger diskutiert worden als im Parlament. Politische Folgen zeichnen sich jetzt schon ab. Die Bonner Öko-Sachverständigen urteilen:

„Eine wachsende Angst und Abwehrhaltung der Menschen gegenüber zunehmend unüberschaubaren technischen Entwicklungen ist ein Zeichen dafür, daß die Bevölkerung nicht mehr bereit ist, Wachstumszwänge um jeden Preis mitzutragen. Resignation, dokumentiert als Rückzug aus dem etablierten Gesellschaftssystem, und/oder Radikalisierung können die Folgen sein und sind es schon."

Gewalttätige Auseinandersetzungen um Startbahnen und Kraftwerke, Politiker-Warnungen vor einem „ökologischen Bürgerkrieg" scheinen den Gutachtern recht zu geben. Droht der Bundesrepublik eine Öko-Guerilla? Formiert sich im Untergrund eine Art Grüne Armee Fraktion? Dieses Buch versucht, die Fragen zu beantworten.

So viel steht fest: Mit Nistkasten-Bau und Waldputz-

Haitzinger

Aktionen ist den Ursachen der schleichenden Natur- und Umweltzerstörung nicht beizukommen. Die Bonner Arbeitsgruppe weist auf die ökonomischen Gründe der ökologischen Krise hin – abermals mit trockenen, gleichwohl goldenen Worten:

„Marktexpansion und Unternehmenskonzentration sind Merkmale einer ungesteuerten Wettbewerbswirtschaft, in welcher die Unternehmen sich nach dem Verhältnis von Kosten und Erträgen ihrer Tätigkeiten orientieren müssen, ohne daß ihnen die von ihren Aktivitäten ausgehenden Belastungen der Umweltmedien Luft, Wasser und Boden sowie die Zerstörung von natürlichen Lebensstätten von Pflanzen und Tieren immer voll als Kosten angelastet werden. Vielfach können sogar Umweltmedien und natürliche Ressourcen völlig kostenfrei genutzt werden. Auch die Landwirtschaft und der Dienstleistungsbereich sind gezwungen, diese Prinzipien zu übernehmen. Unter diesen Gegebenheiten sind weder die natürlichen Ressourcen noch die Lebensgrundlagen von Pflanzen, Tieren und Mensch dauerhaft zu sichern."

Anders als der konservative, nach seinem Selbstverständnis unpolitische Naturschutz – die erfolgloseste gesellschaftliche Strömung in der Bundesrepublik – erwarten die Bonner Öko-Sachverständigen Abhilfe nur von tiefgreifenden politischen Reformen:

„Die gegenwärtigen Versuche, im marktwirtschaftlichen Steuersystem eine Abhilfe zu schaffen, sind unzureichend. Dem marktwirtschaftlichen Zielsystem fehlt ein ökologischer Orientierungsrahmen. Ohne diesen aber ist eine Anpassung der industriellen und landwirtschaftlichen Produktion sowie des Dienstleistungsbereiches an ökologische Bedürfnisse und Notwendigkeiten nicht möglich.

Wirtschaftstheorie und Wirtschaftspolitik müssen aufzeigen, wie ein ökologischer Gesamtrahmen für eine soziale Marktwirtschaft auszusehen hat. Und sie müssen darlegen, ob und wie ökologische Notwendigkeiten und umweltbezogene Bedürfnisse durch einen effizienteren Marktmechanismus erfüllt werden können und/oder wie weit diese marktwirtschaftliche Dynamik einer auf breitem politischen Konsens beruhenden Ergänzung bedarf. Eine sozial vertretbare und demokratisch kontrollierte Veränderung der institutionellen Rahmenbedingungen ist notwendig."

Zur Diskussion gestellt ist damit nicht mehr und nicht weniger als der Entwurf einer „Ökosozialen Marktwirtschaft" – ein Modell, dessen Einführung zumindest ebenso weitreichende Folgen zeitigen würde wie einst der Übergang von der sogenannten Freien zur heutigen Sozialen Marktwirtschaft.

Patentlösungen gibt es nicht. Soll die Natur nicht länger ohne Schutz sein, ist millionenfaches Umdenken nötig. Vor allem aber müßte Naturschutz, allzulange behaftet mit dem Ruch des Sektierertums, zur Massenbewegung gedeihen.

2

Jochen Bölsche

Das Elend des Naturschutzes

Von „Global 2000“ zu „Lokal 2000“

I
Wie viele Schmetterlinge braucht der Mensch?

Trotz fünf Millionen Anhängern und Unterstützung durch Prominente, von Professor Grzimek bis Loki Schmidt, ist Westdeutschlands Naturschutz-Bewegung so erfolglos wie keine andere gesellschaftliche Strömung. Mit Ratlosigkeit reagieren die Verbände auf die womöglich größte Vernichtung biologischer Vielfalt seit dem Sauriersterben vor 65 Millionen Jahren: Die Hälfte aller höheren Tier- und ein Drittel aller Pflanzenarten werden voraussichtlich bis zum Jahr 2000 ausgestorben sein. Dennoch bringen sich die Naturschützer weiterhin mit Weltfremdheit und Sektierertum um Einfluß. Bonns Regierende spotten nur über die „Verrückten im grünen Mäntelchen“.

Sie sind, knapp gerechnet, zehnmal so stark wie die Bundeswehr. Gewidmet ist ihnen, wie die Regierung verlautbart, ein Drittel der Staatsfläche – insgesamt 64 Natur- und Nationalparks vom Watzmann bis zum Wattenmeer, dazu 6300 Natur- und Landschaftsschutzgebiete. Um bedrohte Kröten, gefährdete Kräuter und herrenlose Köter kümmern sich in der Bundesrepublik mehr als drei Millionen Mitglieder von 94 Verbänden, die im Deutschen Naturschutzring zusammengeschlossen sind, von den sozialistischen „Naturfreunden“ bis zur Aktion Saubere Landschaft e.V., von der Schutzgemeinschaft Deutscher Wald bis zur Schutzgemeinschaft Deutsches Wild.

Gleichgesinnte wirken überdies in Tausenden von örtlichen Aktionsgruppen, die zum Teil wiederum dem Bundesverband Bürgerinitiativen Umweltschutz (300 000 Anhänger) angehören. Und ungezählt sind die Kleingärtner und Kanuten, Jäger und Wanderer, Angler und Imker, in deren Verbandsstatuten die Liebe zur Natur zwar nicht an erster, aber doch sogleich an zweiter Stelle steht. Als im November 1981 „Bild am Sonntag" über medizinische Versuche („brutalste Marterungen") an Tieren berichtete, wurde Protestpost gleich containerweise angeliefert: Binnen einer Woche, meldete das Boulevardblatt, seien 20 000 Zuschriften empörter Tierfreunde eingegangen.

Ein Jahrhundert nach der Gründung des Deutschen Tierschutzbundes sind die Deutschen, so könnte es scheinen, Weltmeister in der Hege und Pflege ihrer natürlichen Umwelt. Bundestag und Länderparlamente haben dem reichsten Industriestaat Europas, wie Bonner Regierungspropagandisten seit Jahren beteuern, „das beste Umweltrecht der Welt" beschert: einen Wust von Wasser-, Wald- und Waschmittelgesetzen, von Rechtsverordnungen auch gegen Luftschmutz, Benzinblei und Baumfrevel. Beamte in Bundesanstalten, Landesämtern und Rathäusern, in Oberen, Mittleren und Unteren Naturschutzbehörden stehen den Millionenscharen ehrenamtlicher Tier- und Pflanzenschützer zur Seite. Wird ein Bürger ertappt, der unbefugt auf seinem eigenen Grundstück einen Baum gefällt hat, droht ihm mancherorts, gemäß kommunaler Baumschutzsatzung, Bußgeld bis zu 50 000 Mark.

Kaum ein Prominenter, der sich lange um Unterstützung für die gute grüne Sache bitten ließe. Der Maler Friedensreich Hundertwasser etwa stiftete für eine Aktion „Arche Noah 2000" zur Rettung gefährdeter Tierarten Kunstdruck-Poster (Text: „You are a guest of nature"), deren Erlös dazu beitragen soll, Vogelschutzgebiete einzurichten. Die Kammersängerin Anneliese Rothenberger fördert als Kuratoriumsmitglied die „Deutsche Umwelthilfe", die unter anderem „Amphibien das Leben retten" will, Kanzlergattin Loki Schmidt, Vorsitzende einer „Stiftung zum Schutze gefährdeter Pflanzen", tuscht bedrohte Kräuter wie Lungenenzian und Drachenwurz auf Porzellanteller – Ladenpreis 43,50 Mark, fünf Mark Spende inklusive.

Die meisten Kämpfer des grünen Heeres indes streiten im stillen. Sie bewachen, ausgestattet mit Walkie-talkies und

Infrarot-Geräten, rund um die Uhr Deutschlands Wappentier in den letzten Adlerhorsten des Landes. Sie erfassen die Standorte von heimischen Orchideen wie dem Gefleckten Knabenkraut in Kartenwerken und Karteien. Oder sie reinigen, etwa nach einer Tanker-Havarie auf der Elbe, geduldig mit Geschirrspülmittel ölverschmierten Möwen das Gefieder.

Immer häufiger aber verschaffen sich Naturfreunde auch demonstrativ Gehör. Ob bei Protestaktionen gegen das geplante Plutoniumlager in Gorleben oder das Atomkraftwerk in Brokdorf, gegen die Frankfurter Startbahn West oder die Verschmutzung von Meeren und Flüssen – neben den Junggrünen im Parka steigen auch Altgrüne im Lodenrock auf die Barrikaden. Nicht nur linken Atomgegnern und Umweltschützern, sondern auch konservativ geprägten Freunden deutscher Flora und Fauna ist zu verdanken, daß Ende der siebziger Jahre in der Bundesrepublik Investitionen in Höhe von mindestens 30 Milliarden Mark durch Einsprüche blockiert waren.

Die Naturschützer aber haben auch dazu beigetragen, daß Staat und Wirtschaft, wie Kanzler Schmidt resümierte, von 1970 bis 1980 „rund 120 Milliarden Mark für Umweltschutz“ ausgeben mußten, „fünfmal soviel wie in demselben Zeitraum Bund und Länder für den sozialen Wohnungsbau aufgebracht haben“. Daß manch einem dies noch immer nicht genug ist, signalisieren die Wahlerfolge grüner und bunter Alternativler, denen mal Biber oder Schmetterling (in Hamburg), Krokodil (in Teilen Niedersachsens) oder der Igel (in Berlin) als Maskottchen dienen. Ein Ende des Naturschutz-Booms läßt sich nicht absehen. Ungebrochen ist das Publikumsinteresse an TV-Sendungen á la „Sterns Stunde“, Grzimeks „Platz für Tiere“ und Sielmanns „Expeditionen ins Tierreich“. Im Buchhandel finden Bildbände mit Titeln wie „Rettet den Wald“, „Rettet die Vögel“, „Rettet die Wildtiere“, „Rettet die Wale“ und „Rettet die Natur“ Tausende von Käufern. Von der deutschen Ausgabe des 1500 Seiten starken US-Umweltwälzers „Global 2000“

gar wurden binnen 15 Monaten eine halbe Million Exemplare abgesetzt.

Politiker in Bund und Ländern scheinen nach dem ersten Schreck bemüht, sich von der grünen Welle tragen zu lassen, so gut es geht. Bonns Postminister Kurt Gscheidle wirft eine Naturschutz-Sondermarke nach der anderen auf den Markt, mal mit Blümchen, mal mit Küken drauf. Selbst Ministerpräsident Holger Börner, dessen Pläne zur Betonierung Hessens Hunderttausend zum Protest trieben, läßt sich gern beim Waldspaziergang, mit Spazierstock und Feldstecher, ablichten. Reportern der Zeitschrift „Natur“ versicherte der Rote: „Ich denke, daß ich ein Grüner bin.“

So naturnah dünkt sich die Nation, daß sie an ihrem grünen Wesen am liebsten die ganze Welt genesen ließe. Ob es gegen afrikanische Elefantenwilderer oder spanische Stierschänder geht, gegen „Vogelmord“ in Italien oder „Robbenschlachten“ in Kanada: Die Unterschriften- und Spendensammlungen westdeutscher Tierschützer fallen regelmäßig ertragreicher aus als die Aktionen von Menschenschützern, die für die Abschaffung der Folter kämpfen oder gegen die Ausrottung brasilianischer Indios oder australischer Buschmänner.

Doch so rasch sich auch die Sammelbüchsen der bundesdeutschen Tier- und Pflanzenschützer füllen, so stolz sich die Mitgliederzahlen ihrer Verbände ausnehmen – die Betriebsamkeit der grünen Aktivisten, von Loki Schmidt bis Bernhard Grzimek, verdeckt ein fatales Faktum: Trotz allen Werberummels, trotz des Millionenaufwands ist keine gesellschaftliche Strömung in der Bundesrepublik so erfolglos wie der Naturschutz. Denn während die Fernsehnation um die drolligen Pandabären im chinesischen Bambuswald und um die großäugigen Robbenbabys im fernen Eismeer bangt, vollzieht sich gleichsam vor der Haustür eine von vielen Zeitgenossen noch gar nicht bemerkte Entwicklung, die möglicherweise nur einen Vergleich erlaubt: den Untergang der Dinosaurier vor 65 Millionen Jahren.

JEDE ZWEITE ART STIRBT AUS

Rote Liste der verschollenen und gefährdeten Wirbeltiere in der Bundesrepublik

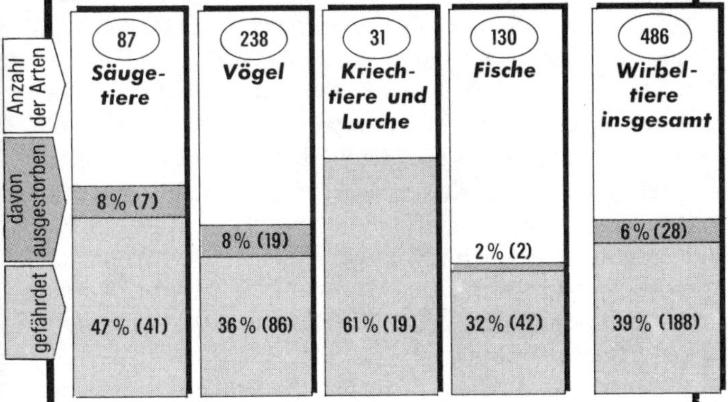

Beispiele:

ausgestorben	Elch	Rothuhn		Stör
	Wisent	Steinwälzer		Thunfisch
	Auerochse	Gänsegeier		
	Wolf	Großtrappe		
	Wildpferd	Fischadler		
gefährdet	Alpensteinbock	Steinadler	Äskulapnatter	Zobel
	Fledermäuse	Rohrdommel	Sumpf-schildkröte	Maifisch
	Biber	Uhu	Smaragd-eidechse	Huchen
	Otter	Störche	Mauereidechse	Flußneunauge
	Luchs	Kranich	Kreuzotter	Lachs
	Schweinswal	Seeadler	Schlingnatter	Meerforelle
	Birkenmaus	Wiedehopf	Gelbbauchunke	Steinbeißer
	Wildkatze	Sperber	Laubfrosch	Wandermuräne
	Seehund	Eisvogel	Springfrosch	Bachneunauge
	Brandmaus	Krickente	Kreuzkröte	Meeresneunauge
	Feldspitzmaus	Graureiher	Wechselkröte	Flußbarbe
	Siebenschläfer	Hohltaube	Seefrosch	Karpfen
	Dachs	Wachtel	Rotbauchunke	Moderlieschen
	Haselmaus	Habicht		Zander
	kleinäugige Wühlmaus	Kolkrabe		Stint
	Iltis	Saatkrähe		Elritze
	Hausratte	Milane		Schlammpeitzger
		Alpenstrandläufer		Perlfisch

DER SPIEGEL

Ausgerechnet in derselben Zeit, in der in der Bundesrepublik allenthalben das Umweltbewußtsein gestiegen ist, sind in beispiellosem Tempo Hunderte von Tier- und Pflanzenarten durch Industriegifte ausgerottet oder durch die Zerstörung von Lebensräumen massiv in ihrer Existenz gefährdet worden. Dem Durchschnittsbürger ist allenfalls aufgefallen, daß ein Maikäfer mittlerweile unter Schülern für fünf Mark gehandelt wird – jenes Tier, das vor Jahrzehnten noch millionenfach umherschwirrte und über das Wilhelm Busch 1865 reimte: „Jeder weiß, was so ein Mai-/Käfer für ein Vogel sei." Vielleicht auch hat manch einen zu Ostern die Kinderfrage stutzig gemacht, ob es denn den Hasen wirklich gibt – eine berechtigte Frage. „Kommende Generationen von Kindern", sagt Hubert Weinzierl, Vorsitzender des Bundes Naturschutz in Bayern, „werden den Hasen nur mehr aus Bilderbüchern oder als Schokoladen-Osterhasen kennen."

Den Westdeutschen, die im Durchschnitt nur noch sieben Wildkräuterarten zu bestimmen vermögen und nur selten mal ein freilebendes Tier zu Gesicht bekommen, entgeht, was sich abseits ihrer Siedlungen vollzieht: 41 der 93 einstmals in Deutschland heimischen Säugetierarten – darunter Baumschläfer und Biber, Otter und Luchs, Steinbock und Fledermaus – werden bald ebenso ausgestorben sein wie, seit langem schon, Wisent und Wildpferd, Wolf und Auerochse. Von den 238 Vogelarten des Landes sind acht Prozent schon dahin und 36 Prozent auf der „Roten Liste" der Naturschützer als „gefährdet" registriert, darunter Kranich und Uhu, Weißstorch und Wiedehopf.

Unaufhaltsam, so scheint es, schwinden die heimischen Orchideen dahin (90 Prozent aller Arten sterben aus), ebenso wie viele der übrigen Blütenpflanzen (Aussterberate: 32,8 Prozent). Selbst Karpfen und Stichling, Flußbarsch und Bachforelle stehen in einzelnen Bundesländern schon auf den roten Sterbelisten. Doch für die meisten Bundesbürger, klagt der Nürnberger Naturschützer Hubert Weiger, „ist die Welt noch in Ordnung, wenn am Morgen die Amsel singt, am Autobahnrand ein Bussard gesichtet und aus dem Intercity ein Reh gesehen wird." Hinzu kommt, daß einige wenige, aber millionenfach auftretende Allerweltsarten wie Kaninchen und Ratte, Elster und Taube, Zitronenfalter und Kohlweißling, Gemeine Quecke und Gemeiner Löwenzahn als sogenannte „Kulturfolger" selbst auf Müllhalden und in Stadtparks gedeihen. Diese Arten spiegeln dem Unkundigen vor, daß es allzu schlimm um die Natur doch gar nicht stehen könne.

Und sind nicht tatsächlich zu allen Zeiten Lebewesen ausgestorben, ohne daß die Welt daran Schaden nahm? Wissenschaftler wie der Münchner Biologe Professor Wolfgang Engelhardt, Präsident des Deutschen Naturschutzringes, meinen, derlei Argumente seien „typisch für die Halbwissenden". Tatsächlich unterscheiden sich die gegenwärtigen Aussterbeprozesse in ihrer Geschwindigkeit von allem, was über die irdische Evolution bekannt ist.

Innerhalb von nur fünfzig Jahren könnten in vielen Ordnungen der Tier- und Pflanzenwelt mehr als fünfzig Prozent all jener Arten vernichtet werden, die sich in der 500 Millionen Jahre währenden Geschichte ihres Lebens auf dem blauen Planeten behaupten konnten. Von der mittleren Steinzeit bis zum Ende des Zweiten Weltkrieges gab es etwa im Gebiet des heutigen Baden-Württemberg stets rund 60 Fischarten. Seit 1945 jedoch sind 17 davon verschwunden, weitere 30 in ihrem Fortbestand bedroht. „Das Dramatische" an solchen Vorgängen ist für den Naturschutzexperten Weinzierl, „daß wir offenbar den Begriff der Zeit verloren haben": „Ich fürchte, daß unser Gehirn zu klein ist, unsere Gedanken zu kurzlebig und unsere Kreatürlichkeit schon allzu verkümmert sind, als daß wir diesen erschütternden Wettlauf mit dem Tode begreifen könnten", den die „siebenmillionenfache Verkürzung normaler Evolutionsabläufe" bedeute.

Während die Spezies Mensch sich in den letzten hundert Jahren versechsfacht, ihren Rohstoffbedarf verzehnfacht und ihren Energieverbrauch verzwanzigfacht hat, sind die

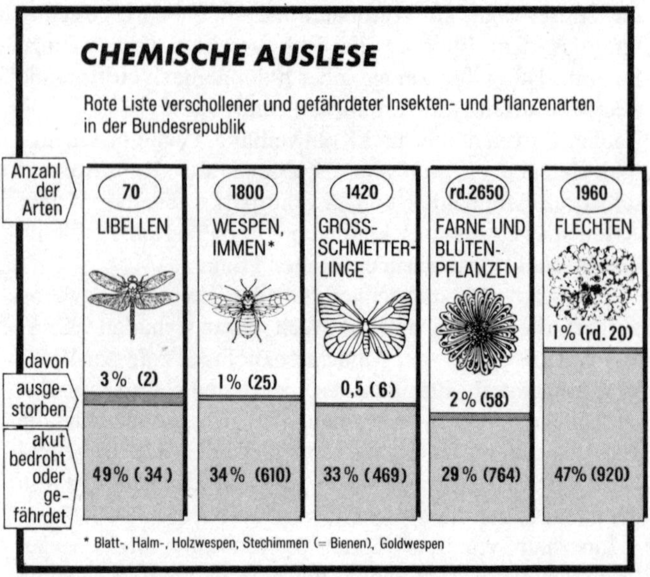

Konsequenzen dieser Entwicklung für die Tier- und Pflanzenwelt katastrophal: „Die durch menschliche Einwirkung verursachte Ausrottung von Arten", heißt es in der für das Weiße Haus gefertigten US-Studie „Global 2000", „wird in nie zuvor beobachteter Größenordnung explodieren und möglicherweise ein Ausmaß wie zur Zeit der diluvianischen Eiszeit erreichen." In der Bundesrepublik werde, sagte Naturkundler Weinzierl 1980, „die Hälfte aller Tiere und ein Drittel aller Pflanzen, die wir noch in diesem Sommer bewundern konnten, das Jahr 2000 nicht erleben". Bonns Umwelt-Staatssekretär Günter Hartkopf rechnet damit, daß bis zur Jahrtausendwende weltweit „mindestens 500 000 Pflanzen- und Tierarten" ausgerottet sein werden, eine „Größenordnung, die dem menschlichen Vorstellungsvermögen nur schwer eingeht".

Womöglich unterschätzen Weinzierl und Hartkopf die Sterbequote noch. Denn, so Professor Wolfgang Erz von der

Bonner Bundesforschungsanstalt für Naturschutz und Landschaftsökologie, „die Aussterbegeschwindigkeit in der Tierwelt nimmt immer stärker zu, in immer kürzerer Zeit sterben immer mehr Tierarten aus". Denn: Ist eine bestimmte Bestandsdichte erst unterschritten, naht der Artentod nicht länger schleichend, sondern mit Rasanz. Und das weltweit, aufgrund eines ganzen Bündels negativer Trends:

- ▷ Jedes Jahr werden in den Tropen Regenwälder von der Größe der Bundesrepublik gerodet – ein Prozeß, der nicht Humus, sondern heißen Sand hinterläßt sowie Überschwemmungen und Dürrekatastrophen „mit der Wirkung von Atombomben" (Naturschutzexperte Fred Kurt) auslöst; der so inganggesetzten Ver-Wüstung werden diversen Prognosen zufolge bis Mitte des nächsten Jahrhunderts alle Dschungel der Erde samt Flora und Fauna zum Opfer gefallen sein.
- ▷ Flüsse und Meere, von der Elbe bis zur Japanischen See, werden durch Chemie- und Öltankerunfälle, durch Gifteinleitung und Überdüngung zusehens zu Kloaken der Zivilisation, so daß die Zahl der im Süßwasser lebenden Tier- und Pflanzenarten weiter rapide sinken und der Meeresfischfang im Jahr 2000 einen bedrohlichen Tiefstand erreichen könnte.
- ▷ Der Einsatz von Pestiziden wird sich in der Dritten Welt bis zum Jahr 2000 wahrscheinlich vervierfachen bis versechsfachen, die Verseuchung von Wäldern, Seen und Ackerböden durch Schwermetalle wie Kadmium und Industriegifte wie Schwefeldioxid gleichfalls zunehmen, so daß Forstexperten wie der Bayer Weiger nach dem europäischen Tannensterben eine durch Säureregen ausgelöste „globale Umweltkatastrophe" für Wälder und Äcker erwarten.
- ▷ Jahr für Jahr verschwinden nach UN-Berechnungen allein in den Industrieländern 3000 Quadratkilometer Kulturland, eine Fläche größer als Luxemburg, unter dem Beton von Autobahnen, Siedlungen und Flughäfen.

In der Bundesrepublik wurden von 1970 bis 1980 rund 100 000 Kilometer Straßen und Wirtschaftswege in die Natur gefräst und Zehntausende Kilometer Flüsse und Bäche betoniert oder begradigt.

Stündlich fällt solchen Prozessen weltweit eine Tier- oder Pflanzenart zum Opfer. Unwiederbringlich: Während selbst Baudenkmäler oder, per Recycling, auch Rohstoffe reproduziert werden können, sind, so die „Global 2000"-Kommission, „die Tier- und Pflanzenarten die einzigen nicht erneuerbaren Ressourcen" auf dem blauen Planeten. Weil auch schwerste Umweltsünden wie die Verseuchung von Luft und Wasser sich mit technischen Mitteln beheben lassen, müßte mithin, argumentieren Naturschützer, die Hauptsorge staatlicher Umweltpolitik der Erhaltung gefährdeter Tier- und Pflanzenarten gelten, in deren Bedrohung der Biologe Frederic Vester „eine der größten Herausforderungen in der Menschheitsgeschichte" sieht.

Doch der Artenschutz ist in der Bundesrepublik wie in anderen Ländern ein „Stiefkind der Politik" (Weiger). Die Gelassenheit vieler politisch Verantwortlicher erinnert den Hamburger Naturschutzexperten und Wissenschaftsautor Günter Haaf („Rettet die Natur") an den betagten Witz von den beiden Fensterputzern, die vom 100. Stock eines Hochhauses abstürzen: „Während der eine lauthals sein Schicksal beklagt, scheint der andere ungerührt. ‚Was hast du bloß', sagt er 90 Etagen tiefer, ‚bislang ist uns doch gar nichts passiert.' "

„Kaum einem anderen Problem", meint der in Kenia lebende Naturschutz-Fachmann Norman Myers, „wird so wenig Aufmerksamkeit zuteil wie dem Problem der verschwindenden Spezies." Einer 1979 erschienenen Streitschrift gab Myers den Titel: „Die sinkende Arche". Was die zivilisatorische Sintflut vernichtet, erörterten immerhin die Freien Demokraten bei einer Bonner Anhörung über den Bericht „Global 2000". Doch „von Betroffenheit", notierte ein Reporter der „Frankfurter Rundschau", war bei dem Hearing „kaum etwas zu spüren".

Umweltminister Gerhart Rudolf Baum räumte ein, „daß die Zukunft bisher kein Thema unserer Politik ist". Auch Baums Staatssekretär Hartkopf stellte 1981 den Bonner Parteien (in einem kaum beachteten Aufsatz in der Fachzeitschrift „Natur + Recht") ein beschämendes Zeugnis aus: „Die seit Anfang der 60er Jahre erkennbare Umweltproblematik wurde nur zum geringen Teil von den im Deutschen Bundestag vertretenen Parteien aus eigener Initiative aufgegriffen und konzeptionell bewältigt... Grundsatzdebatten über Umweltpolitik finden im Deutschen Bundestag selten vor überfülltem Hause statt. Mit dem Eintreten für Umweltbelange ist immer noch keine Parteikarriere zu machen... Unter Opportunität, Kurzsichtigkeit und mangelndem Mut leidet letzlich die Glaubwürdigkeit der Verantwortlichen. Fatalismus, Frustration, gelegentlich Zynismus breiten sich aus – vor allem unter der jüngeren Generation."

Der „Vierjahres-Opportunismus" der Abgeordneten, analysierte auch die Freidemokratin Helga Schuchardt, führe dazu, daß die Politik Alarmsignale wie den Artenschwund „systematisch überhört" und „die Alternativszene mehr Gespür für die lebensbedrohenden Entwicklungen hat als unsere Bürokratie". In der Tat grassiert in Kultur wie Subkultur, in den Kirchen wie an den Hochschulen das flaue Gefühl, auch der Niedergang der Natur könne, nicht anders als die atomare Bedrohung, menschlichem Leben ein Ende setzen – Ängste, die Wolf Biermann singen lassen: "Die Erde wird ein öder Stern/Wie andre öde Sterne./Und wenn ich daran denk, Marie,/Dann leb' ich nicht mehr gerne."

Wie pessimistisch 15- bis 24jährige Westdeutsche gestimmt sind, zeigt das Ergebnis einer Umfrage, das Ende 1981 von der Deutschen Shell publiziert wurde: Fast 50 Prozent der Befragten rechnen damit, daß ein Atomkrieg die Welt vernichten wird, 76 Prozent halten die Zerstörung der Umwelt durch Technik und Chemie für sicher oder wahrscheinlich.

Genährt wird die No-future-Stimmung von Pfarrern und

ABWÄRTS IN DEN ARTEN-TOD

Graureiher-Brutpaare in Baden-Württemberg

Wanderfalken-Brutpaare in der Bundesrepublik

Feldhasen-Jagdstrecken in der Schweiz (in Tausend)

Ringelnatter-Bestand auf einer Probefläche in Franken

tz, Haitzinger

„Wäre vielleicht doch ganz vernünftig gewesen, wenn anno 1972 alle Staaten an der Umweltschutzkonferenz teilgenommen hätten!“

Psychologen, Professoren und Politikern. Der Stuttgarter Geistliche Jörg Zink, Funktionär der Grünen Partei, beschreibt, in Anlehnung an die biblische Darstellung der Schöpfung, die sich anbahnende Erschöpfung der Erde: „Am zweiten Tag starben die Fische in den Industriegewässern... Am dritten Tag verdorrte das Gras auf den Feldern... Am siebenten Tag war die Erde wüst und leer, und der Geist des Menschen irrlichterte über dem Chaos.“ Weltuntergangsstimmung verbreitete der Psychoanalytiker Erich Fromm („Anatomie der menschlichen Destruktivität“), dem es „zweifelhaft geworden ist, ob die Erde noch in hundert Jahren bewohnbar sein wird“, aber auch ein Provinzpolitiker wie der bayrische Umwelt-Staatssekretär Max Fischer: „Ein Wasser, in dem der Fisch stirbt, bekommt auch uns auf Dauer nicht“, kommentiert er das Verschwinden heimischer Süßwasserfische.

Der Industrielle Aurelio Peccei, Präsident des Club of Rome, argumentiert ähnlich. Auch er sieht durch jene Faktoren, die das Tier- und Pflanzensterben verursachen, zugleich die „conditio humana“ bedroht: „Wenn die Menschheit ihr selbstmörderisches Verhalten nicht ändert, dann können wir uns bald in die Rote Liste der bedrohten Arten eintragen.“

Nachgerade naiv, bisweilen rührend muten angesichts solcher Ansichten oder Aussichten die Methoden an, derer sich die meisten westdeutschen Naturschützer noch immer bedienen. Mit selbstgebastelten Nistkästen etwa ist schier gar nichts auszurichten gegen die Dezimierung der Vogelwelt durch Schädlingsbekämpfungsmittel. Und die von Loki Schmidt tausendfach vertriebenen Aufkleber „Ansehen immer – Abpflücken nie“ bremsen keineswegs die großräumige Verarmung der Pflanzenwelt durch Grundwasserabsenkung und Flurbereinigung, durch Krautvernichtungsmittel und den Säureregen aus fernen Industrieschloten.

Je länger die roten Sterbelisten werden, desto mehr machen sich denn auch unter Naturschützern Resignation und Rückzugsdenken breit. Es sei bereits „fünf Sekunden *nach* Zwölf“, heißt es in einer Broschüre des baden-württembergischen Landesverbandes im Bund für Umwelt und Naturschutz Deutschland (BUND): Notwendige Maßnahmen hätten „keine Chance“ auf politische Durchsetzung – kurzum: Bald schon werde es in Deutschland „Naturschutz ohne Natur“ geben. Dem einen oder anderen Verbandsfunktionär dämmert nun, daß hundert Jahre rühriger Naturschutz-Aktivität womöglich vergebens waren. Was deutsche Feld-, Wald- und Wiesenfreunde seit 1880 zustande gebracht haben, sei, resümiert der ostwürttembergische BUND-Vorsitzende German Krieglsteiner, viel „Schall und Rauch“, eine traurige „Geschichte sporadischer Erfolge und schwankender Hoffnung, zähen Ringens, der Resignation und der Verbitterung sowie unzähliger Niederlagen“.

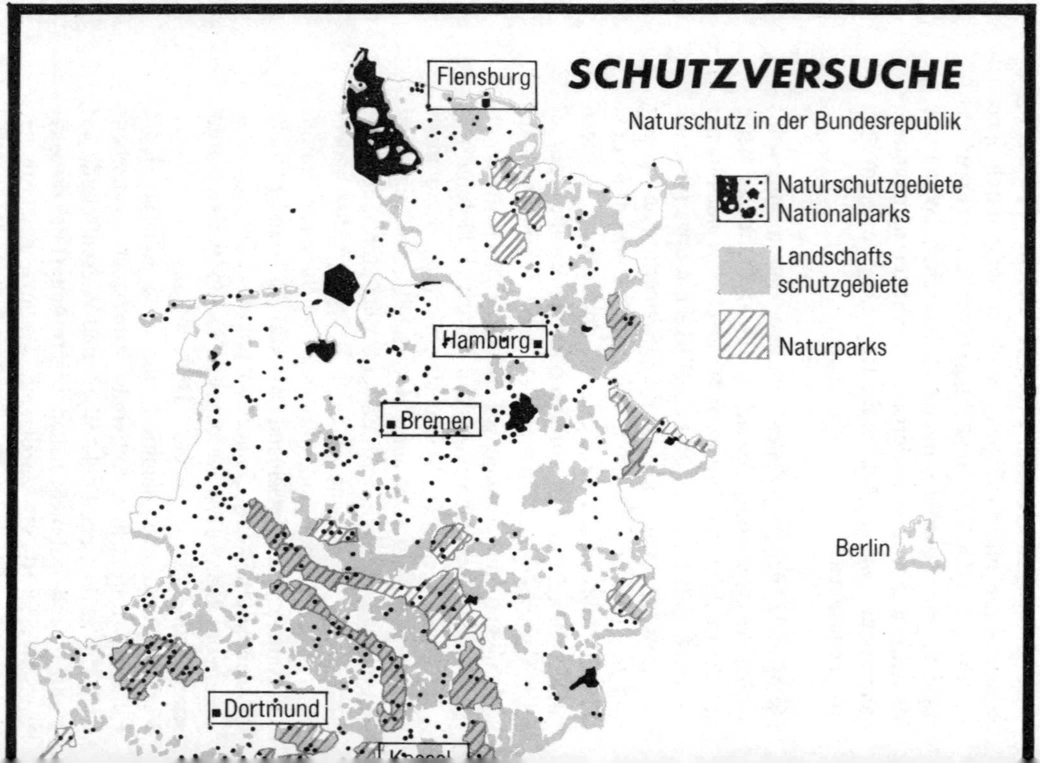
SCHUTZVERSUCHE
Naturschutz in der Bundesrepublik
Naturschutzgebiete Nationalparks
Landschafts schutzgebiete
Naturparks
Flensburg
Hamburg
Bremen
Berlin
Dortmund

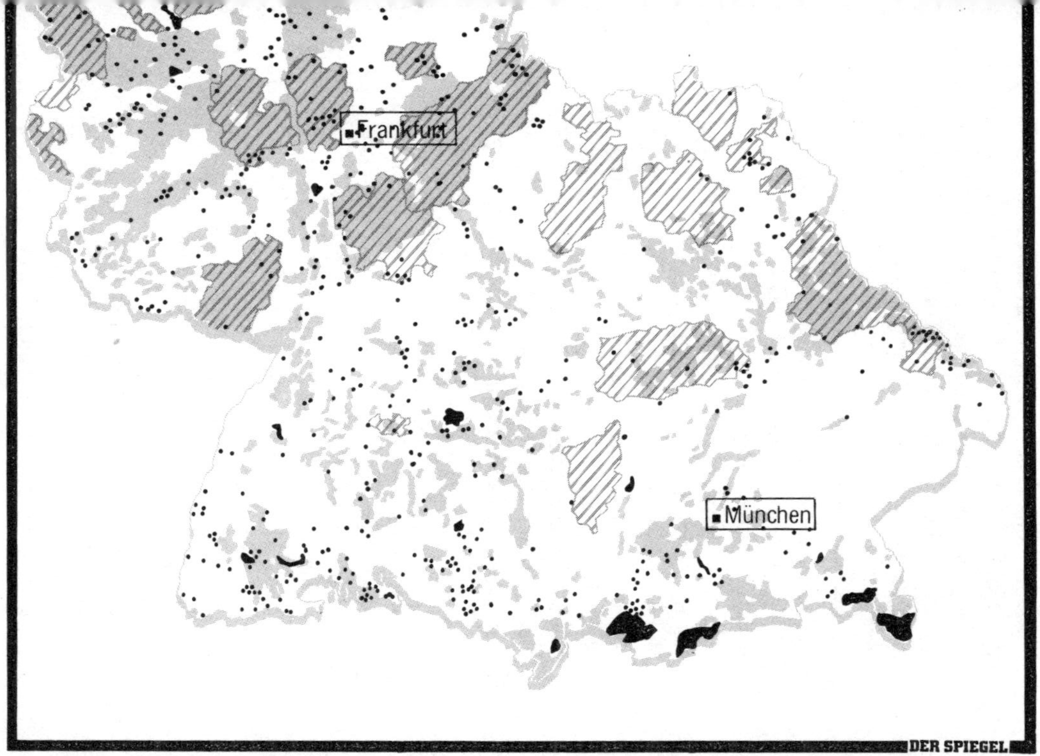
Frankfurt
München
DER SPIEGEL

Manch einer erinnert sich da an das düstere Zeugnis, das der Heide-Schriftsteller Hermann Löns den Grünen der Kaiserzeit ausstellte: „Pritzelkram ist der Naturschutz, so wie wir ihn haben", befand der Dichter. „Der Naturverhunzung dagegen kann man eine geniale Großzügigkeit nicht absprechen. Sie fährt Auto im 180-Kilometer-Tempo; der Naturschutz kraucht knickebeinig hinterdrein. Die Naturverhunzung arbeitet ‚en gros', der Naturschutz ‚en detail'."

Als Augenwischerei erweist sich nun beispielsweise, worauf naturschützerisches Wirken jahrzehntelang vorzugsweise gerichtet war: die Ausweisung von Schutzgebieten für bedrohte Tier- und Pflanzenarten. Denn während Bonner Offizielle wie Agrarminister Josef Ertl damit renommieren, ein Drittel des westdeutschen Hoheitsgebietes sei geschützt, machen Experten eine ganz andere Rechnung auf: Rund 97 Prozent dieser Flächen sind National- und Naturparks sowie Landschaftsschutzgebiete, in denen Fremdenverkehr oder Land- und Forstwirtschaft im Zweifel Vorrang vor dem Naturschutz haben.

In dem um 1970 angelegten „Nationalpark Bayerischer Wald" etwa, von Festrednern gepriesen als „Krönung des Naturschutzgedankens", wurde seither pro Hektar doppelt soviel Holz gehackt wie in den umliegenden Privatforsten. Motorsägenlärm und Besucherlawinen (1,5 Millionen Touristen pro Jahr) haben dazu beigetragen, daß bedrohte Tiere wie Auerwild, Birkwild und Fischotter ausgerechnet in diesem Protektorat „derart in ihrem Bestand gesunken sind, daß sie vermutlich aussterben werden" (BUND-Experte Weinzierl).

Unter – vergleichsweise strengem – Naturschutz stehen nur 0,9 Prozent des Bundesgebietes. Doch selbst auf diesem winzigen Areal, zerstückelt in 1300 Einzelgebiete, hat keineswegs immer die Erhaltung von selten gewordenen Tier- und Pflanzenarten Vorrang vor Erholung und Jagd, Fischerei und Holzproduktion, Landwirtschaft und Militär. „Etliche Naturschutzgebiete", weiß BUND-Fachmann Krieglsteiner, „stehen nur noch der Statistik zuliebe auf dem

Papier.“ Vielerorts werden Pommes frites verkauft und Panzermanöver abgehalten, Deiche gebaut und Starkstromleitungen gezogen, Kiesvorkommen ausgebeutet und Trimm-dich-Pfade angelegt.

Schon 1978 gutachteten die Umwelt-Sachverständigen der Bundesregierung, „viele Naturschutzgebiete“ hätten „so stark gelitten, daß ihre Schutzwürdigkeit in Frage gestellt ist“. In „rund 50 Prozent“ der Reservate registrierten die Sachverständigen „Freizeitaktivitäten“, in fast jedem sechsten „nachhaltige Störung“ durch Touristen. Solche Zahlen, eine Bankrotterklärung der traditionellen Schutzpolitik, führen BUND-Aktivisten wie den bayrischen Forstwirt Weiger zu dem resignativen Resümee, Naturschützer seien in Westdeutschland nur als „Konkursverwalter“ und „Papieraufklauber“ willkommen. Die bisherige Naturschutzpolitik hält Weiger für nichts anderes als ein billiges „Alibi“, das die außerhalb der Reservate wütende „erbarmungslose Zerstörungswelle“ kaschieren solle.

Tatsächlich wird Naturvernichtung allenthalben mit dem Hinweis begründet, für den Naturschutz gebe es schließlich die Naturschutzgebiete. Auf jenen 56 Prozent der westdeutschen Fläche beispielsweise, die landwirtschaftlich genutzt werden, ist nach dem Willen der giftgrünen Agrar-Lobby überhaupt kein Platz für wilde Tiere. Den Einsatz von Bio-Giften im Landbau, der mit 68 Prozent den größten Anteil am Artensterben hat, versucht der Chemie-Konzern BASF in einer Werbeschrift so zu rechtfertigen: „Auf modern bewirtschaftetem Acker- und Grünland haben seltene Pflanzen- und Tierarten wenig Platz, sie müssen zurückgedrängt werden, damit die landwirtschaftlichen Kulturpflanzen möglichst ungehindert wachsen können.“ Artenschutz müsse in „ökologischen Nischen“ wie Feld- und Waldrändern angestrebt werden.

Doch die Wälder, insbesondere das intensiv forstwirtschaftlich genutzte Fünftel der Bundesrepublik, bieten schon gar keinen Lebensraum für diejenigen Tiere und Pflanzen, die von den vorrückenden landwirtschaftlichen

Monokulturen verdrängt werden und auf Felder, Auwälder, Moore, Heiden und Matten spezialisiert sind: Das Birkhuhn wird nicht in der Fichtenschonung heimisch, die Kornblume nicht im Kiefernwald. In vielen deutschen Forsten gedeiht nicht einmal mehr die Flora und Fauna des klassischen Laubmischwaldes. Die Buchen- und Eichenbestände mit ihrem artenreichen Unterwuchs mußten auf einem Drittel der Fläche öden Nadelbaum-Plantagen weichen. Auch die derzeitigen Naturschutzgebiete langen nicht hin als Reservate für die verdrängten Arten.

Es sei „lächerlich", meinte der Ökologe Erz, anzunehmen, man könne den Naturschutz auf 99,1 Prozent des Bundesgebietes vernachlässigen und das Versäumte auf 0,9 Prozent der Fläche wiedergutmachen. „Aus Standortgründen" könnten allein 150 gefährdete Pflanzenarten, die auf spezielle Lebensräume angewiesen sind, in den gegenwärtigen Naturschutzgebieten nicht erhalten werden. Die Tier- und Pflanzenschutz-Verbände fordern aus diesem Grund, die westdeutschen Naturschutzgebiete um das Zehnfache, also auf neun Prozent der Staatsfläche, zu vergrößern. Doch solche Wünsche stoßen auf gewaltige Widerstände.

Um eine einzige erhaltenswerte Fläche vor Zerstörung zu bewahren, müssen Naturschützer im Schnitt fünf Jahre lang Gutachten und Eingaben verfassen. „In der Zwischenzeit", weiß der Württemberger Krieglsteiner, „sind hundert andere gefährdete Gebiete verbraucht, belastet, drainiert, aufgefüllt, planiert, überdüngt, asphaltiert oder aufgefichtet worden." Krieglsteiner: „Wen wundert es, wenn sich der private Naturschutz überlastet fühlt und seines Tuns müde wird?"

Die Bilanz des staatlichen Naturschutzes ist eher noch blamabler: Von den 13,9 Milliarden Mark des Ertl-Etats 1980 entfielen gerade 0,2 Prozent auf den Naturschutz. Für den Ankauf von Schutzgebieten stellt der Bund jährlich gerade fünf Millionen Mark zur Verfügung, soviel wie der Bau von hundert Metern Autobahn kostet. Schlimmer:

Wenn in Ministerien oder Rathäusern gemäß Naturschutzgesetz die Wünsche von Tier- und Pflanzenschützern „gegen die sonstigen Anforderungen der Allgemeinheit... abzuwägen" sind, wird regelmäßig der Naturschutz als zu leicht befunden. Denn die Waage ist falsch geeicht.

Daß sich ökologische Einzelinteressen allzu häufig gegenüber den Naturschutzforderungen durchsetzen, erklärt Öko-Professor Erz, Herausgeber der „Roten Liste", mit einem „schon chronischen Mißverhältnis zwischen Theorie und Praxis, zwischen Rechtsvorschriften und Alltagswirklichkeit". Im Naturschutz sei dieses Dilemma „tiefgreifender, schlimmer und enttäuschender als bei jeder anderen Aufgabe". Erz führt das „Versagen von Politik und Verwaltung bei der Verwirklichung der gesetzlich garantierten Ansprüche des Naturschutzes" auf eine Vielzahl von Mängeln zurück. Hauptursache sei das dauerhafte Finanzdefizit, das Erz für „die schwerwiegendste chronische Situation" hält, seit der Naturschutz 1906 als staatliche Aufgabe akzeptiert wurde.

Dazu komme ein gleichfalls chronisches Personaldefizit: In vielen Landkreisen gibt es keine einzige hauptamtliche Naturschutz-Fachkraft des höheren Dienstes. Und auf einen behördlichen Naturschutz-Experten kommen im Schnitt 200 entsprechend qualifizierte Mitarbeiter in der staatlichen und halbstaatlichen Agrarverwaltung. Die zumeist subalterne Position der Naturschutz-Beamten und ihre dauernde Überlastung bewirken, daß der Naturschutz mit seinen „in allergrößter Eile" zusammengetragenen Argumenten bei Verhandlungen mit anderen Behörden oft „von vornherein der schwächere Partner" sei. „Leitende Baudirektoren oder Oberbauräte", weiß Erz, „haben nun mal in der Behördenhierarchie einen leichteren Stand als Oberinspektoren." Obendrein sei das Naturschutz-Personal durchweg „nicht hinreichend" ausgebildet. Die wenigen Fachkräfte sind Landschaftspfleger und Ingenieure, die von Artenschutz kaum etwas verstünden. Erz: „Ein fast hundertprozentiges Qualifikationsdefizit."

Schließlich, bemängelt der Naturschutz-Beamte, gebe es zwar eine Reihe nationaler und internationaler Abkommen und Gesetze zum Tier- und Pflanzenschutz, doch Finanz-, Personal- und Ausbildungsmängel führten zu einem „Rechtsvollzugsdefizit". Gesetzliche Vorschriften, so Erz, blieben „zum ganz überwiegenden Teil nur Scheinvorschriften", „das Aufdecken und die Ahndung von Verstößen" seien „dem Zufall überlassen". Auf die tiefere Ursache vieler dieser Defizite allerdings kommen die meisten Naturschützer nicht gern zu sprechen. Politiker und Behörden können Tier- und Pflanzenschützer vor allem deshalb so leicht übergehen, weil die organisierten Naturfreunde innerhalb der Bevölkerung weithin isoliert sind.

Naturschutz – das klingt heute wie einst nach Misanthropie und Affenliebe, nach Deutschtümelei und Technikhaß, nach Sentimentalität und Sektierertum. Und so kann es, wie Forstwirt Weiger beklagt, noch immer „jeder Politiker ohne nennenswerten Stimmenverlust wagen, Naturschützer als ‚wirre Romantiker' zu bezeichnen, und damit Heiterkeitserfolge beim politischen Frühschoppen ernten". Vor allem Agrarpolitiker schlagen kräftig in diese Kerbe. Für Bonns Josef Ertl handeln Tier- und Umweltschützer „beinahe schon in einem religiösen Wahn, wie Sektenmitglieder". Kritikern, die vor dem Einsatz von Chemiegiften in der Landwirtschaft warnen, schleuderte der Naturschutz-Minister die Frage entgegen: „Wollen wir Kornblumen oder mehr Getreide ernten?" Für Ertls Staatssekretär Georg Gallus sind die Chemiekritiker schlicht „Verrückte, die sich ein grünes Mäntelchen umhängen".

„Wir müßten", sinniert Tierschutz-Präsident Andreas Grasmüller, „die Kraft der Gewerkschaften haben. Dann könnte uns der Gesetzgeber nicht mehr so leicht übergehen." Doch davon, eine „Macht im Staate" (Grasmüller) zu sein, sind Deutschlands Naturschützer weit entfernt, auch aufgrund eigener Versäumnisse.

Allzu lange hat – Fehler Nummer eins – die weitverbreitete Neigung zu elitärem Einzelgängertum die westdeutsche Naturschutz-Bewegung im Abseits stagnieren lassen. Manch einem Vogelschützer ist es schon ganz recht, bei der Pirsch auf seltene Spezies der einzige weit und breit zu sein; schon der nächste könnte schließlich den Goldregenpfeifer aufscheuchen. Die optimale Ornithologengruppe ist, aus solcher Sicht, klein, aber fein und spricht Latein: Sofern Außenstehende überhaupt erwünscht sind, werden sie nicht etwa zur vogelkundlichen Wanderung eingeladen, sondern zur „avifaunistischen Exkursion". Öffentlichkeitsarbeit oder gar politische Aktion mit dem Megaphon gilt diesen Stillen im Lande als anrüchig. Bei feinen Fachtagungen ist die Rede von „Biozönosen" und „Evapotranspiration", von „Destruenten" und „limnologischen Systemen". „Böse Zungen behaupten", kommentiert der Stuttgarter Naturschutz-Fachmann Josef F. Klein, „daß so mancher vom Volk gar nicht verstanden werden will."

Andere Fraktionen wiederum ruinieren – Fehler Nummer zwei – das Ansehen der Naturschutz-Bewegung durch verschwiemelte Naturschwärmerei und Verstandesfeindlichkeit. Der Ruf, „mondsüchtige Kräuterseppen" und „spinnige Vogelnarren" zu sein, hängt den Naturaposteln an, seit deutschtümelnde Romantiker im 19. Jahrhundert gegen das „fremde Hellas" und den „kalten Verstand" angingen und von Runen und Alraunen, der blauen Blume und der braunen Heimatscholle schwärmten – Stimmungen, wie sie sich später der Tierfreund Adolf Hitler zunutze machen konnte. Gleichwohl wabert solche Weltanschauung noch immer in einer Reihe von Naturschutzzirkeln, etwa im „Weltbund zum Schutze des Lebens", für den „die Ratio der schlimmste Feind" ist. Zu solchen Kommentaren fügen sich im Verbandsblatt Lobgesänge auf den Nazi-Barden Erwin Guido Kolbenheyer sowie obskure „Geschäftsempfehlungen" für „Kupfer-Armbänder", „Rutengänger (Standortuntersucher)" und „Horoskope auf geisteswiss. Grundlage".

Die Technikfeindlichkeit vieler Naturfreunde – Schwachpunkt Nummer drei – hat jahrelang eine enge Kooperation mit den eher technisch orientierten Umweltschützern verhindert. So halten konservative Tier- und Pflanzenliebhaber an der Meinung fest, daß Konflikte um das Umweltchemikaliengesetz, die Luftreinhaltung oder die Energiepolitik sie nichts angingen. „Die Piepmatz-Freunde sind doch zufrieden", spottet ein Öko-Linker, „solange sie weiter von der Regierung Zuschüsse für die Pflege ihrer Schonräume kriegen. Mit denen da oben legen die sich nicht an."

Zumindest ebenso schädlich ist – Fehler Nummer vier – das Treiben ganz spezieller Naturliebhaber, die mit engstirnigem Spezialistentum mehr Schaden als Nutzen stiften. Da zertrampeln Pflanzen-Photographen schon mal fünf Orchideen, nur um eine sechste vorteilhaft ins Bild zu setzen. Da schöpfen eifrige Biologielehrer zu Unterrichtszwecken eimerweise den Laich geschützter Lurche. Und auch sammelwütige Vogeleier- und Insektenfreunde tragen auf ihre Weise zur Ausrottung gefährdeter Spezies bei. Von mancher Schmetterlingsart, meint Naturexperte Krieglsteiner, zierten mehr Exemplare die Schaukästen der Sammler als die westdeutsche Natur.

Wieder andere Naturschützer neigen – Fehler fünf – zur Vermenschlichung der Tier- und Pflanzenwelt. Die Konsequenz sind absurde Maximalforderungen, die den Eindruck verstärken, die Naturschutzbewegung sei ein Sammelbekken für Sonderlinge. Manche halten es da mit Nietzsche: „Seit ich die Menschen kenne, liebe ich die Tiere." Ihren Gattungsgenossen rufen reimende Naturschützer im Verbandsblättchen zu: „Wo du nicht bist, ist alles gut." Eine „Annette" raunte in der grünbunten „Tageszeitung": „Sagt mal, glaubt ihr eigentlich,/Pflanzen verspüren keinen Schmerz?/Ihr seid leider im Irrtum./Sie leiden genau wie wir." In einer Broschüre mit dem Titel „Tierschutz heute" werden all jene des „Schwachsinns" oder des „Barbarismus" geziehen, die durch Verzehr von Fisch oder Fleisch, Brust oder Keule „Mord" und „Verbrechen" sowie dem „grausamen Erstickungstod" im Fischernetz oder den

„teuflischen Prozeduren“ in Stallungen und Schlachthäusern Vorschub leisten. Konsequenter Tierschutz müsse, verlangen solche Körneresser, „stets ein ethischer Vegetarismus sein“.

Emotionaler Naturschutz, der – Fehler Nummer sechs – auf Sentimentalität statt auf ökologischen Einsichten beruht, beschleunigt vielerorts noch die Naturzerstörung. Auch im Naturschutz, schreibt der Wildbiologe und Fachautor Fred Kurt, sei häufig „ ‚gut gemeint‘ das Gegenteil von ‚gut‘ “. Nicht die Bedeutung einer Tierart für das natürliche Gleichgewicht entscheide darüber, ob sich Tierschützer millionenfach für eine Rettungsaktion mobilisieren lassen, sondern allein der Umstand, ob ein Tier „herzig“ wirke.

Pandabären und Rotkehlchen, Rehe und vor allem Robben haben in den klassischen Naturschutzverbänden denn auch eine starke Lobby. Die von Felljägern verfolgten Meeressäuger, so Kurt, „verkörpern geradezu das uns angeborene Bild vom Kleinkind mit rundem Kopf, großen Augen, weichem Körper und tapsigen Bewegungen“; sie fügen sich in das vom Verhaltensforscher Konrad Lorenz so genannte „Kindchenschema“, das zum Beispiel die japanischen Hersteller der weltweit populären „Monchhichi“-Puppen geschickt auszubeuten verstehen.

Die Bambi-Mentalität von Naturfreunden – lebenswert ist, was niedlich wirkt – hat in den letzten Jahren eine Reihe absurder Tierschutz-Aktionen ausgelöst. Massenproteste verhinderten in der Schweiz den ökologisch gebotenen Abschuß von Rehen in überfüllten Wildparks. Weitgehende Zerstörung der Pflanzenvielfalt durch Äsungsschäden war die Konsequenz. Massenspenden wiederum ermöglichten in Asien und Afrika teure Umsiedlungsaktionen, bei denen Elefanten in bereits überfüllte Reservate transportiert wurden. Die Folge war, daß die Herden das Land in eine Wüstenei verwandelten. Solche Aktionen, kritisiert Wildbiologe Kurt, werden „angepriesen, weil sie sich durch Bildreportagen und spektakuläre Filme äußerst werbewirksam vermarkten lassen. Das Gegenteil wäre sinnvoll“.

Jedoch: „Für den Abschuß ganzer Familien der sympathischen Tierriesen greift die Masse nicht freiwillig in den Geldbeutel."

Die Ausrichtung von Naturschutz-Strategien am Publikumsgeschmack, nicht aber an der „ökologischen Vernunft" (Kurt) hat in den letzten Jahrzehnten Verheerendes bewirkt: Die Rettungsspektakel zugunsten einiger weniger besonders „sympathisch" oder „nützlich" anmutender Arten, vor allem Großsäugetiere, dienten zwar der „Gewissensberuhigung der Spender". Sie verstellten aber den Blick auf die schleichende, vieltausendfache Ausrottung unscheinbarer Pflanzen und Fische, Insekten und Amphibien.

Die Zeit, Vladimir Renčin

Doch wozu eigentlich, wenden Naturschutz-Skeptiker allenthalben ein, ist der Wiedehopf gut? Was macht die Mehlprimel schützenswert? Wieviel Geld soll sich eine Gesellschaft, in der es bald zwei Millionen Arbeitslose gibt, das Überleben der Sumpfohreule kosten lassen? Wieviele Nachtfalter-Arten braucht denn der Mensch? Auf solche und ähnliche Fragen haben die meisten traditionellen Naturschützer nur eine – ihre – Antwort parat: „Ethischer Tierschutz“ respektiere nun einmal jedwedes Lebewesen „um seiner selbst willen“, „aus Ehrfurcht vor der Schöpfung Gottes“.

Indes: So ehrenwert solche Bekenntnisse sind, mehrheitsfähig haben sie den Naturschutz bislang nicht gemacht. Die klassische Tierschützer-Ethik läßt völlig außer acht, daß, wie Umwelt-Staatssekretär Hartkopf feststellt, „in einer pluralistischen Gesellschaft“ Naturschutz nur auf solche Prämissen gegründet werden kann, die „im größtmöglichen Umfang rational nachvollziehbar sind und daher unabhängig von einer bestimmten Weltanschauung oder einem bestimmten Menschenbild akzeptiert werden können“.

Unumstritten ist, wie auch Hartkopf meint, nur die Auffassung, daß es eine „ethische Verpflichtung“ gebe, *für den Menschen* und seine Nachkommen „die Grundlagen für ein menschenwürdiges Leben zu erhalten“. „Heftiger Streit“ aber herrsche über die Frage, „ob außer dem Menschen auch andere Lebewesen ein Eigenrecht auf Existenz besitzen.“ Entscheidend für die Zukunft der Naturschutzpolitik ist mithin, ob den Tier- und Pflanzenschützern in den nächsten Jahren eines gelingt: Mehrheiten für die These zu gewinnen, daß die Rettung von Feuerlilie und Frauenschuh, Fledermaus und Rotbauchunke zugleich dem Menschen nützt.

Eben diese Beweisführung jedoch scheuen die traditionellen Naturschützer – obgleich sie eine Fülle zwingender wissenschaftlicher Argumente anführen könnten, wenn sie nur wollten. Vielen grünen Streitern erscheint es zutiefst unmoralisch, wenn nicht gottlos, den Menschen in den Mittelpunkt des Naturschutzes zu stellen. Gerade diese „anthropozentrische Werthaltung“ werde, weiß Hartkopf, ja von den Menschenkritikern unter den Tier- und Pflanzenfreunden „als Hauptursache für die Umweltkrise“ angesehen und daher als Argumentationsgrundlage nicht akzeptiert.

In Westdeutschlands Naturschutzorganisationen tobt – teils hinter den Kulissen, teils offen in Verbandsblättern – seit langem ein Strategie-Streit um die Frage, ob die Natur denn nun „um ihrer selbst“ oder um des Menschen willen zu schützen sei. Naturschützer Gerhard Thielcke beispielsweise, der Vorsitzende des Bundes für Umwelt und Naturschutz Deutschland, stellt in Aufsätzen und Reden rational nachvollziehbare Argumente in den Vordergrund und fügt erst gegen Schluß, eher beiläufig, hinzu, Naturschutz sei „*auch* eine ethische Aufgabe“ – was wütende Kritik in seinem eigenen Verband provozierte. Der baden-württembergische BUND warf Thielcke vor, „weit von der einfachen Wahrheit abgekommen“ zu sein, daß der Mensch *vor allem* eine „moralische Verpflichtung“ gegenüber der Schöpfung habe. Hubert Weinzierl, Vorsitzender der bayrischen BUND-Gliederung, beharrt darauf, daß „die Blumenwiesen und die Regenwürmer der Erde“ nur mit einer „Renaissance des Glaubens und der Religion“ zu retten seien. „Wirklicher Naturschutz“ behauptet auch Klaus Sojka, Präsidiumsmitglied des Weltbundes zum Schutze des Lebens, „ist ethisch bedingt und selbstlos.“

Über ihrem inbrünstig geführten Meinungsstreit, ob mehr Ratio oder mehr Religiosität der Natur besser bekomme, haben die Verbandsfunktionäre eines bislang versäumt: Sie haben es unterlassen, der Mehrheit ihrer Mitmenschen, denen sie in ihren Traktätchen gern „Verhärtung der Herzen“ und „Egoismus“ attestieren, nachhaltig nahezubringen, daß sich die Menschheit – Ethik hin, Ethik her – schon aus schlichtem Eigennutz zum pfleglichen Umgang mit ihren natürlichen Lebensgrundlagen verstehen müßte. Das aber scheint die siebte – und womöglich verhängnisvollste – Sünde der grünen Bewegung.

Wer schützt die Natur vor solchen Naturschützern?

II
Der biologische Bumerang

Stunde für Stunde stirbt eine Tier- oder Pflanzenart aus. Jetzt erst, während die Arche Noah schon sinkt, beginnen Wissenschaftler zu erkennen, was die Fracht an Bord wert ist: Bislang kaum beachtete Tier- und Pflanzenarten könnten sich bald schon als einziges Mittel erweisen, die Erde vor Hungersnöten und Seuchen zu bewahren. Wer diese „biologischen Rohstoffe" auf Spiel setzt, warnen Experten, handele wie jemand, der vor einem Flug „in der Pilotenkanzel Instrumente herausreißt, nur weil er deren Funktion nicht kennt".

In den unzugänglichen Bergwäldern des mexikanischen Bundesstaates Jalisco entdeckte im Jahre 1977 ein einheimischer Botanikstudent womöglich Einzigartiges: eine längst verschwunden geglaubte Maissorte, Zea diploperennis. Nordamerikanische Experten, die den Fund begutachteten, zeigten sich entzückt: Bestimmte Vorzüge der Wildmais-Art aus Mexiko, darunter Mehrjährigkeit und Widerstandsfähigkeit gegen Pilzbefall, könnten, so die US-Forscher, durch Kreuzung auf anfällige, nur in einjährigen Formen vorhandene Kulturmaissorten übertragen werden. Weil in den Jalisco-Bergen auch noch weitere bislang unerforschte Wildgetreidesorten gediehen, schlugen Fachleute vor, den Standort unter Naturschutz zu stellen – vergebens. Bevor es dazu kommen konnte, war die seltene Flora ausgerottet. Bauern rodeten das Land, um Hirse anzubauen und Holz für Besenstiele zu gewinnen.

Ähnliche Ereignisse wie in Jalisco – beschrieben in der US-Umweltstudie „Global 2000" – vollziehen sich, kaum bemerkt, fortwährend irgendwo auf der Welt. Stündlich stirbt eine Tier- oder Pflanzenart aus. Bis zum Ende dieses

Jahrhunderts wird, diversen wissenschaftlichen Prognosen zufolge, voraussichtlich jede dritte oder sogar jede zweite höhere Organismus-Art auf der Erde durch den Menschen ausgerottet sein. Zugleich jedoch, während die Arche Noah schon zu sinken begonnen hat, schwant einer kleinen Gruppe von Experten, was die Ladung für die Menschheit wert ist. Nachdem weithin belächelte Naturschützer ein Jahrhundert lang mit ästhetischen und ethischen Argumenten vergebens dafür gestritten haben, den Reichtum der Schöpfung, vom Roten Milan bis zum Mauerblümchen, zu bewahren, warten einige Wissenschaftler nun mit handfesten ökonomischen Argumenten auf.

Die Erhaltung biologischer Vielfalt, also unwiederbringlicher genetischer Ressourcen, sei notwendig,

- um durch züchterische Fortschritte, mit Hilfe von Rückgriffen auf die „Rohstoffe" Wildtier und Wildpflanze, das Erbgut von Vieh und Nutzpflanzen aufzufrischen, die Erträge zu steigern und damit den Welthunger zu bekämpfen,
- um mit Methoden der biologischen Schädlingsbekämpfung gegen verheerende Tier- und Pflanzenseuchen anzugehen, wenn sich deren Erreger als immun gegen chemische Gifte erweisen,
- um die Versorgung der Weltbevölkerung mit Medikamenten zu verbessern, die heute fast zur Hälfte von Medizinalpflanzen, Mikroben oder Tieren stammen, und
- um Ökosysteme durch Bio-Regulatoren im Gleichgewicht zu halten und weiterhin die Vorteile intakter natürlicher Kreisläufe für die Menschheit nutzen zu können, von der Klimastabilisierung über die Humusbildung bis zur biologischen Gewässerselbstreinigung.

Noch ist erst vage und in Umrissen erkennbar, welche ökonomischen und ökologischen Folgen der Schwund einzelner Arten für die Menschheit haben könnte. In einer Untersuchung über die Geschäfte der internationalen Pflanzenzucht-Industrie beklagt der kanadische UN-Berater Pat Roy Mooney, daß die „möglichen Konsequenzen" des

Niedergangs der Wildpflanzen-Arten „bisher allem Anschein nach offiziell noch gar nicht zur Kenntnis genommen worden sind". Dabei halten Experten wie der US-Biologe George M. Woodwell die „genetische Erosion", das womöglich unaufhaltsame Verschwinden biologischer Rohstoffe, für „eine der großen Fragen unserer Zeit, zumindest so wichtig wie der Atomwaffensperrvertrag".

In der Tat könnte es späteren Generationen als makabre Ironie der Weltgeschichte erscheinen, daß sich der Tier- und Pflanzenartenbestand der Erde just in jenen Jahrzehnten halbiert, in denen sich der Wissenschaft in zuvor ungeahntem Umfang erschließt, wozu eine vielgestaltige Flora und Fauna gut sein kann. Besonders dramatisch muten die gegenläufigen Entwicklungen in der Pharmakologie an.

Obwohl dröge Kräuter schon seit Jahrtausenden als Drogen verwendet werden, haben Pharmakologen erst spät, in diesem Jahrhundert, begonnen, pflanzliche Wirkstoffe systematisch zu orten und in reiner Form zu isolieren. „Die Erfahrungen seit dem letzten Krieg", sagt der Baden-Badener Heilpflanzen-Experte Hans-Jürgen Knigge, „lassen vermuten, daß die Natur noch weitere unbekannte Wirkstoffe und Strukturen bereithält." Wie sehr die moderne Medizin auf biologisches Ausgangsmaterial angewiesen ist, zeigen US-Untersuchungen: 25 Prozent aller gebräuchlichen Medikamente (in den USA im Wert von drei Milliarden Dollar pro Jahr) werden aus Pflanzen wie Brechwurzel und Bilsenkraut, Faulbaum und Fingerhut gewonnen, 13 Prozent aus Mikroben, 3 Prozent aus Tieren.

In der Dritten Welt ist der Anteil solcher Medikamente noch höher. Allein Tansania liefert mehr als 500 überwiegend wildlebende Pflanzen, die vor allem in der chinesischen Medizin verwendet werden und die großenteils von westlichen Pharmakologen noch gar nicht auf ihre Wirkungsweise untersucht worden sind. „Die Erhaltung dieser Arten und ihrer natürlichen Lebensräume", mahnt der Biologe und Naturschutzexperte Fred Kurt, „ist eine der wichtigsten

Voraussetzungen für eine Verbesserung des Gesundheitswesens in der Dritten Welt.“

Aus der Sicht von Arzneimittel-Forschern ist jede einzelne der rund 200 000 bekannten Blütenpflanzenarten eine mögliche Nutzpflanze: Botaniker schätzen, daß noch 50 000 von Pflanzen produzierte chemische Verbindungen auf ihre Entdeckung warten. So sind nur 40 Prozent der bislang bekannten, für die Medizin unschätzbar wertvollen Alkaloide erforscht, die insbesondere in tropischen Gewächsen enthalten sind und zu denen Atropin, Nikotin, Kokain, Koffein und Morphium zählen. Viele alkaloidhaltige Pflanzenarten werden derzeit durch das Abholzen der Regenwälder ausgerottet.

Doch auch unscheinbare Organismen wie Algen, Pilze, Bakterien und auch Flechten – von denen in Teilen der Bundesrepublik 90 Prozent aller Arten aufgrund der Luftverschmutzung aussterben – sind von hohem potentiellem Nutzen. Der Biologiedozent und Naturschützer Gerhard Thielcke erinnert daran, daß „der Pilz Penicillium notatum vor der Entdeckung des Wirkstoffes Penicillin nur ein lästiger Schimmelpilz“ war: „Seitdem hat er vielen Menschen das Leben gerettet.“

Welchem Organismus auch immer die Ausrottung durch Umweltgifte oder durch Zerstörung seiner natürlichen Standorte droht – niemand kann ausschließen, daß nicht gerade dieses Lebewesen sich schon bald als ähnlich wichtig erweist wie etwa die exotische Kermesbeere. Deren Bestandteile, vermuten Pharmakologen, können die Menschheit von der Bilharziose befreien, einer Krankheit, an der in der Dritten Welt mehr als 200 Millionen Menschen leiden.

Noch kaum erforscht ist auch die medizinische Bedeutung Hunderter von Tierarten, von denen nun eine nach der anderen auf die Sterbe-Listen rückt. Der wissenschaftliche Wert vieler Spezies ist derzeit ebenso unbekannt wie es noch vor einiger Zeit der Umstand war, daß Gürteltiere neben dem Menschen die einzigen Lebewesen sind, die unter

Lepra leiden – eine Eigenart, die den Säuger plötzlich zum unersetzlichen Versuchstier für die Entwicklung neuer Medikamente machte. Ähnlich das alpenländische Murmeltier: Es kann, wie der amerikanische Schwarzbär, im Winter Körperfunktionen und Körpertemperatur reduzieren, bis es in einen todesähnlichen Schlafzustand verfällt. Das Hormon, das dies bewirkt, läßt sich eines Tages möglicherweise isolieren und als Betäubungsmittel verwenden – sofern Schwarzbär und Murmeltier nicht schon vorher ausgerottet sind.

Ebenso unabsehbar wie der medizinische Nutzen biologischer Vielfalt sind die Chancen, die eine mannigfache Tier- und Pflanzenwelt der Bionik bietet. Dieser Wissenschaftszweig, benannt nach *Bio*logie und Tech*nik*, untersucht, welche natürlichen Strukturen sich als Modell für technische Neuerungen eignen. Bioniker haben der Menschheit nicht nur so zweifelhafte Fortschritte beschert wie den, das Temperaturunterscheidungsvermögen der Klapperschlange als Vorbild für Wärmespürgeräte in Raketen zu nutzen. „Die Perfektion der Natur ist unser Vorbild", verrät etwa der Elektronikkonzern SEL in Annoncen, die Vögel und Fledermäuse zeigen und für Flugnavigationsinstrumente werben. Künftig, glauben Bioniker, könnte zum Beispiel die Feinstruktur der Eisbärhaare helfen, die Entwicklung von Sonnenkollektoren und Kaltwetterkleidung voranzutreiben: Der weiße Pelz der Polartiere vermag selbst geringste Strahlung dem Körper als Wärme zuzuführen.

Auch in der Ernährungswissenschaft gewinnen wildlebende, bislang kaum beachtete Tier- und Pflanzenarten plötzlich an Bedeutung. Biologe Kurt nennt als Beispiel den „Pescado blanco", einen Fisch, „der wild eigentlich nur in einem einzigen mexikanischen See vorkommt und kürzlich wegen Überfischung, Zerstörung seines Lebensraums und Konkurrenz durch eingeführte Arten sogar vom Aussterben bedroht war". Dieser Fisch (biologische Bezeichnung: Chirostoma estor), der sich in Gefangenschaft züchten läßt, vermehrt sich „dank erfolgreicher Schutzprogramme in seiner Heimat ebenso explosionsartig wie in Stauseen und stellt heute eine bedeutende Proteinquelle für den Menschen dar“.

Durch Überfischung ausgerottet worden ist vor Jahrzehnten bereits die kalifornische Sardine. Die Straße der Ölsardinen an der Westküste der USA passieren jetzt nur noch wirtschaftlich weniger wichtige Fische. Ein ähnlicher Prozeß, befürchten Fachleute wie Professor Hermann Remmert, langjähriger Präsident der Gesellschaft für Ökologie, könnte sich bei den Walen vollziehen. Die ökonomisch wertlosen, lange Zeit kaum harpunierten Zwergwale haben sich so stark vermehrt, daß sie den durch Überjagung ohnehin extrem selten gewordenen, wertvollen Blauwal, das größte Tier der Erde, an der Vermehrung hindern könnten.

Bedeutsamer noch als für die Wal- und Fischwirtschaft, die in einigen Teilen der Welt, etwa auf den japanischen Inseln, 50 Prozent des Eiweißbedarfs deckt, ist die Erhaltung wildlebender Arten für die Vieh- und Pflanzenproduktion. Die tropischen Wälder in Amerika und Asien, Afrika und Ozeanien, die derzeit Stunde für Stunde gleich quadratkilometerweise gerodet werden, bergen die „nicht nur vielfältigste, sondern auch am wenigsten erforschte Flora und Fauna der Welt“, wie der „World Wildlife Fund“ (WWF) seit langem UN- und Umweltpolitiker zu alarmieren versucht. Die tropischen Dschungel könnten, so der WWF, bei sorgsamer Nutzung eine „anhaltende Quelle“ nicht „nur für Baumaterialien und Brennstoffe, für neue Heilpflanzen und Hölzer“ sein, sondern auch für ein „reichhaltiges Angebot an Früchten und Nüssen“. Die meisten Pflanzenarten jedoch würden, wie die Naturschutz-Organisation bemerkt, „abgeschlagen, bevor ihre Samen oder ihre Früchte geerntet sind“. Schier unabsehbar ist die Bedeutung von Wildkräutern und -tieren für die Züchtung von Nutzpflanzen und Vieh. Seit Jahrzehnten schon ist die Landwirtschaft auf Saatgut angewiesen, das durch Kreuzung diverser domestizierter oder wildlebender Arten entstanden ist. Die Welternährung beruht zu nicht weniger als 95 Prozent auf 30 Pflanzenarten; zwölf davon liefern drei Viertel aller Nahrungsmittel. Alle diese Nutzpflanzen aber haben ihren Ursprung in bestimmten Zonen extremer genetischer Vielfalt, den (nach einem russischen Biologen benannten) elf „Wawilowschen Zentren“, darunter der Mittelmeerraum, Mexiko und Malaysia. In kanadischem „Harmon“-Hafer sind Gene aus Ägypten, Sibirien und Frankreich kombiniert. Eine US-Gerstensorte namens „Bonanza“ geht auf mandschurische und türkische Ahnen zurück. Die Erbanlagen der in den USA meistangebauten Bohnenart stammen aus Mexiko und Syrien, Chile und El Salvador.

Derlei geschickt gemixtes Saatgut, das hohe Erträge verspricht, hat weltweit hohe Marktanteile erobert – und birgt hohe Risiken. So hängen mittlerweile drei Viertel der Weizenproduktion in Kanadas Prärien von nur vier Erfolgssorten ab, ebenfalls vier Sorten sichern 72 Prozent der US-Kartoffelproduktion – eine genetische Einförmigkeit, die Epidemien geradezu provoziert. Denn Krankheitserreger und Schädlinge überwinden allmählich die natürliche und auch die (chemisch erzeugte) künstliche Widerstandsfähigkeit der Pflanzen. Aufgrund solcher Verweichlichung beträgt die mittlere Lebensdauer gebräuchlicher Getreidesorten nur fünf bis zehn Jahre. Ist die Frist verstrichen, müssen die pflanzlichen Abwehrkräfte durch den Einbau frischen Genmaterials erneuert werden, das indes mit fortschreitendem Artensterben immer knapper wird: Eine biologische Rohstoffkrise steht bevor.

In Westdeutschland und anderswo schwinden zum Beispiel jahrhundertealte Wildkräuter. Dabei ist „der potentielle Wert der Unkräuter für die Pflanzenzüchtung besonders hoch“, wie die Konstanzer Biologin Elisabeth Zindler-Frank doziert. Denn die sogenannten Unkräuter, von denen auch der Roggen und eine Anzahl wichtiger Feldfrüchte abstammen, seien, so die Wissenschaftlerin, „durch ihre Anpassung an das Kulturland und die jeweilige Nutz-

ROHSTOFFKRISE IN DEN GEN-ZENTREN?

Den zehn „Wawilowschen Zentren" entstammen alle Nutzpflanzen des Menschen. Schwindet die Artenvielfalt in diesen Regionen, droht eine Art biologischer Rohstoffkrise

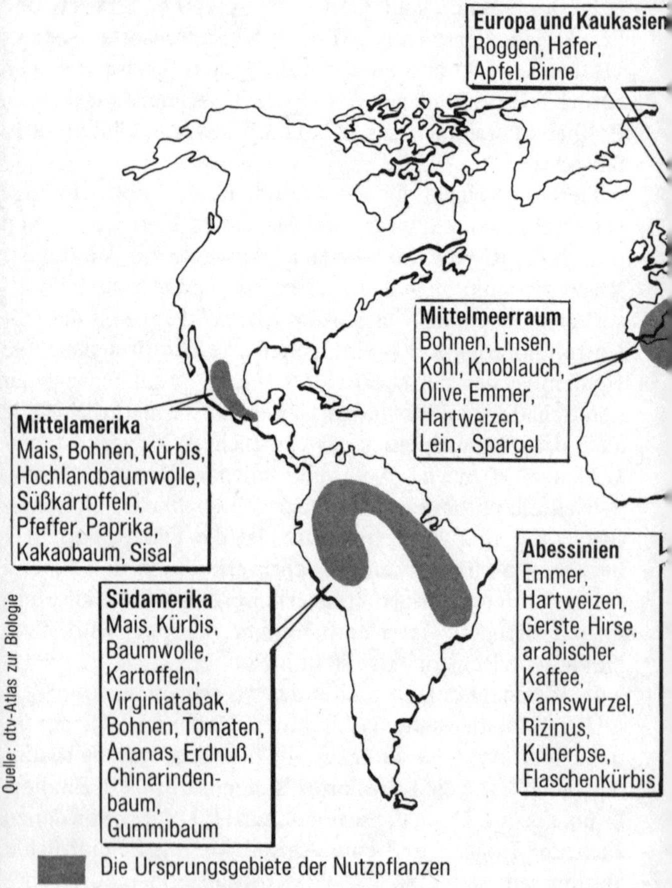

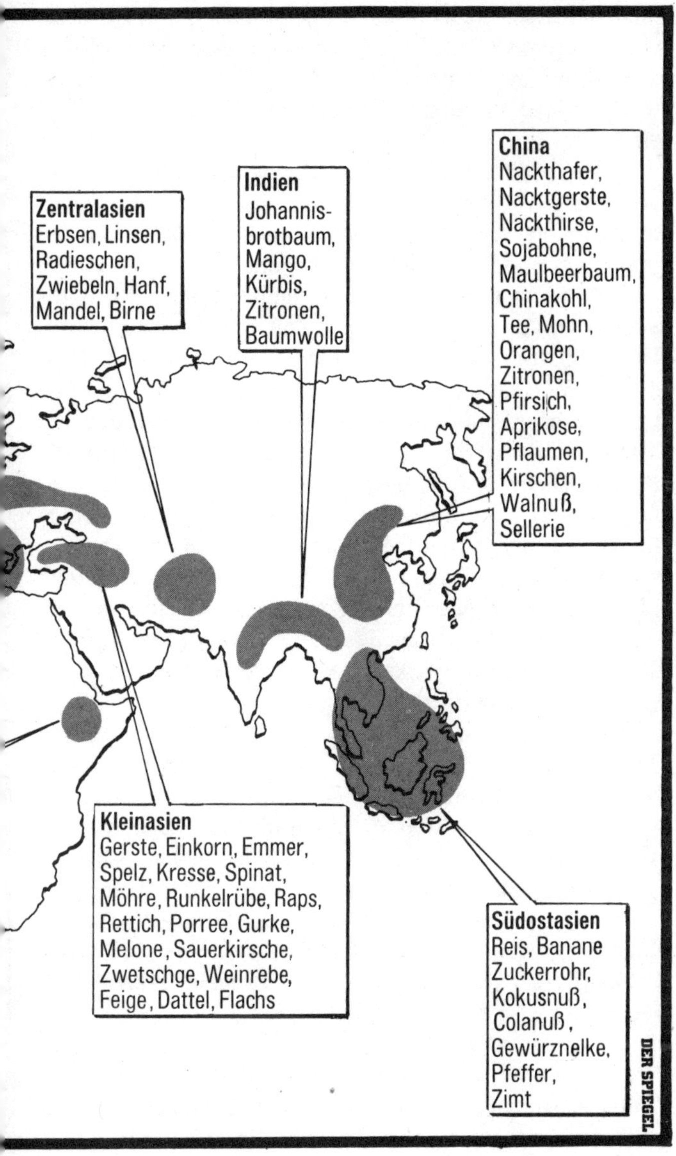
Zentralasien
Erbsen, Linsen, Radieschen, Zwiebeln, Hanf, Mandel, Birne
Indien
Johannisbrotbaum, Mango, Kürbis, Zitronen, Baumwolle
China
Nackthafer, Nacktgerste, Nackthirse, Sojabohne, Maulbeerbaum, Chinakohl, Tee, Mohn, Orangen, Zitronen, Pfirsich, Aprikose, Pflaumen, Kirschen, Walnuß, Sellerie
Kleinasien
Gerste, Einkorn, Emmer, Spelz, Kresse, Spinat, Möhre, Runkelrübe, Raps, Rettich, Porree, Gurke, Melone, Sauerkirsche, Zwetschge, Weinrebe, Feige, Dattel, Flachs
Südostasien
Reis, Banane Zuckerrohr, Kokusnuß, Colanuß, Gewürznelke, Pfeffer, Zimt
DER SPIEGEL

pflanze, mit der sie wachsen, im Verlauf des jahrtausendealten Ackerbaus zunehmend kulturpflanzenähnlicher geworden". Ein Unkraut ist mithin, einem geflügelten Botanikerwort zufolge, nur „eine Pflanze, deren Vorteile noch nicht entdeckt worden sind".

Weltweit im Schwinden begriffen sind zudem Tausende uralter standorttypischer Obst-, Gemüse- und Getreidesorten, die bäuerliche Züchter über Generationen hinweg den jeweiligen Boden- und Klimabedingungen angepaßt haben.

Denn wann immer die großen multinationalen Saatgut-Konzerne, darunter seit einiger Zeit der Öl-Gigant Royal Dutch/Shell und die schweizerischen Pharma-Riesen Sandoz und Ciba-Geigy. „Wunderweizen" oder sonstige Patent-Sorten auf den Markt werfen, werden dadurch traditionelle Arten verdrängt – selbst in den für die Pflanzenzucht so wichtigen Wawilowschen Zentren der Dritten Welt. Die Einführung von Weizen, der Rekorderträge versprach, verleitete etwa in Asien arme Bauern, ihr herkömmliches selbstgezogenes Saatgut restlos aufzuessen. „Die genetische Mannigfaltigkeit eines Jahrtausends, die sich bei einer Art ausgebildet hat", beobachtete der US-Ökologe Garrison Wilkes, „kann wortwörtlich in einer einzigen Schüssel Brei verschwinden."

In der „massiven, gründlichen Ausrottung unersetzlichen Zuchtmaterials auf Tausenden Quadratkilometern Ackerland" in den Wawilowschen Zentren sieht der kanadische Saatzucht-Experte Mooney ein tödliches Risiko für die Welternährung: „Wenn irgend etwas geschieht", warnt er, „das die genetische Vielfalt der Dritten Welt vermindert oder es der Alten Welt unmöglich macht, das erforderliche genetische Material zu bekommen", werde „aus der Möglichkeit einer weltumspannenden Ernährungskrise eine jederzeit real drohende Gefahr".

Welche Katastrophen drohen, wenn genetisch einförmige Nutzpflanzen nicht rechtzeitig durch Wildpflanzen-Gene aufgefrischt werden, lehrt die lange Geschichte der Pflanzenzucht. Das wohl tragischste Beispiel bietet die Kartoffelseuche, die in den vierziger Jahren des vorigen Jahrhunderts Irland heimsuchte und mehr als zwei Millionen Hungertote forderte. Weil sämtliche auf der Insel angebauten Kartoffeln auf eine einzige Varietät zurückgingen, die Seefahrer im 16. Jahrhundert aus der Karibik mitgebracht hatten, war es „nur eine Frage der Zeit" (Mooney) gewesen, bis eine mörderische Seuche ausbrach.

Die Kette der Kalamitäten ist nie abgerissen. Die aus Amerika eingeschleppte Reblaus ließ zu Beginn dieses Jahrhunderts die europäischen Weinbestände zusammenbrechen – bis Wissenschaftler entdeckten, daß sich die Zuchtreben retten ließen, wenn sie auf (reblausresistente) amerikanische Wein-Wurzeln gepfropft wurden. Der sogenannte Mosaik-Virus vernichtete 1926 die Zuckerrohrernte im US-Staat Louisiana – bis sich der Erreger schließlich durch Einzüchtung einer Wildsorte aus Java zurückdrängen ließ.

Das Risiko, daß sich derlei Desaster wiederholen, wächst, seit viele europäische und überseeische Länder die Patentierung von Pflanzensorten zugelassen haben. Diese Gesetzgebung hat es multinationalen Öl- oder Agrarchemie- Konzernen wie Shell, Union Carbide und Monsanto erleichtert, den zuvor von mittelständischen Unternehmen beherrschten Saatgutmarkt zu erobern. Seither werden mit aufwendigen Entwicklungs- und Marketing-Strategien überkommene Sorten weltweit durch Einheitsprodukte verdrängt.

Die hochgezüchteten Patentsorten verlangen zwar, wie die Welternährungsorganisation FAO registrierte, hohe Ausgaben für „Betriebsmittel wie Dünger, Pestizide, Maschinen" (die oft über dieselben multinationalen Kanäle wie die Super-Saaten vermarktet werden). Dafür aber sind die neuen Agrarprodukte extrem marktgerecht: Besonders ausgeprägt sind bei ihnen, heißt es in einem Bericht der britischen „Doubleday"-Forschungsgesellschaft, Eigenschaften wie Transportfestigkeit, Farbe oder die „Fähigkeit, zwecks Gewichtssteigerung Wasser zu speichern"; Nährwert und Geschmacksqualität dagegen liegen oft unter dem Niveau der alten Sorten.

Die Saatgut-Normung hat dazu beigetragen, daß nach einer Studie der US-Akademie der Wissenschaften die amerikanischen Nutzpflanzen bereits „in beeindruckendem Maße krankheitsanfällig" sind. Die dafür ursächliche genetische Einheitlichkeit sei eindeutig „die Folge starker ökonomischer und gesetzgeberischer Einflüsse". Schon zeichnet sich für den Saatgut-Experten Mooney ab, daß die Ausrottung von Wildpflanzen wie von heimischen Getreidesorten in den Entwicklungsländern einerseits und die Konzentration genetischen Materials bei wenigen multinationalen Konzernen andererseits neue Abhängigkeiten schafft: „ ‚Unser täglich Brot gib uns heute' – dieses Gebet", hofft Mooney, „darf niemals ein Gebet an Shell Oil werden."

In der EG wird das neue Sortenrecht, wie Experten befürchten, binnen kurzem dazu führen, daß Hunderte alter Obst-, Gemüse- und Getreidesorten erst aus den Registern und dem Handel und sodann allmählich aus der Welt verschwinden. Den meisten westdeutschen Politikern haben sich solche Gefahren kaum erschlossen. Der umweltpolitische Sprecher der bayrischen SPD-Fraktion, Hans Kolo, allerdings hat die möglichen Konsequenzen der „grünen Revolution" im Münchner Landtag zur Sprache gebracht. Derzeit würden im Freistaat, so Kolo, noch eine Vielzahl von Weizensorten angebaut, die ganz verschiedenartige Resistenz-Eigenschaften aufweisen. Bei einer Beschränkung auf zwei oder drei Einheitstypen dagegen könnten Krankheiten und Schädlinge leicht zu „einem erheblichen Engpaß in der Getreide- und Nahrungssicherung" Westdeutschlands führen.

Naturschützer und Naturkundler versuchen derweil, mit kargen Mitteln zu retten, was noch zu retten ist. Der BUND propagiert ein „Projekt Hortulus", mit dem auf einem Gelände am Niederrhein die Vielfalt alter Apfelsorten, die

„der Mechanisierung und Rationalisierung zum Opfer gefallen ist“, konserviert werden soll. Wer Apfelbäume bedrohter Sorten im Garten hat, ist aufgefordert, im Frühjahr „zwei oder drei junge Reiser, etwa 30 Zentimeter lang“, in feuchtes Zeitungspapier zu wickeln und einzusenden. Hamburgs Umweltsenator Wolfgang Curilla will alten Obstbaumarten „in unseren Grünanlagen ein Zuhause bieten“. Die Braunschweiger Bundesforschungsanstalt für Landwirtschaft hat, nach dem Vorbild ähnlicher Einrichtungen im Ausland, im Sommer 1981 begonnen, von aussterbenden Wildobst- und -gemüsearten jeweils 250 Gramm Samen in Kühlkammern einzulagern.

Solche Konservierung ermöglicht zwar theoretisch, Gerste 30 000 Jahre lang keimfähig zu lagern, ersetzt aber nicht die Erhaltung freilebender Pflanzen. Die Evolution, die Anpassung an sich wandelnde Umweltbedingungen, findet schließlich nicht im Saale statt, und Genbanken sind „äußerst verletzliche Institutionen“ (Mooney). In Peru führte der Ausfall von Kühlkompressoren schon zum Verlust unersetzlicher Samen-Sammlungen. Futterpflanzen aus dem Mittleren Osten und Bohnen aus Papua-Neuguinea entgingen anderswo nur knapp dem Untergang. Samenbanken gerieten wiederholt, so Mooney, auch durch Feuer, Überschwemmungen oder einfach durch Etatkürzungen „in höchste Gefahr“. Die US-Akademie der Wissenschaften sah sich aus solchen Gründen „nach Abwägung aller verfügbaren Daten über die Erhaltung bedrohter Arten ... zu der Schlußfolgerung gezwungen, daß die einzige verläßliche Methode im Belassen in der natürlichen Umwelt besteht“.

Das gilt erst recht für Wildtiere und die Primitivformen traditioneller Nutztiere, die wegen ihrer hochgradigen Anpassung an Wetter und Widersacher für Zuchtversuche prädestiniert sind. So wurde aus dem seltenen englischen Wensdale-Schaf durch Kreuzung mit anderen Rassen ein hitzeresistentes Modell für die Subtropen gezüchtet, das dennoch enorm viel Wolle liefert. Doch Erfolge dieser Art

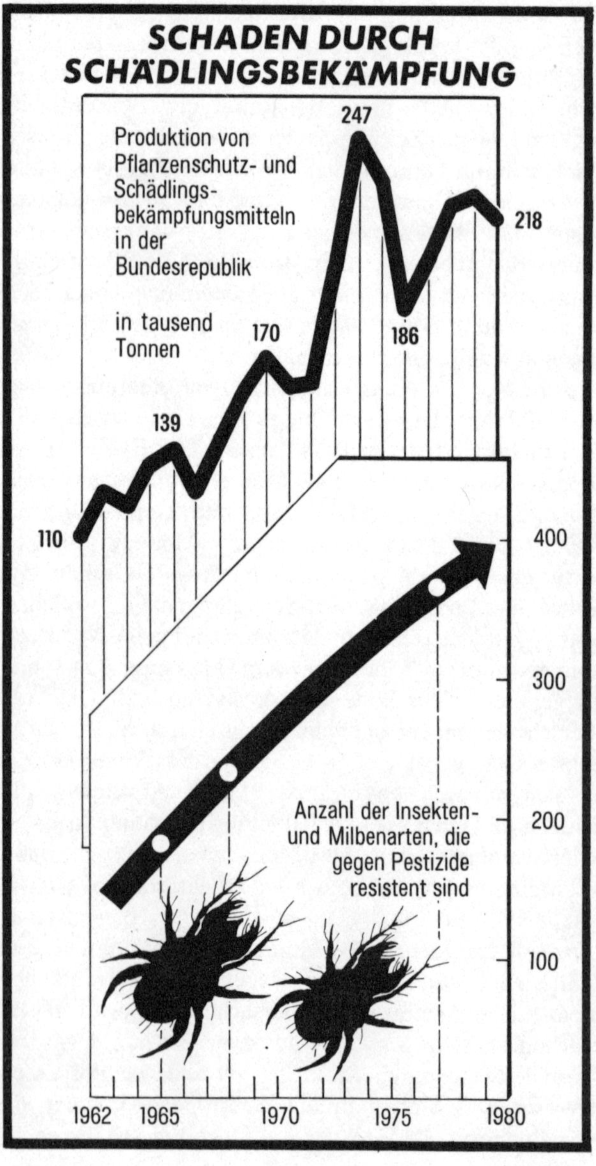

SCHADEN DURCH
SCHÄDLINGSBEKÄMPFUNG
Produktion von
Pflanzenschutz- und
Schädlings-
bekämpfungsmitteln
in der
Bundesrepublik
in tausend
Tonnen
110
139
170
247
186
218
Anzahl der Insekten-
und Milbenarten, die
gegen Pestizide
resistent sind
400
300
200
100
1962
1965
1970
1975
1980

werden sich schon bald kaum mehr einstellen. Von den 145 in Europa lebenden Rinderrassen beispielsweise drohen 115 auszusterben.

Wenn die Möglichkeit entfällt, die Widerstandsfähigkeit von Pflanzensorten oder Tierrassen durch genetische Ergänzungen zu erhöhen, bleibt zwar theoretisch die Chance, vermehrt chemische Mittel gegen Seuchen und Schädlinge einzusetzen. Doch dieser Weg erweist sich mehr und mehr als eine Sackgasse, die immer enger wird.

Die Verwendung von Unkrautvertilgungsmitteln bewirkt, neben kurzfristigen Erfolgen, auf Dauer überwiegend Mißliches. Die Gifte stehen im Verdacht, die Bodenfruchtbarkeit zu beeinflussen; sie tragen dazu bei, daß Schadinsekten, denen die Nahrungsquelle Unkaut genommen wird, verstärkt Kulturpflanzen befallen; sie verändern obendrein den Stoffwechsel von Pflanzen, die auf diese Weise für pilzliche Parasiten wie Mehltau attraktiv werden. „Wer mit Chemie anfängt“, folgert der westdeutsche Wissenschaftspublizist Martin Urban, „muß immer intensiver weitermachen.“ Die Chemiesucht hat die Bauern, wie Agrarwissenschaftler bei einer Fachtagung in Bonn spotteten, zu den „Fixern der Nation“ gemacht.

Der Einsatz von Unkrautgiften (Herbiziden) erzwingt in der Regel die Anwendung auch von Pilzgiften (Fungiziden) und Insektengiften (Insektiziden). Diese Mittel wiederum

▷ belasten mit ihren Rückständen die menschliche Nahrung, reichern sich im Organismus an und verseuchen selbst die Muttermilch,
▷ schaden häufig den Schädlingen weniger als deren natürlichen Widersachern wie Schlupfwespe und Florfliege,
▷ führen somit früher oder später wieder zu verstärktem Schädlingsbefall, was zu ständiger Erhöhung der Giftdosen zwingt, und
▷ wirken schließlich nicht mehr auf einen Teil der bekämpften Schädlinge.

Die Zahl der gegen Gift resistenten Insekten- und Milbenarten hat sich binnen 15 Jahren weltweit von rund 100 auf 370 erhöht. Unempfindlich gegen Pestizide sind mittlerweile auch 105 Überträger epidemischer Krankheiten wie Malaria und Gelbfieber. Seit zwei Jahrzehnten sind sich Fachleute über die notwendigen Konzequenzen im klaren: Der teuflische Kreislauf läßt sich nur durch stärkere Nutzung der Möglichkeiten biologischer Schädlingsbekämpfung durchbrechen. Deren uralten Methoden – Marienkäfer frißt Blattlaus, Katze fängt Maus – setzen allerdings wiederum das voraus, was gerade jetzt bedroht ist wie nie zuvor: biologische Vielfalt. Der unkontrollierte Pestizid-Einsatz ist mithin an Aberwitz kaum zu überbieten: Indem die Gifte dazu beitragen, mit den Schädlingen deren natürliche Feinde auszurotten, vernichten sie das einzige Instrument, durch das sie theoretisch abgelöst werden könnten. Für Aurelio Peccei vom „Club of Rome“ ist die Agrarchemie denn auch eine Waffe, die sich „morgen als biologischer Bumerang gegen uns richten“ kann.

Bereits 1963, nachdem in den USA die Schriftstellerin Rachel Carson („Der stumme Frühling“) vor der Vernichtung der Vogelwelt durch DDT und andere Gifte gewarnt hatte, ließ US-Präsident John F. Kennedy einen Experten-Bericht veröffentlichen, der ausdrücklich den Einsatz von Bio-Mitteln gegen Schädlinge empfahl: Durch „verstärkte Erforschung und Anwendung dieser Methoden“ ließen sich „bedeutende volkswirtschaftliche und volksgesundheitliche Vorteile“ erreichen. Anderthalb Jahrzehnte später kam ein weiterer „Bericht an den Präsidenten“, die von Carter angeforderte Studie „Global 2000“, zu dem gleichen Ergebnis: „Auf biologischer Kontrolle und integrierter Schädlingsbekämpfung beruhende Strategien bergen viel größere Möglichkeiten der Verbesserung als chemische Technologie allein.“

Tatsächlich erzielen Landwirte in einer Reihe von Ländern mit Bio-Mitteln bereits beachtliche Erfolge. In holländischen Gewächshäusern wird der Nützling Raubmilbe auf den Schädling Spinnmilbe losgelassen. In der Sowjet-Union züchten 57 Produktionsstätten täglich jeweils 20 Millionen Schlupfwespen, die ihre Eier in die Gelege von Blattläusen plazieren. Die USA produzierten schon 1973 rund 500 Tonnen eines braunen Pulvers, das den Bacillus thuringiensis enthält; die Mikrobe hat sich als Raupen- und Stechmükken-Killer bewährt.

Auch die Avocado- und Zitrusplantagen Israels werden mit biologischen Mitteln von Schadtieren freigehalten, unter anderem mit Schildlaus-Parasiten, die eigens aus China importiert wurden. Eine Reihe von Tropenstaaten setzen zur Stechmückenbekämpfung gezielt Fledermäuse, Lurche, Spinnen und guppy-ähnliche Fische der Gattung Gambusia an. Im amerikanischen Bundesstaat New Jersey hat sich nach Berichten der US-Bundesanstalt für Seuchenbekämpfung die Ansiedlung von Eulen als „durchaus praktikable Alternative“ zum herkömmlichen Mäuse- und Rattengift erwiesen.

In der Bundesrepublik jedoch haben Versäumnisse von Agrarpolitikern und die Marktstrategien der Chemiegiganten dazu beigetragen, daß Erprobung und Anwendung von Bio-Mitteln noch immer in den Anfängen stecken. Vergebens suchte jahrelang die Biologische Bundesanstalt in Braunschweig nach einem industriellen Hersteller für die Produktion eines von ihr entwickelten unschädlichen Viruspräparats gegen Apfelwicklerraupen. Doch allmählich beginnt sich in einigen Bereichen der bundesdeutschen Land- und Forstwirtschaft die biologische Bekämpfung durchzusetzen.

Förster verwenden im Kampf gegen Holzschädlinge zunehmend statt chemischer Gifte Fallen, die mit Sexuallockstoffen (Pheromonen) des Borkenkäfers präpariert sind. In baden-württembergischen Obstanlagen werden Zehrwespen freigesetzt, die der (nach 1945 aus den USA eingeschleppten) San-José-Schildlaus den Garaus machen. Die Landwirtschaftskammer Rheinland empfiehlt, der Mäuseplage in Gemüsefeldern und Getreideschlägen mit

Igeln und Wieseln zu begegnen und in gefährdeten Feldern „Sitzbrücken" für Greifvögel aufzustellen. Und auch große Waldbesitzer wie der „Kommunalverband Ruhrgebiet" (KVR) setzen neuerdings auf „verstärkten Einsatz und Ausbau der Ameisen- und Vogelwelt" statt auf die Giftspritze. Um die „katastrophalen Folgen eines hemmungslosen Einsatzes chemischer Pflanzenschutzmittel" zu vermeiden, verhängte der KVR ein „generelles Giftverbot" und ließ in seinen 7000 Hektar großen Ruhr-Wäldern 150 Ameisenvölker ansiedeln und 2000 Nistkästen aufhängen. Jedes Ameisenvolk vernichtet, wie KVR-Forstexperte Gerhard Petsch schätzt, „pro Tag bis zu 1600 Raupen", jedes Meisenpaar „im Jahr drei bis fünf Zentner Insekten".

Große Chancen räumen Fachleute auch der Nutzung pflanzlicher Abwehrstoffe im Kampf gegen tierische Schädlinge ein – Wirkungsweisen, die schon vor Jahrhunderten bekannt waren, aber in der Ära der Agrarchemie in Vergessenheit gerieten. Bereits im Kräuterbuch des Hieronymus Bock, erschienen Anno 1539, sind Dutzende pflanzlicher Mittel zum Vertreiben von Fliegen und Flöhen, Milben und Mücken aufgeführt. Anhänger des biologischen Gartenbaus machen sich derlei Wirkungen zunutze, wenn sie mit Bohnenkraut neben den Buschbohnen die schwarzen Läuse oder mit Kamille im Karottenbeet die Möhrenfliege vertreiben. Landbau-Handbücher empfehlen viele hundert solcher Artenkombinationen.

Wissenschaftler im Freiburger Institut für Pharmazeutische Biologie und in ähnlichen Forschungsstätten haben in den letzten Jahren nachgewiesen, daß sich in vielen der von altersher bekannten Abwehrpflanzen in der Tat sogenannte „Repellents" („Abschrecker") nachweisen lassen, zum Teil auch insektentötende Wirkstoffe. „Die meisten Naturstoff-Insektizide", faßt das Medizin-Magazin „Selecta" die Forschungsergebnisse zusammen, „sind für Wirbeltiere ungiftig oder haben nur eine geringe Toxizität. Außerdem werden sie im Gegensatz zu den chemischen Pflanzenschutzmitteln kurzfristig vollkommen und rückstandsfrei abgebaut." Vor allem: „Kumulationen in der Nahrungskette sind von Naturstoff-Insektiziden nicht bekannt." Weil viele dieser Mittel – weiterer wichtiger Vorteil – „selektiv insektizid" wirken, also nur bestimmte Insekten töten, wäre Bewahrung der Artenvielfalt die allerwichtigste Voraussetzung für eine Ausweitung der biologischen Schädlingsabwehr. In vielen Ländern jedoch werden, so der „World Wildlife Fund", fortwährend auch „Raubinsekten oder Pflanzen mit herbiziden oder insektiziden Eigenschaften" ausgerottet, „weil man sie einfach nicht beobachtet und erforscht hat".

Wie dramatisch der Wettlauf gegen die Zeit ist, in dem sich Naturschützer und Biologen sehen, belegt das Zusammentreffen zweier Äußerungen bundesdeutscher Naturschützer. In einem im Herbst 1981 erschienenen Naturschutz-Buch fragt Wildbiologe Kurt „allen Ernstes, wieso wir auf unseren schädlingsgeplagten Kartoffelkulturen nicht gleichzeitig auch viele Rebhühner halten"; Rebwild lebt unter anderem von Kartoffelschädlingen. Kurz zuvor aber hatte, in einer Presseerklärung, Naturschutzring-Präsident Engelhardt bedauert, daß „durch den unkontrollierten Einsatz der Chemie" Tierarten wie das Rebhuhn zur Zeit „dem Aussterben nahekommen".

Solche Entwicklungen geben der amerikanischen Meeresbiologin Sylvia Earle recht, die schon vor Jahren die US-Naturschutzpolitik kritisiert hatte: Wer bereit sei, die Existenz einer Tier- oder Pflanzenart aufs Spiel zu setzen, deren künftige Bedeutung er nicht zu erahnen vermag, verhalte sich wie jemand, der vor einem Flug „in die Pilotenkanzel einer Boeing 747 geht und dort Geräte herausreißt, nur weil er deren Funktionen noch nicht kennt".

Als, im Wortsinne, Kontrollinstrumente schätzen Ökologen schon heute viele Tier- und Pflanzenarten, die Umweltschäden präziser zu registrieren vermögen als technische Geräte. Die Luftverschmutzung über Westdeutschland beispiels-

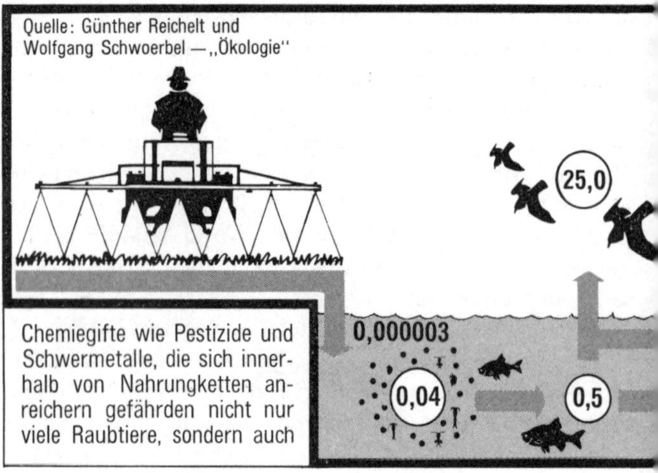

Quelle: Günther Reichelt und Wolfgang Schwoerbel — „Ökologie“

Chemiegifte wie Pestizide und Schwermetalle, die sich innerhalb von Nahrungketten anreichern gefährden nicht nur viele Raubtiere, sondern auch

weise wird seit langem mit Hilfe empfindlicher Flechten der Art Hypogymnia physodes gemessen, die Abwasserqualität in Chemiewerken mit Goldorfen, einer besonders sensiblen Fischart, die Schwermetallbelastung von Niederschlägen mit Hilfe seltener Torfmoose.

Chemische Wasser-Analysen sind nur begrenzt geeignet, Gifte in Flüssen aufzuspüren; bei Routineuntersuchungen können maximal 30 der rund 10 000 im Rheinwasser vorhandenen Schadstoffe erfaßt werden. Die Beobachtung bestimmter Wattwürmer oder Meeressäuger hingegen hat Umweltwissenschaftler wiederholt auf die Spur von Stoffen geführt, die dem Menschen gefährlich werden können. Giftanreicherungen im Filet von Plattfischen aus der Elbe warnten 1981 vor dem Schwermetall Quecksilber, das (in höheren Konzentrationen) während der sechziger Jahre im japanischen Minamata hunderte von Menschen dahingerafft hat.

Chemiegifte in den Innereien von Nordsee-Robben machten Wissenschaftler auf die Bedrohung durch Pestizide aufmerksam. Tatsächlich fanden Forscher des Freiburger

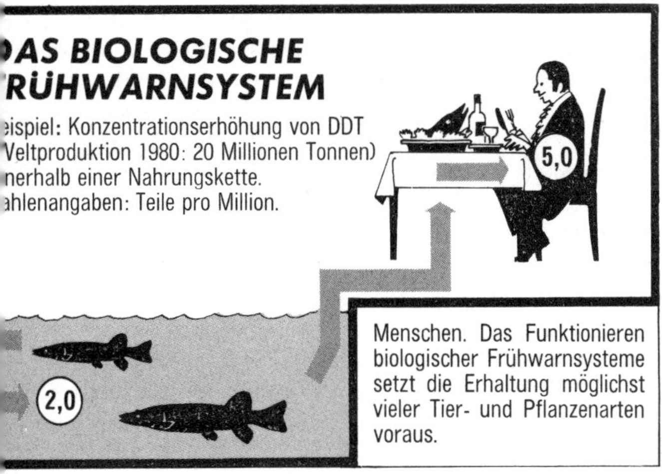

Öko-Instituts 1980 auch in der Muttermilch westdeutscher Frauen Gifte wie Hexachlorbenzol, Hexachlorcyclohexan, Dichlor-Diphenyl-Trichloräthan, Heptachlorepoxid und Polychlorierte Biphenyle – allesamt in Konzentrationen, die bei Kuhmilch für Verkaufsverbote hinreichen würden. Und nur weil die bedrohte Wechselkröte (Bufo viridis) in Westdeutschland noch nicht gänzlich ausgestorben ist, wurden Heidelberger Forscher 1980 auf eine Gefahrenquelle aufmerksam, die sonst wohl unentdeckt geblieben wäre: In einem Steinbruch bei Ludwigsburg, der als wilde Mülldeponie benutzt worden war, veranlaßten mißgebildete Kröten mit sieben Beinen und beulenübersäten Köpfen Umweltwissenschaftler zu Kontrollen. Resultat: In der Müllkippe zeigten Geigerzähler überhohe Radioaktivität an.

Lurche und Insekten, Säugetiere wie Pflanzen aller Art gelten weitsichtigen Wissenschaftlern mithin als potentiell überlebenswichtige Indikatoren für derzeit noch völlig unbekannte Umweltrisiken – als ein biologisches Frühwarnsystem, das dem Menschen Gegenwehr ermöglicht, bevor er selber irreversible Schäden zum Beispiel durch neuartige Chemiegifte erleidet. Artenschutz sei daher, lehrt der Konstanzer Biologie-Professor Hubert Markl, Vizepräsident der Deutschen Forschungsgemeinschaft, auch „eine äußerst wirkungsvolle umweltsichernde Maßnahme“: „Sachkundig vorgenommen, kann die Überwachung der Bestände vieler Arten von Pflanzen, Tieren und Mikroben in ihren Biotopen ein sicheres, preiswertes und ästhetisch erfreuliches Mittel zur Kontrolle der Umwelt sein, das alle Umweltbelastungen erfaßt.“ Markl stimmt mit den meisten seiner Fachkollegen darin überein, daß auch aus solchen Gründen die Erhaltung möglichst vieler Arten von Lebewesen anzustreben ist, mit ganz wenigen Ausnahmen. Markl: „Die endgültige Vernichtung der Spezies ‚Pockenvirus‘ wird jedermann befriedigen.“

Werturteile wie „Ungeziefer“ und „Unkraut“ allerdings helfen bei der von Markl geforderten „Güterabwägung“ nicht weiter: Sie geben zwar Aufschluß darüber, ob eine Art mit dem Menschen in Nahrungskonkurrenz steht oder ihn

Simplizissimus, H. Müller

„Alles sehr weise eingerichtet von der Natur – vorsorglich schafft sie den Elefanten, aus dessen Zähnen wir Schachspieler unsere Figuren gewinnen.“

bei der Nahrungserzeugung stört. Über die Bedeutung der Existenz eines Lebewesens für das natürliche Gleichgewicht in einer Lebensgemeinschaft aber sagen solche Begriffe gar nichts aus. Wie eng Tier- und Pflanzenarten durch Nahrungsketten und Symbiosen aneinandergefesselt sind, ist auch vielen Naturschützern kaum bewußt. Ein Buchenwald beispielsweise bietet Lebensraum und Nahrung für rund 7000 Arten, vom Buchenspinner bis zum Buchfinken. Die Ausrottung einer einzigen Pflanzenart führt bisweilen zum Verschwinden von dreißig und mehr Tierarten. Intakte – und das heißt: komplette – Lebensgemeinschaften aber sind von unschätzbarer ökonomischer Bedeutung.

Kaum auszudenken, was der Landwirtschaft widerfährt, wenn die chemische Keule nachhaltig den Ackerboden schädigt. Die Krume, ein komplexes lebendes Gebilde aus tierischen Ein- und Mehrzellern, Bakterien und Pilzen, jedoch ist durch Schwermetalle und Schwefelregen aus Industrieschornsteinen und durch ebenso einseitige wie großräumige Landbau-Methoden schon heute bis an die Grenze der Belastbarkeit strapaziert.

Welchen ökonomischen Wert die Sauerstoffproduktion und die Filterwirkung von Bäumen ausmachen, haben Naturschützer auf Mark und Pfennig zu errechnen versucht. Die Leistung einer hundertjährigen Buche (sie reinigt pro Jahr den Luftinhalt von 800 Einfamilienhäusern) entspricht der von 2700 Jungbäumen, die, inclusive Pflanzung und Pflegerisiko, pro Stück 1270 Mark kosten – insgesamt 3,5 Millionen Mark.

Gleichwohl fließen solche Werte nicht in Kosten-Nutzen-Rechnungen ein. Kein Waldbesitzer beispielsweise, heißt es in der US-Studie „Global 2000", berücksichtige in seiner Kalkulation „externe Nutzen" wie die Bedeutung des Waldes für ein Wassereinzugsgebiet; dazu zählen die Posten „Stabilisierung des Wasserhaushaltes", „Eindämmung der Erosion", „Milderung der Temperatur", „Artenschutz" und „Erholung".

HECKE STATT GIFTSPRITZE

Hecken und Feldgehölze bieten zahlreichen fleischfressenden Tierarten Quartier, die den Bestand sogenannter Schädlinge in angrenzenden Äckern und Wiesen regulieren können.

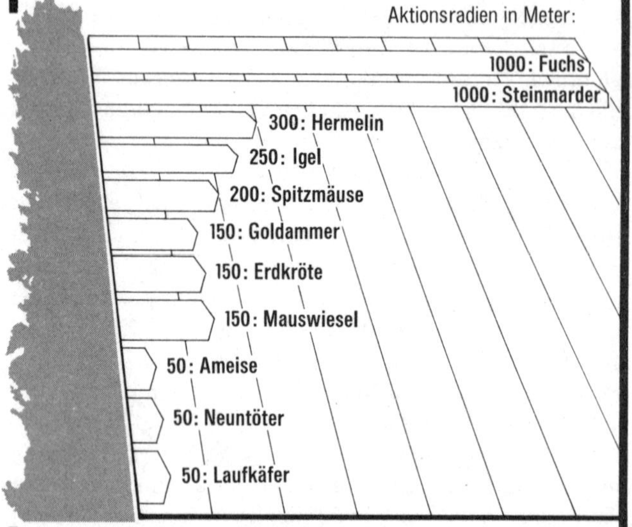

Solcherart Kalkulation, wie sie in der Landwirtschaft ebenso wie in der Forstwirtschaft weltweit gängig ist, begünstigt den Raubbau an der Natur. Die herkömmliche Wirtschaftsrechnung führe, beanstanden die „Global 2000"-Forscher, zu einem Verhalten, „das hohe Erträge jetzt und niedrigere Erträge später zur Folge hat . . . Das Ergebnis werden immer kürzere Kreisläufe sein, die schließlich zur Erschöpfung der Ressourcen führen". Aufgeklärte Naturschützer verlangen aufgrund solcher Überlegungen, fernab jeglicher Sentimentalität, die Leistungsfähigkeit und

Vielfalt der Natur „auch als Lebensgrundlage des Menschen dauerhaft zu bewahren“ – so eine 1980 von UN-Gremien und diversen internationalen Naturschutz-Dachverbänden verabschiedete „Weltstrategie für die Erhaltung der Natur“.

In der Bundesrepublik würde die Umsetzung dieses Konzepts vor allem radikales Umdenken in der Landwirtschaftspolitik voraussetzen. Statt die Agrarlandschaft weiterhin in eine „großmaschinengerechte“ Produktionssteppe umzuwandeln, müßte dort ein „Netz aktiver Ökozellen“ geknüpft werden – durch Erhaltung und Neuanlage von Tümpeln sowie von Feldrainen, Feldgehölzen und Hecken. Ein solches Öko-Netz könnte zugleich Windschutz bieten, den Wasserhaushalt stabilisieren, Erosionsschäden verhindern, Schadstoffe aus der Luft filtern und Wildpflanzen wie Wildtieren Lebensraum bieten.

Der Deutsche Naturschutzring plädiert dafür, die Schlaggrößen in der Landwirtschaft auf höchstens zehn Hektar zu begrenzen und mindestens zehn Prozent der Agrarfläche von der Intensivbewirtschaftung auszunehmen. Der ökologische Landbau sei stärker als bislang zu fördern und der Einfluß der Großchemie bei der Aus- und Fortbildung der Landwirte zu beseitigen, damit Gifte nicht länger nach „Spritzkalendern“ der Hersteller, sondern nach Bedarf eingesetzt werden.

Eine solche Politik könnte dazu beitragen, langfristig die Ernteerträge zu sichern. Ein Verbundsystem von Freiflächen etwa, auf denen weder gespritzt noch gedüngt wird, kann nach Ansicht des Biologen Markl den „Teufelskreis“ durchbrechen, der dadurch entsteht, daß Chemiegifte die (ohnehin seltenen) räuberischen Nützlinge regelmäßig stärker reduzieren als die massenhaft auftretenden pflanzenfressenden Schädlinge. Ein Öko-Netz, das die gesamte westdeutsche Kulturlandschaft überspannt, könnte, argumentiert Markl, „teure Maßnahmen zur Schädlingsbekämpfung oder Ernteverluste ersparen“, weil es auf natürliche Weise einer „Explosion der Schädlinge“ vorbeugt. Ob

Punch

„Ich glaube eben nicht, daß dieses die richtige Welt ist, um Pandas großzuziehen."

sich die ökonomisch wie ökologisch gleichermaßen gebotene Wende in der Bonner und Brüsseler Agrarpolitik rasch genug einstellt, ist freilich zweifelhaft. „Bisher", sagt der Kieler Ökologe Professor Norbert Knauer, „stehen wir bei den Bauernverbänden vor verschlossenen Türen. Und die machen schließlich die Agrarpolitik."

Wo die Vernunft so lange auf sich warten läßt, scheint manch ein Naturschützer die Menschen anderer Zeiten oder anderer Breiten zu beneiden, in denen Priester und Gurus, Schamanen und Medizinmänner mit metaphysischen Machtworten für die Bewahrung des natürlichen Gleichgewichts sorgten – statt mühsam an die Einsicht zu appellieren: Frankfurts Ex-Zoodirektor Bernhard Grzimek, Anfang der siebziger Jahre Naturschutzbeauftragter der Bundesregierung, erinnert an den religiös begründeten Brauch afrikanischer Stämme, Tabuzonen in Busch und Dschungel strikt zu meiden. Diese Gebiete, in die sich jahrtausendelang von Ausrottung bedrohte Jagdtiere zwecks Regeneration zurückziehen konnten, waren im Effekt nichts anderes als das nun von Wissenschaftlern propagierte Öko-Netz. Für den Verhaltensforscher und

Nobelpreisträger Konrad Lorenz ist es „eine der interessanten Tatsachen“ der Erkenntnistheorie, daß solche „Forderungen, die aus rein biologischen, eiskalten Erwägungen zu stellen sind, sich in letzter Instanz plötzlich identisch mit ethischen Forderungen erweisen“.

Über die Durchsetzbarkeit derartiger Postulate in der heutigen Zeit ist damit allerdings wenig gesagt. „Es ist sehr schwierig, ja unmöglich“, fürchtet Lorenz, „einem Urwaldbewohner, der um seine drei Hirseähren bangt, beizubringen, daß DDT etwas Schlechtes ist. Für den ist DDT praktisch die Rettung der Ernte.“

In den Industrienationen wiederum könnte sich erweisen, was die baden-württembergische Landesanstalt für Umweltschutz in einer Schrift über „Umwelt und Ethik“ zu bedenken gibt. Der naturferne Mensch, dem es an Schutzinstinkten gegen neuartige Risiken fehle, drohe bei anhaltender Naturzerstörung in „existentielle Gefahren“ zu geraten: „Es kann ihn das gleiche Schicksal treffen wie jene Frösche im allmählich bis zum Siedepunkt erhitzten Aquarium, die ohne jeden Fluchtversuch den Wärmetod starben, weil ihnen die Gefahr nicht rechtzeitig bewußt geworden war.“

III
Naturschutz für den Nackten Affen

Bewaffnete Wilderer, ausgerüstet mit Flugzeugen und Funkgeräten, rotten Nashörner und Elefanten aus, italienische Jäger knallen Singvögel ab. Doch während deutsche Natur-Enthusiasten die Schuld am Niedergang der Tier- und Pflanzenwelt mit Vorliebe im Ausland suchen („Kein Urlaubsort, wo Vogelmord"), ist die Vielfalt der Flora und Fauna in der Bundesrepublik zumindest ebenso gefährdet wie in Kenia oder in Italien. Tiertod droht in Deutschland jedoch weniger durch Gewehrschüsse als durch Gifte, die heimlich in Nahrungsketten emporsteigen, und eine Vielzahl harmlos anmutender Eingriffe in das komplexe Netzwerk der Natur.

Der feiste, fette, flaumige Dodo watschelte jahrtausendelang über die Insel Mauritius – bis, vor 300 Jahren, europäische Seefahrer den Nährwert seines Fleisches entdeckten. Binnen kurzem wurde die bizarre Riesentaube so selten wie die Blaue Mauritius. Das letzte Exemplar des Vogels erschlug 1681 ein besoffener Matrose mit seiner Flasche.

„As dead as dodo", wie englische Seeleute noch heute sagen, sind seit langem auch der nordamerikanische Oregon-Bison und der Östliche Bison. Büchsenhelden wie Buffalo Bill hatten um 1870 bei Vergnügungsjagden täglich jeweils bis zu 250 Indianerbüffel abgeknallt. Mit Maschinenwaffen schossen Ende des vorigen Jahrhunderts Delikatessenjäger alljährlich bis zu einer Milliarde Wandertauben aus nordamerikanischen Bäumen. Die Millionen Jahre währende Entwicklungsgeschichte dieses Vogels fand unwiderruflich ihr Ende, als, am 1. September 1914 gegen 17 Uhr, das letzte Lebewesen dieser Art im Zoo von Cincinnati starb.

Ob Dodo, Bison oder Wandertaube – über die Ursache ihres Aussterbens muß nicht gerätselt werden: Ausrottung durch Jagdmassaker war jahrhundertelang der Hauptgrund des Artenrückganges. Heute indes, da alles komplizierter ist, stirbt es sich anders aus. Nur mehr 26 Prozent der gegenwärtig gefährdeten Tierarten, etwa der Wal und die Robbe, sind durch Jagd und Fang bedroht. Mehr als die Hälfte der weltweit als gefährdet betrachteten Tierarten jedoch sterben aus, ohne daß eine Büchse knallt oder eine Harpune zischt. Der Faktor, an dem diese Spezies zugrunde gehen, heißt in den Statistiken internationaler Naturschutz-Dachverbände „Gestörte natürliche Umwelt".

Hinter dieser Formulierung verbirgt sich ein kaum überschaubares Geflecht von indirekten Todesursachen. Das Netzwerk ist derart verworren, daß manch ein Biologe darüber zu verzweifeln scheint. Auch die Ökologie, die Lehre vom Naturhaushalt, hilft da kaum weiter. Sie hat bislang vor allem eines entdeckt: die Grenzen menschlichen Wissens. In einem Buch, das den passenden Titel „Enzyklopädie der Ignoranz" trägt, schreibt der britische Biologe Martin Holdgate: „Es kann sein, daß die Ökologie wegen der schieren Komplexität der Systeme, mit denen sie sich abmüht, niemals eine nützliche Wissenschaft sein wird."

Klar ist eines: Die von den Wissenschaftlern entdeckten „vernetzten Nahrungsketten" und „mehrdimensionalen Systembeziehungen", „ökologischen Querverbindungen" und „kybernetischen Regelkreise" in der Natur sind ungemein vielfältig ineinander verschränkt. Die Frage, welche Ursachen den Rückgang einer bestimmten Art bewirken könnten, vermögen die Experten nur selten rechtzeitig zu beantworten. Und in der Regel ist nicht vorhersehbar, an welchen Stellen des Flechtwerkes schließlich schädliche Auswirkungen menschlicher Eingriffe zutage treten.

So einfach die Ursache des Dodo-Aussterbens auf Mauritius zu ermitteln ist, so schwierig war es für Ökologen etwa herauszufinden, warum der Calvarienbaum zu verschwinden begann. Der Dodo, ermittelten schließlich die Forscher, ernährte sich unter anderem von den Früchten des Calvarienbaums. Von der dicken Schale verdaute der Vogel gerade so viel, um dem Kern nach Durchwandern des Dododarms das Keimen zu ermöglichen. Vom Dodo nicht angedaute Früchte waren nicht keimfähig.

Solche Symbiosen, die dazu führen, daß die Ausrottung eines Lebewesens das Verschwinden eines anderen bewirkt, sind noch vergleichsweise simple Beispiele aus dem Verwirrspiel der Wechselbeziehungen, die Artenschutz zum Denksport machen. Jahrzehnte währte es, bis Biologen herausgefunden hatten, warum die Geburtenraten bestimmter Vogelarten sanken und warum hin und wieder Tiere tot vom Himmel fielen. Methylquecksilber, mit dem schwedisches Saatgut gegen Pilzbefall gebeizt worden war, hatte sich im Organismus körnerfressender Mäuse so stark angereichert, daß das Gift schließlich bei den fliegenden

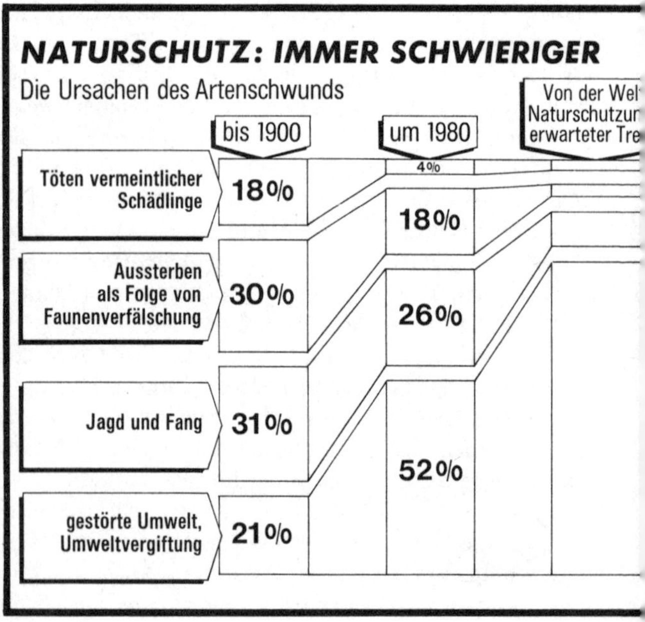

Mäusejägern Streßtod oder fatale Verhaltensveränderungen auslöste: Viele bauten Nester ohne Boden.

Nordamerikanische Möwenkolonien gehen zugrunde, weil, wie Forscher der Universität von Kalifornien 1981 herausfanden, das Chemiegift DDT die Keimdrüsen verändert und das Sexualverhalten der Tiere beeinflußt. In Beständen, die sich von vergiftetem Fisch ernähren, nimmt die Zahl weiblicher und homosexueller Möwen zu, männliche Vögel bleiben den Brutkolonien fern, der Anteil der Jungvögel sinkt.

Der Kasseler Öko-Chemiker Professor Reinhold Kickuth ermittelte, daß selbst in extremer Verdünnung Unkrautvernichtungsmittel Verhaltensänderungen bei Wasserflöhen bewirken können. Schon geringste Spuren bestimmter Herbizide, weit unterhalb gesetzlicher Richtwerte, hemmen den Fortpflanzungstrieb der Tierchen; binnen weniger Generationen kann die Einwirkung des Gifts zum Aussterben beispielsweise von Bachflöhen führen, einer wichtigen Nahrung vieler Fischarten. Kickuth, der diese Forschungsergebnisse im Dezember 1981 bei einer agrarpolitischen Tagung vortrug, hält es für wahrscheinlich, daß auch andere Chemiegifte innerhalb des empfohlenen Dosierungsbereichs ähnliche Folgen auslösen können: „Keine der heute in Industrie und Landwirtschaft verwendeten Chemikalien“, sagt Kickuth, sei bislang auf „Wirkungen unterhalb der toxikologischen Schwelle“ untersucht worden.

Auch daß Schwefeldioxid aus den Industrieschloten ferner Länder skandinavischen Lachsen und bayrischen Tannen den Säuretod bringt; daß Seeadler auf Grund von Pestizid-Vergiftung dünnwandige, zerbrechliche Eier legen; daß der um 1960 begonnene Streusalz-Einsatz Hauptursache des Stadtbaum-Sterbens ist – solche Kausal-

ıutzmöglich-
ten und
ren Chancen

utz leicht
Geld)

utz schwierig
ch Verzicht)

utz
schwierig
ch Erhalten
Teilen der
ırlichen Umwelt)
unmöglich
e Giftstoffe
nen kaum
ebaut werden)

Ketten werden gewöhnlich erst nach langjähriger Forschungsarbeit entdeckt, oft allzu spät.

Wie Einzelursachen eine Vielzahl von Nebenwirkungen zeitigen, die sich auf verblüffende Weise mit Fernwirkungen anderer Ursachen verbinden und völlig unvorhergesehene Folgen und Nebenfolgen auslösen – solche komplexen Zusammenhänge versucht seit langem der Münchner Biologe Frederic Vester zu ergründen. Was dabei herauskommt, liest sich – in einer Vesterschen Erörterung landwirtschaftlicher Monokultur – beispielsweise so:

„Machen wir die Pflanze P durch Anbau zur dominierenden Art, z.B. eine Körnerfrucht PF, so vermehrt sich die darauf lebende Larve L und später auch das daraus schlüpfende Insekt I 1. Als Parasit verschiedener anderer Tiere, etwa von Hasen, Rehen oder Vögeln, befällt die Larve diese nun stark und sorgt für ihre Dezimierung. Eine Käferart K, die bisher von der Vogelart V gefressen wurde, vermehrt sich nun rapide. Ebenso geht es mit den Pflanzen P1, die bisher vom Wild W kleingehalten wurden. Die Folge davon ist vielleicht eine Abnahme weiterer Pflanzenarten P 2 und P 3 und eine Zunahme von Feldmäusen M, die sich nun vor allem von den neu hinzugekommenen Körnerfrüchten PF ernähren. Man sollte nun annehmen, daß man nur das Insekt I 1 zu bekämpfen braucht, und alles ist wieder im Lot. Weit gefehlt. Dadurch würde sich nur noch mehr verschieben: Rehe und Hasen W als Pflanzenfresser der konkurrierenden Pflanzenart P 1 wären zahlreicher, der Jagddruck der Vögel V auf den Käfer K nähme zu, dieser stünde nun nicht mehr als Konkurrent für einen zweiten Parasiten I 2 unserer Nutzpflanze zur Verfügung, aber auch nicht als nützlicher „Schädling“ der konkurrierenden Pflanze P 2. Unsere erste Reparatur, nämlich die Vernichtung des Insekts I 1, zieht eine erneute, diesmal vielleicht noch kostspieligere Reparatur nach sich – und so fort.“

Wo gleichsam vernetztes Denken vonnöten wäre, um das empfindliche Gleichgewicht von Lebensgemeinschaften vor den Folgen menschlicher Eingriffe zu bewahren, versagen jedoch häufig Umweltpolitiker wie Naturschützer. „Das unvernetzte, lineare Denken, welches in der Realität zu leider sehr vernetzten Wirkungen führt, sitzt sehr tief in uns", meint Vester. „So gehen wir mit unserer anerzogenen Logik, unseren Schlüssen von Ursache und Wirkung gradlinig und eindimensional, sozusagen eingleisig, vor."

Das Schmalspur-Denken vieler Naturschützer ortet beispielsweise die Ursachen des Vogelsterbens vorzugsweise da, wo es laut knallt – in Italien. Forderungen wie „Kein Urlaubsort, wo Vogelmord" stoßen in Westdeutschland zehntausendfach auf Zustimmung. Dem Einsichtsvermögen manches Tierschützers entzieht sich indes, daß in Wahrheit in der Bundesrepublik viel mehr Zugvögel vernichtet werden als jenseits der Alpen. Dieser Tod freilich kommt nicht mit Gewehrsalven, sondern lautlos daher – über das Gift in Nahrungsketten, die Störung und Zerstörung von Brutplätzen oder die Trockenlegung von Feuchtgebieten.

Oft sind ausgerechnet Tierschützer die Täter. Die Zahl der Zugvögel nämlich wird weder durch die Qualität ihrer Sommerquartiere noch durch die der Winterquartiere begrenzt, sondern allein durch die Aufnahmefähigkeit der Ruhezonen, der sogenannten Trittsteine, entlang der Wanderroute in Mitteleuropa. In diesen ohnehin knappen „ökologischen Flaschenhälsen" aber, zum Beispiel einigen Altrhein-Armen in Nordrhein-Westfalen, wirken Winter für Winter Tierphotographen und Naturfreunde, die mit ihrer bloßen Anwesenheit, allen Verboten zum Trotz, Tausende von Enten und Gänsen, Schwänen und Schnepfen aufscheuchen. Die von den Vogelliebhabern aus ihren Quartieren vertriebenen Vögel, beobachtete der Wildbiologe Kurt, fallen prompt über Wintergetreidefelder her. Die Folge ist, daß die Behörden schließlich unter dem Druck der Landwirtschaft Abschußgenehmigungen erteilen, um das zum Schadwild gewordene Wassergeflügel kurzzuhalten. Statt auf diese Weise den Zugvogel-Bestand zu verringern, sollten die Naturschutz-Ämter, verlangt Kurt, für die

Naturenthusiasten ein „totales Verbot" verhängen, Winterquartiere wandernder Vögel zu besuchen.

Wo die für viele Tiere überlebenswichtigen Seen und Feuchtgebiete noch nicht von Vogelfreunden, Anglern, Surfern und Kanuten heimgesucht worden sind, treiben Deichbauer und Wasserwirtschaftler ihr Zerstörungswerk. Für die von Eindeichungsprojekten betroffenen, weltweit einzigartigen Nordseewatten, die Kinderstube vieler Fisch- und Vogelarten, ist nach Ansicht der Vereinigung Deutscher Gewässerschutz „das Signal endgültig auf Rot gesprungen". In Süddeutschland stehen mit dem Ausbau von Donau und Altmühl samt ihrer Talauen Biotope zur Zerstörung an, die als Rast- und Überwinterungsgebiet für 159 (darunter 46 aussterbende) Brutvogelarten internationale Bedeutung haben.

Vielerorts sind Gewässer durch Giftstoffe verseucht. Weil die meisten an Seen und Flüssen lebenden Vogelarten wie Reiher, Eisvogel und Adler Endglieder nasser Nahrungsketten sind, wirken sich bei ihnen die tückischen, kaum abbaubaren Chemiegifte am verheerendsten aus. Das ist eine der vielen Ursachen dafür, daß in den letzten Jahrzehnten von den 22 in Westdeutschland einst registrierten Greifvogelarten vier ausgestorben sind; die 18 verbliebenen Arten gelten als zumindest gefährdet, wenn nicht als akut bedroht.

Anachronistisch muten angesichts der allgegenwärtigen Langzeitgifte die Methoden an, mit denen deutsche Vogelschützer das stille Sterben zu bremsen versuchen. Ob in Schleswig-Holstein, wo die letzten vier Seeadlerpaare brüten, oder in Bayern, wo es nur noch fünf bis zehn Wanderfalkenpaare gibt – überall bewachen Dutzende von Freiwilligen im Schichtdienst die rar gewordenen Horste. Ob mit Erfolg, steht dahin. Der Jäger und Autor Reginald Huber („Die Pirsch") jedenfalls ist sicher, daß Falken „mit Sicherheit nicht" im nächsten Jahr wieder in einer Gegend horsten werden, wo „zwanzig Studenten die Horste rund um die Uhr ‚bewachen' und in den entscheidenden Phasen noch in den Horst hineinsteigen, um ‚wissenschaftliche Photographien‘ zu machen.“ Die Greifvogel-Schützer dagegen rechtfertigen ihren Wachtdienst in der Waldeinsamkeit mit dem Gerücht, in Westdeutschland gehe eine „Adlerbande“ um, die im Auftrag arabischer Scheichs die Nester ausnehme. Für jeden der im Orient als Herrschaftssymbol begehrten Vögel würden rund 20 000 Mark gezahlt.

Wenn weniger Greifbares als Greifdiebstahl Arten verschwinden läßt, reagieren Tierschützer, Naturschutzpolitiker und Fachwissenschaftler häufig ratlos. Spezialistentum habe, meint der Biologe Vester, allenthalben dazu geführt, daß „wir zwar viele Einzeldinge immer besser, jedoch die vernetzte Wirklichkeit immer weniger verstehen“.

„Wir alle müssen weg vom Kästchendenken“, forderte denn auch 1981, bei der Vorstellung eines Landes-Naturschutzprogramms, der niedersächsische Oppositionsführer Karl Ravens. Tatsächlich hätte etwa die Antwort auf die Frage, warum 27 Prozent aller westdeutschen Großschmetterlingsarten vom Aussterben bedroht sind, kein Insektenspezialist im Alleingang finden können. Nur im Team mit Botanikern und Bodenchemikern ließ sich das Rätsel lösen: Zum einen sind die meisten Falter (und ihre Raupen) hochspezialisierte Feinschmecker und daher auf jeweils bestimmte Wirtspflanzen angewiesen. Der selten gewordene Apollofalter kann ohne die Weiße Fetthenne nicht überleben, der Moosbeerenbläuling nicht ohne Moosbeere, der Thymianbläuling nicht ohne Thymian. Zum anderen ist jede dieser Wirtspflanzen gleichfalls hochspezialisiert und an bestimmte Plätze gebunden. Die aber werden immer seltener.

Die Weiße Fetthenne – erstes Beispiel – gedeiht (wie 164 andere gefährdete Pflanzenarten) nur in sogenannten Trokkenrasengebieten, auf felsigen, warmen Standorten. Deren Zahl sinkt rapide, zum Beispiel aufgrund der Flurbereinigung im Weinbau, wo mehr und mehr großmaschinengerechte, geometrisch gestaltete Rebterrassen entstehen.

Die Moosbeere – zweites Beispiel eines Falter-Spezialfutters – wächst (wie 123 weitere gefährdete Pflanzenarten) ausschließlich unter den extremen Bedingungen der Hochmoore. Die aber sind durch ungehemmten Torfabbau und durch Trockenlegung in den letzten Jahrzehnten auf ein Zehntel ihres ursprünglichen Bestandes geschrumpft. Selbst in Niedersachsen, dem moorreichsten Bundesland, gibt es kein einziges ungestörtes größeres Hochmoor mehr. Die Verluste sind kaum je wiedergutzumachen: Die Neubildung eines Hochmoores dauert, bei einem jährlichen Wachstum von einem Millimeter, Jahrhunderte.

Der Thymian schließlich – drittes Beispiel – wächst (wie viele Ackerkräuter und etliche Orchideenarten) nur auf schwach beweideten „Streuwiesen", die Bauern lediglich einmal jährlich mähen, um Streu fürs Vieh zu gewinnen. Diese Flächen jedoch werden zunehmend durch üppige Stickstoffdüngung in Wirtschaftswiesen verwandelt, von denen der Thymian rasch verschwindet.

Genauer besehen, ist es noch komplizierter: Selbst dort, wo der Thymian blüht, stirbt sein Bläuling vielerorts aus. Denn wie ungezählte andere Insektenarten ist der Thymianbläuling nicht nur auf eine bestimmte Futterpflanze, sondern obendrein auf ein bestimmtes Wirtstier spezialisiert: Seine Raupen müssen einen Teil ihrer Entwicklung in den Nestern von Ameisen verbringen – die allerdings eine Wiese nur besiedeln, solange sie schwach beweidet wird. „Sommertage ohne Falter", kommentiert die NRW-Landesanstalt für Ökologie solche Zusammenhänge, „haben nicht nur an Schönheit und Vielfalt verloren, sie zeigen vielmehr einen Bruch in den Nahrungsketten der Ökosysteme, ein Ungleichgewicht der Natur an."

Nur allzu häufig liegen Ursache und Wirkung ähnlich weit voneinander entfernt wie die Beweidung einer Wiese und das Aussterben einer Schmetterlingsart. Zumeist sind sich die Täter ihrer Mitverantwortung für den galoppierenden Artenschwund gar nicht bewußt. Da herrscht kein böser

Wille, wenn etwa ein Kirchenvorstand beschließt, das Gotteshaus samt Turm mal renovieren zu lassen. Das Holzschutzmittel jedoch, mit dem die Balken gespritzt werden, beraubt Dutzende von Fledermäusen ihres letzten Quartiers; alle 22 heimischen Arten, von der Zwergfledermaus bis zur Großen Hufeisennase, sind vom Aussterben bedroht.

Pure Ignoranz ist womöglich die Ursache, wenn ein Forstmann Rotbuchen schon nach 100 statt nach 250 Jahren fällen läßt. Wahrscheinlich hat er schlicht vergessen, daß der Schwarzspecht seine Höhlen nur in mächtige, zumindest 120 Jahre alte Bäume meißeln kann. Spechte wiederum tragen nicht nur dazu bei, die Zahl der Baumschädlinge, auch der Borkenkäfer, zu begrenzen, sondern gelten unter Naturkundlern geradezu als „Schlüsselfiguren unserer Wälder" (BUND). Denn auf verlassene Specht-Behausungen sind eine Reihe von Vögeln wie Hohltaube, Dohle und Rauhfußkauz angewiesen, die zwar in Höhlen brüten, aber selber keine bauen.

Sicherlich ist es auch gutgemeint, wenn Tausende von Dorfpolitikern im Zuge des bundesweiten Wettbewerbs „Unser Dorf soll schöner werden" den Ordnungssinn ihrer Bürger bis zur Putzsucht steigern. Da wird dann städtischen Vorbildern nachgeeifert, der Hof geteert, die Feldsteinmauer abgerissen und der letzte Rest von Wildwuchs in Ritzen und Rinnsteinen, an Wegrändern und in verborgenen Winkeln mit Wuchshemmern und Waschbetonplatten vertrieben. Solchen Säuberungsaktionen aber fallen regelmäßig Dutzende gefährdeter Wildpflanzen wie Eselsdistel und Schwarznessel, Guter Heinrich und Wilde Malve zum Opfer. Selbst das schlichteste Grün indes stiftet noch hohen ökologischen Nutzen: Auf dem ordinären Wegerich leben die Raupen von 48 Falterarten, auf den Löwenzahn sind 41 und auf die verfemte Brennessel 25 Arten angewiesen. Wilde Kräuter wie die Kratzdistel liefern Hummeln und Honigbienen Pollen oder Nektar.

Mangel an Grundwissen über ökologische Zusammenhänge scheint die Ursache, wenn Hausbesitzer ihren Garten mit Mauern statt Hecken umgeben und damit den Igel aussperren. Oder wenn Landwirte ihre verwitterten hölzernen Zaunpfähle durch Plastikstangen ersetzen und Nutzwespen um Nistplätze bringen. Gedankenlosigkeit ist zumeist der Grund dafür, daß Kommunalpolitiker ausgebeutete Kiesgruben einfach auffüllen und einebnen lassen – statt, wie Naturschutzverbände empfehlen, die „einmalige Chance" zu nutzen, die Löcher in der Landschaft als „sekundäre Lebensräume" für Tier- und Pflanzenarten sicherzustellen, die wie die Uferschwalbe anderswo vertrieben und nur noch in den Sandkuhlen heimisch sind.

Die Summe solcher Fehler und Versäumnisse, so geringfügig sie im Einzelfall anmuten, verschüttet wahrscheinlich weniger ökologische Nischen bedrohter Tier- und Pflanzenarten als der Hauptverursacher der Naturvernichtung: die Landwirtschaft, die laut Bundesanstalt für Naturschutz die Hauptschuld für den Rückgang von 520 der 822 zur Zeit gefährdeten Pflanzenarten trägt.

„Wer behauptet", sagt Professor Wolfgang Engelhardt, Präsident des Deutschen Naturschutzringes (DNR), „der Landwirt von heute sei der beste Landschaftspfleger, erzählt ein Märchen." Es ist schon absurd: Trotz Obstvernichtung, trotz Zuckerbergen und Milchpulverhalden fördern Bonn und Brüssel weiterhin „die Tendenz zur Überschußproduktion und zur Ausweitung der Produktionsflächen zu Lasten letzter naturnaher Biotope" (Engelhardt).

Politischen Zwängen gehorchend, haben Westdeutschlands Bauern, die 56 Prozent des Bundesgebietes bewirtschaften, in den letzten Jahrzehnten wie kein anderer Berufsstand Lebensräume gefährdeter Arten zerstört und natürliche Kreisläufe durchbrochen – und das keineswegs nur mit der Giftspritze. Weil infolge der Brüsseler Agrarpolitik Lein, Öl- und Hülsenfrüchte zu Billigpreisen importiert werden können, haben die meisten bundesdeutschen Landwirte den Anbau dieser Pflanzen aufgegeben. Damit aber ist, so der Frankfurter Agrar-Strukturforscher Professor Hermann Priebe, „der altbewährte Fruchtwechsel kaum mehr möglich, der zur Erhaltung der natürlichen Produktionsgrundlagen und für einen integrierten Pflanzenschutz mit biologischen Mitteln erforderlich wäre". Verengung der Fruchtfolge und Steigerung der Stickstoffdüngung wiederum bewirken nach Feststellung der Biologischen Bundesanstalt direkt oder indirekt die Zunahme von Blattlausbefall und Ährenkrankheiten. Wird darauf mit verstärktem Gifteinsatz reagiert, brechen oft benachbarte Rest-Biotope zusammen: „In einer nur drei Meter breiten Hecke zwischen zwei intensiv genutzten Maisfeldern gibt es kaum noch Lebensraum für Arten", sagt der Stuttgarter Landschaftsplaner Giselher Kaule: „Das überlebt keine Kröte und auch kein Laufkäfer."

Zur Ausrottung von Tierarten können auch betriebswirtschaftliche Umstrukturierungen beitragen, deren biologische Auswirkungen sich erst auf den zweiten oder dritten Blick erschließen. Solange ein und derselbe Landwirt zugleich Ackerbau und Viehzucht betrieb, warfen die wichtigsten Abfallprodukte, Mist und Jauche, keinerlei Probleme auf: Beide Stoffe waren gefragte organische Dünger. Seit aber die Zahl der Mischbetriebe schwindet und der Trend zur Massentierhaltung wächst, ist der alte Kreislauf unterbrochen. Die Gülle wirkt, eingeleitet in Bäche und Flüsse, wie pures Gift, das nach Feststellung des Naturschutzringes für 37 bis 70 Prozent allen Fischsterbens in Bayern verantwortlich war. In viehlosen Spezialbetrieben wiederum zwingt das Fehlen von Naturdung zum verstärkten Einsatz von Industrieprodukten auf den großflächigen Agrarsteppen.

Allerorten haben zudem Flurbereinigung und Trockenlegung feuchter Wiesen komplizierte biologische Wirkungsgefüge zerstört. Daß in der Bundesrepublik binnen zehn Jahren die Zahl der Teiche und Tümpel um zwei Drittel gesunken ist, hat das Aussterben von Kröten, Fröschen, Molchen und anderen Lurchen rapide beschleunigt. Elf von

19 Arten sind nun gefährdet. Die professionellen Flurbereiniger haben nicht gewußt oder sich nicht darum geschert, daß zum Beispiel Erdkröten zur Fortpflanzungszeit instinktiv und unablenkbar nur ganz bestimmten Stellen zustreben, die sich seit Generationen als Laichplätze bewährt haben. Ist dieses Stammgewässer zugeschüttet, sind die Tiere nicht in der Lage, einen Ersatzplatz zu suchen – Nachkommenschaft bleibt aus.

Wo die alten Tümpel noch erhalten sind, haben Angelvereine oder Aquarianer häufig mit „ökologischen Schildbürgerstreichen" (Biologe Kurt) den Lebensraum der Lurche verfälscht: Ausgesetzte Bachforellen oder Goldfische, Fremdlinge in stehenden Gewässern, erweisen sich für die Amphibien oft als mörderische Gefahr.

Für viele Fischarten wiederum sind die Fließgewässer zu Todesfallen geworden – durch Begradigung, Betonierung, Stauung oder durch die Anlage von Fischteichen im Quellgebiet. Ohne Skrupel, aber mit Erfolg hat vor allem die Landwirtschaft solche Eingriffe jahrzehntelang gefordert. Allmählich erst erschließt sich den Politikern, daß die behördlichen Wasserbauer ein Gutteil Schuld daran haben, daß in Süddeutschland rund 80 Prozent aller Süßwasserfische bereits ausgestorben oder gefährdet sind. Hauptgründe:

- ▷ Brutale Begradigung und Nivellierung von Bach- und Flußbetten mit Bagger und Fräse vernichtet regelmäßig die „Zehrzonen" der Fische im ruhigen Tiefwasser, beseitigt Laichorte auf Sandbänken wie in Altarmen und zerstört Verstecke in einstmals tief unterspülten und reich gegliederten Ufern.
- ▷ Barrieren wie Wehre und Staumauern, aber auch einzelne permanent verschmutzte Bach- oder Flußabschnitte sind für Wanderfische unüberwindbare Hindernisse, so daß Laichzüge und der Austausch von Erbgut zwischen Teilpopulationen unterbleiben.
- ▷ In den ursprünglich glasklaren, kühlen Quellbereichen,

in denen viele Flußfische ihren höchst empfindlichen Laich ablegen, genügt schon geringfügige Wassererwärmung oder -verschmutzung, etwa durch Abwässer aus Fischteichen, um die Vermehrung einer Art schlagartig zu unterbrechen.

▷ Durch Aussetzen räuberischer Großfische verfälschen Angler häufig die Gewässerfauna zu Lasten des „Fischunkrauts", wie die zwar wirtschaftlich uninteressanten, aber ökologisch bedeutsamen Kleinfischarten unter Anglern heißen.

Das alles hat dazu geführt, daß selbst einstmals millionenfach verbreitete Minifische wie das Moderlieschen nun auf den roten Sterbelisten stehen – eine Entwicklung, die längst noch nicht abgeschlossen ist. Denn verstärkt wird das Fischsterben noch durch die Übersäuerung vieler Gewässer aufgrund schwefelhaltiger Niederschläge aus Industrieschornsteinen – ein Phänomen, das keineswegs nur in Kanada und in Skandinavien, sondern seit einiger Zeit auch im Bayerischen Wald und im pfälzischen Hunsrück zu beobachten ist.

Das Fischsterben wird unweigerlich den Artentod anderer Tiere nach sich ziehen. Die bisweilen komplizierten Ursachen wie auch die weitreichenden Folgen etwa des Kleinfischsterbens erhellt das Beispiel des Bitterlings: Selbst wo das Wasser noch sauber genug ist, um den fingergroßen Fisch am Leben zu halten, stellt sich oft kein Nachwuchs mehr ein. Denn minimaler Schmutzgehalt reicht bereits hin, um die Fluß- oder die Teichmuschel abzutöten, die dem Bitterling als Laichgefäß dient. Ohne diese Muschel ist der Fisch nicht mehr fortpflanzungsfähig.

Bitterling und andere Millionenfische aber, die noch vor wenigen Jahrzehnten in vielen Gewässern den Hauptanteil der Biomasse ausmachten, haben einst die Mückenplage in Grenzen gehalten, die nun mit Insektiziden bekämpft wird. Und sie waren wichtige Glieder der Nahrungskette: Ihr Verschwinden ist eine der Ursachen für den Rückgang von Großfischen, aber auch von Fischkonsumenten wie Eisvogel

VERKEHRSARME ZONEN

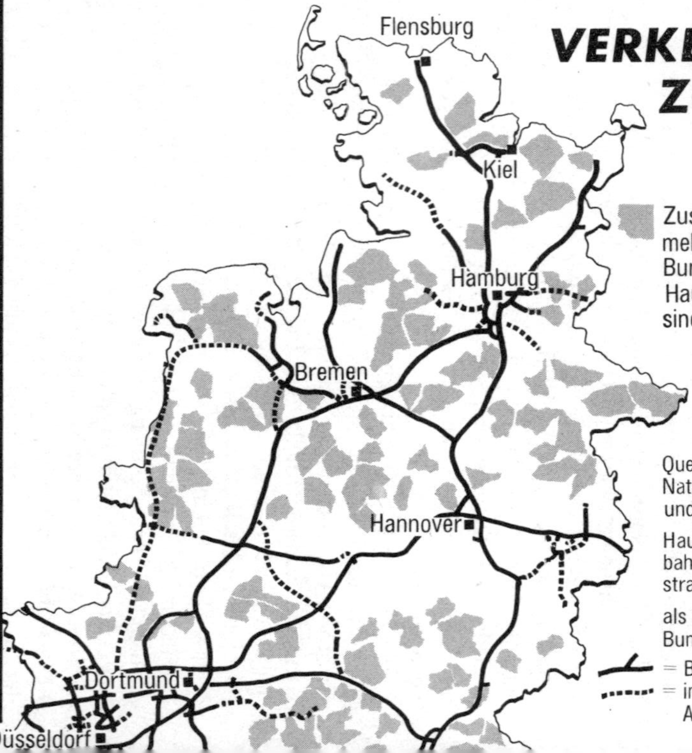

Zusammenhängende Flächen von mehr als 100 qkm Größe in der Bundesrepublik, die nicht durch Hauptverkehrsadern zerschnitten sind.

Quelle: Bundesforschungsanstalt für Naturschutz und Landschaftsökologie;

Hauptverkehrsadern: Bundesautobahnen, Bundes-, Land- und Kreisstraßen sowie Bahnstrecken;

als Beispiel dargestellt: Bundesautobahnen

= Bestand

= in Bau oder geplant, Ausbau

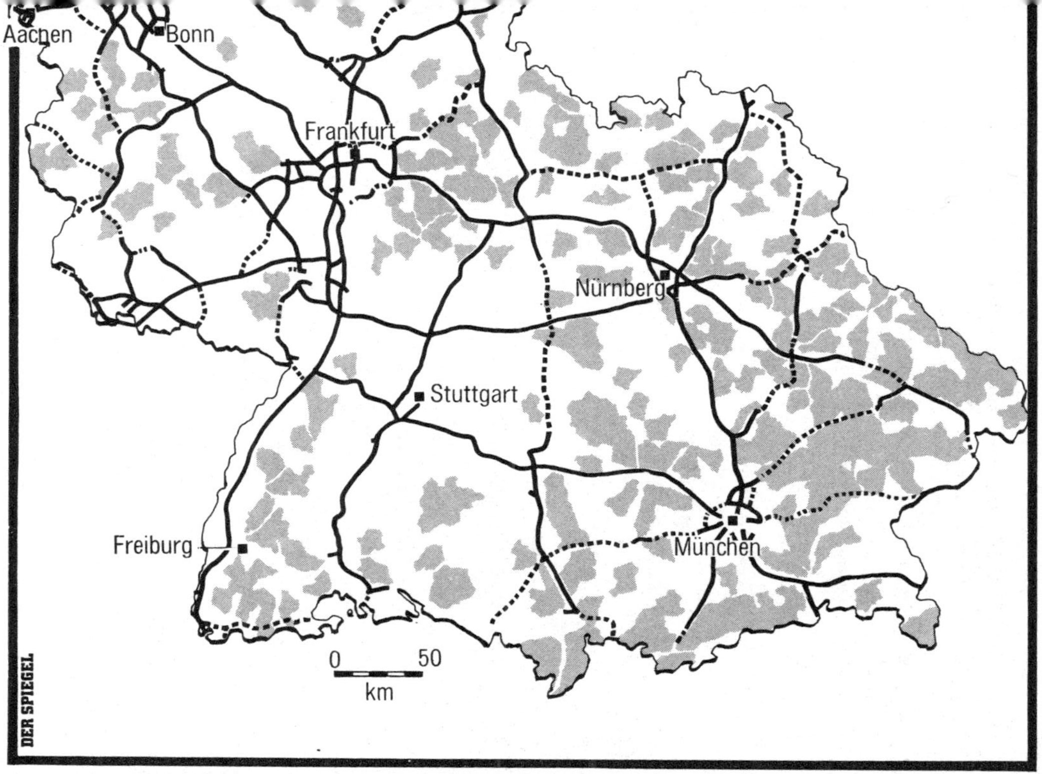
Aachen
Bonn
Frankfurt
Nürnberg
Stuttgart
Freiburg
München
0
50
km
DER SPIEGEL

und Graureiher. Die Reiher weichen, nachdem ihre natürlichen Nahrungsquellen versiegt sind, zu Hunderten auf kommerziell betriebene Fischteiche aus. Dort werden sie mancherorts mit behördlicher Sondergenehmigung geschossen, obwohl sie in den Roten Listen in der (zweithöchsten) Gefährdungskategorie „A 2“ geführt werden.

So wie die Wasserbauer den Lebensraum der Fische und der Fischfresser verkorkst haben, sind die Straßenbauer die Haupturheber des Rückgangs vieler Landtiere. Denn die zwischen Autobahnen, Chausseen, Forststraßen und Agrarwegen noch verbliebenen unzerstückelten Areale sind durchweg kleiner als die Reviere vieler Wildtiere. Während Rehe einen Raum brauchen, der vierzigmal so groß ist wie ein Fußballplatz, beansprucht ein einziger Fuchs oder ein Rothirsch schon mal zehn Quadratkilometer, die Fläche einer Kleinstadt.

In der Bundesrepublik gibt es nur noch gut hundert Quadrate mit einer Seitenlänge von zehn Kilometern, die nicht durch Verkehrswege erschlossen sind. Wie sehr die Landschaft in manchen Regionen schon zerschnitten ist, zeigt eine Untersuchung aus dem Raum Tübingen: Bereits Anfang der siebziger Jahre bestand der Landkreis aus rund 10 000 Teilflächen, von denen 40 Prozent kleiner waren als 4,5 Quadratkilometer. Alljährlich werden denn auch in der Bundesrepublik Millionen von Rehen, Hasen und Igeln auf dem Weg zwischen Nahrungsgrund und Ruheplatz übergemangelt und Abermillionen von Kröten, Fröschen und anderen Lurchen auf ihren Laichwanderungen plattgewalzt.

Der „Schlachtbankeffekt des Straßenbaus“ (so der niedersächsische Landschaftsarchitekt Uwe Derboven) ist freilich ist nur die augenfälligste Folge der Betonierungspolitik. Andere, von Laien kaum wahrnehmbare Konsequenzen sind langfristig nicht minder bedeutsam. So widersinnig es anmuten mag: Besonders bedroht sind durch die anhaltende Parzellierung der Bundesrepublik jene Tiere, die Straßen und Wege nicht überqueren, zum Beispiel viele Kleinsäuger. Wissenschaftliche Untersuchungen über die

tz, Haitzinger

„In den Alpen muß es ja schon schlimm aussehen!“

Isolationswirkung von Straßen belegen, daß ein Waldmausbestand durch den Bau eines Verkehrsweges in zwei Teilpopulationen ohne jeglichen Individuenaustausch aufgetrennt wird. Diese Inselbildung führt zu Inzucht und Erbschäden und beschleunigt das Aussterben gefährdeter Arten.

Selten gewordene Biotope wie die besonders bedrohten Feuchtgebiete und Moore müssen nach Ansicht des Göttinger Geobotanikers Professor Heinz Ellenberg mithin künftig für Autobahn- und Straßenbauer „unbedingt tabu“ sein. Dennoch werden Verkehrswege wohl auch weiterhin vor allem durch Feuchtbiotope und Wälder gezogen – Boden ist dort am billigsten zu haben.

Dieser Trend wäre halb so schlimm, würden nicht zugleich innerhalb der straßenumgebenen Mini-Reviere jene Voraussetzungen schwinden, die eine Fläche erst zum Lebensraum machen: nicht allzu weit voneinander entfernte Nahrungsquellen, Deckungsmöglichkeiten, Paarungs- und Aufzuchtplätze. Wo das ursprüngliche Nebeneinander von

Bäumen, Bachschleifen, Wiesen, Büschen, Wäldern und Böschungen abgelöst worden ist durch eintönige Monokulturen, durch chemisch reine Maisfelder oder Rübenäcker, da ist kein Platz mehr für die ursprüngliche Vielfalt von Flora und Fauna.

Eine naturnahe, der Flurbereinigung noch nicht zum Opfer gefallene Landschaft, ein kleinteiliges Mosaik verschiedener Nutzungen, dagegen bietet, wie Biologe Vester aufzählt, in der Regel Lebensraum für eine reichhaltige Tierwelt, unter anderem: „Reh, Dachs, Fuchs, Fischotter, Feldhase, Steinmarder, Iltis, Hermelin, Hamster, Maulwurf, Feldmaus, Weißstorch, Mäusebussard, Waldohreule, Ringeltaube, Rebhuhn, Wachtel, Teichfrosch, Erdkröte, Ringelnatter, Zauneidechse, Mühlkoppe, Bachforelle, Prachtlibelle, Gelbrandkäfer, Goldlaufkäfer, Maikäfer, Trauermantel, Ackerhummel, Flußkrebs." Ist eine solche Landschaft erst einmal von Flurbereinigungsexperten auf- und ausgeräumt worden, schnellt zwar häufig die Gesamtzahl der *Tierindividuen* (vor allem sogenannter Schädlinge) in die Höhe, die Zahl der *Tierarten* aber sinkt. Gewöhnlich bleiben nur Reh und Rebhuhn, Hase und Fuchs, Mäuse und Bussard – vorerst.

Der Feldhase, einst ein Potenzsymbol, zählt heute zu den potentiell gefährdeten Tierarten. Die Jagdstrecken sind in Mitteleuropa binnen zweier Jahrzehnte auf ein Viertel oder ein Fünftel zurückgegangen. Des Hasen Tod sind nicht etwa viele Füchse, sondern Kreiselmähmaschinen und Straßenverkehr, Pestizide und Dünger, vor allem aber im Herbst und Winter Mangel an Deckung und Nahrung auf abgeernteten landwirtschaftlichen Großflächen, in baum- und buschlosen Feldmarken. Auf ein Viertel oder ein Fünftel des einstigen Bestandes, vielerorts noch stärker, ist auch das Rebhuhn reduziert worden. Wie der Hase geht dieses Tier letztlich „an der Landschaft selbst" (Kurt) zugrunde: Dem Insektenvertilger fehlen Hecken und Haine mit Kräutern und Feldblumen, auf denen Hummeln summen und Schmetterlinge wimmeln.

KEIN PLATZ FÜR WILDE TIERE

Durch Flurbereinigung und Entwässerung wird vielen Tierarten der Lebensraum entzogen

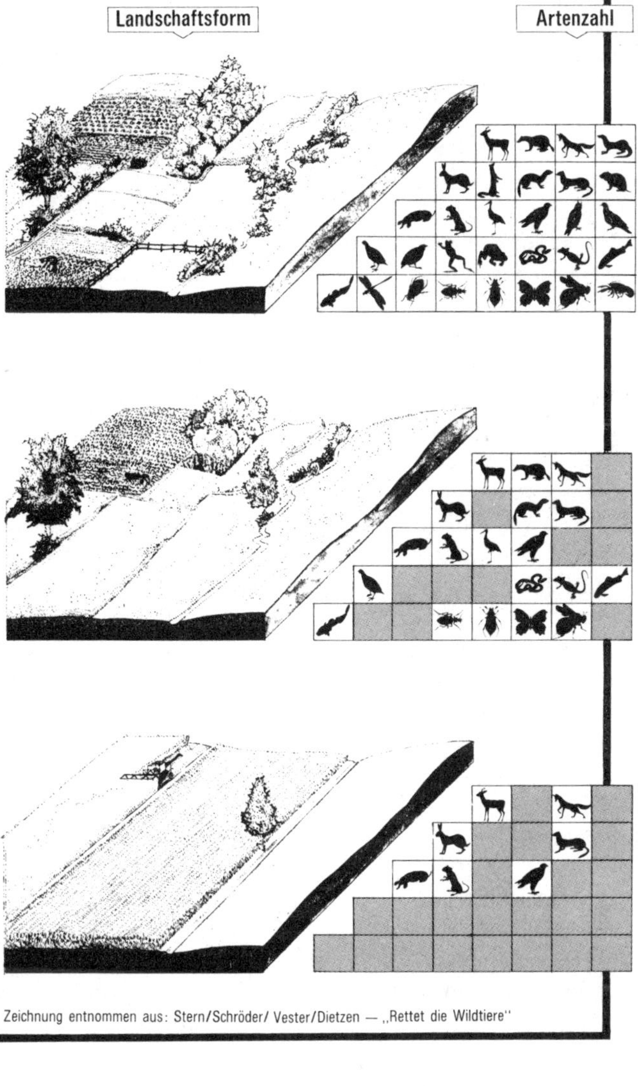

Zeichnung entnommen aus: Stern/Schröder/ Vester/Dietzen — „Rettet die Wildtiere"

Für absurd halten Naturschützer angesichts der wahren Ursachen des Hasen- und Rebhuhnsterbens die Methoden, mit denen Jäger und Bauern vielerorts versuchen, den Niedergang des Niederwildes aufzuhalten: Als Patentrezept gilt den Lodengrünen der vermehrte Abschuß der (ebenfalls gefährdeten) Greifvögel, denen sie das Verschwinden von Hasen und Rebhühnern anlasten.

Dabei wissen Ökologen seit Jahrzehnten, daß keineswegs die Zahl der Raubtiere den Bestand der jeweiligen Beutetiere reguliert: Komplizierte Regelkreise mit einer Vielzahl von Variablen sorgen nach dem kybernetischen Prinzip der Rückkoppelung dafür, daß bestimmte Größen auf Dauer weder über- noch unterschritten werden, Räuber mithin niemals ihre Beutetiere ausrotten. Biologe Vester fachversimpelt dieses Prinzip mit einem Beispiel: „Je schneller ein Raubtier läuft, desto mehr Beute fängt es. Je mehr Beute es frißt, desto dicker wird es, desto langsamer läuft es, desto weniger Beute fängt es, desto dünner wird es, desto schneller kann es wieder laufen, wieder mehr Beute fangen und so weiter."

Weder Politikern noch Landwirten und Jägern scheint klar, daß durch jeden menschlichen Eingriff in eine natürliche Lebensgemeinschaft, durch Artenausrottung wie durch Monokultur, solche komplizierten biologischen Regelmechanismen irreparabel lädiert werden können. Der Kieler Ökologe Professor Wolfgang Tischler illustriert den in den meisten Lebensräumen nachweisbaren Zusammenhang zwischen Artenvielfalt und natürlichem Gleichgewicht mit einem Vergleich: „Stellen Sie sich einen Sandhaufen vor. Nehmen Sie ein Sandkorn heraus, und es wird nichts passieren. Jetzt versuchen Sie das mal bei einem Haufen, der aus wenigen großen Steinen besteht. Er wird vermutlich zusammenstürzen."

Ist das natürliche Gleichgewicht durch menschliche Eingriffe erst einmal zerstört, läßt es sich, wenn überhaupt, nur unter Schwierigkeiten wiederherstellen. Naturschützer, die allein die Hege oder die Wiederansiedlung bestimmter

NATUR IM GLEICHGEWICHT

Warum Räuber nicht ausrotten

Ein intaktes Ökosystem reguliert über positive (+) und negative (–) Rückkopplung den Bestand von Raub- und Beutetieren.

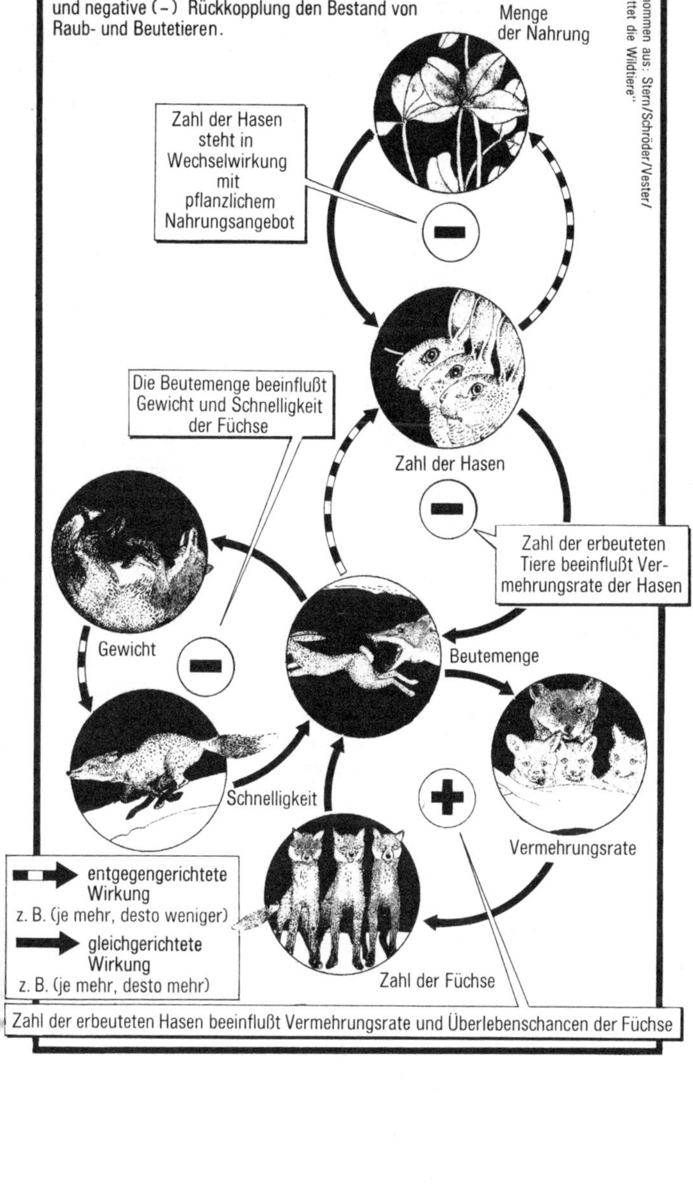

Zeichnung entnommen aus: Stern/Schröder/Vester/Dietzen – „Rettet die Wildtiere“

Arten im Auge haben, nicht aber die Erhaltung des gesamten Lebensraums, vergrößern oft nur den Schaden. Wildbiologe Kurt kritisiert beispielsweise Naturschutz-Enthusiasten aus aller Welt, die mit Millionenspenden einen Nationalpark für die bedrohte archaische Tierwelt der pazifischen Galapagos-Inseln einrichten halfen, zugleich aber die Gefährdung des Ökosystems noch verstärkten:

Süddeutsche Zeitung, Marie Marcks

Seitdem der Tiger nur noch eingemottet / fast alles Viehzeug ausgerottet / die Dichter, Maler, Werbefritzen / mit Leidenschaft die Griffel spitzen: Tierleben ist erst jetzt so richtig „in"! (Und bringt entsprechenden Gewinn.)

Photographierende Naturfreunde störten jahrelang das Brutgeschäft geschützter Vögel, zertraten Eier und verschmutzten mit Abfällen die Jagdgründe und Aufzuchtstätten von Seelöwen und Pinguinen. Viele Naturschützer, tadelt Kurt, „stellen in der Absicht, eine oder wenige Arten mit allen Mitteln erhalten zu wollen, das Überleben ganzer Lebensgemeinschaften in Frage. Meist schießen Artenschützer mit wohlgemeinten, aber falschen Eingriffen ganz gehörig am Ziel vorbei."

Beschleunigt worden ist die Ausrottung von Tierarten durch die ökologische Unkenntnis von Menschen, die, gezielt oder unfreiwillig, einzelne Spezies in ungeeigneten Biotopen ansiedelten. Ein Lehrbuch-Beispiel vollzog sich, schon im letzten Jahrhundert, in der Karibik: Nachdem Ratten, die als blinde Passagiere auf die Westindischen Inseln gekommen waren, dort die Zuckerrohrplantagen heimgesucht und eine Vielzahl einheimischer Hühnerarten ausgerottet hatten, wurden 1872 auf Jamaica Mungos ausgesetzt. Die ostindische Schleichkatze, die als natürlicher Feind der Ratte galt, vernichtete jedoch große Teile der Bodenfauna wie Mäuse, Frösche, Eidechsen und andere Insektenfresser (was Insektenplagen verursachte) und machte sich schließlich selbst über Haushühner her.

Ähnliches geschah auf Neuseeland, wo der legendäre Kapitän Cook 1777 Schweine, Schafe und Geflügel aussetzte und wo später englische Siedler Jagdwild wie Waschbär und Wiesel ansiedelten. Die Folge waren verheerende Waldvernichtung und die Ausrottung von 25 neuseeländischen Vogelarten. Auf ähnliche Weise – durch „Faunenverfälschung", wie Biologen sagen – starben im 19. Jahrhundert weltweit rund 30 Prozent aller damals verschwindenden Tierarten aus. Heute ist immerhin noch jede fünfte bedrohte Art durch den Import von Exoten gefährdet, die sich auf Kosten einheimischer Konkurrenten breitmachen.

Sind Tierarten erst einmal, wie auch immer, aus der freien Wildbahn verdrängt und, gleichsam als lebende Fossilien, nur noch in Zoos und Reservaten zu Haus, ist es für ihre Rettung oft zu spät. Versuche von Artenschützern, verdrängte Tiere wiederanzusiedeln, enden häufig „mit verheerendem Erfolg", wie Biologe Kurt bemerkt. Die Wiedereinbürgerung von Tigern etwa, die vielerorts schon ausgerottet sind, in Zoos aber überproduziert werden, scheiterte an Verhaltensänderungen. Kurt: „Eine Tigermutter im Zoo, die zwangsläufig mit toter Beute gefüttert werden muß, kann ihrem Nachwuchs begreiflicherweise das Jagen nicht beibringen."

Oft auch hat sich der einstige Lebensraum so sehr verändert, daß eine Wiederansiedlung schon aus diesem Grund scheitern muß. Hawaiigänse, in England gezüchtet, können sich in ihrer ursprünglichen Heimat nicht mehr fortpflanzen, weil ihre Eier dort jetzt von verwilderten

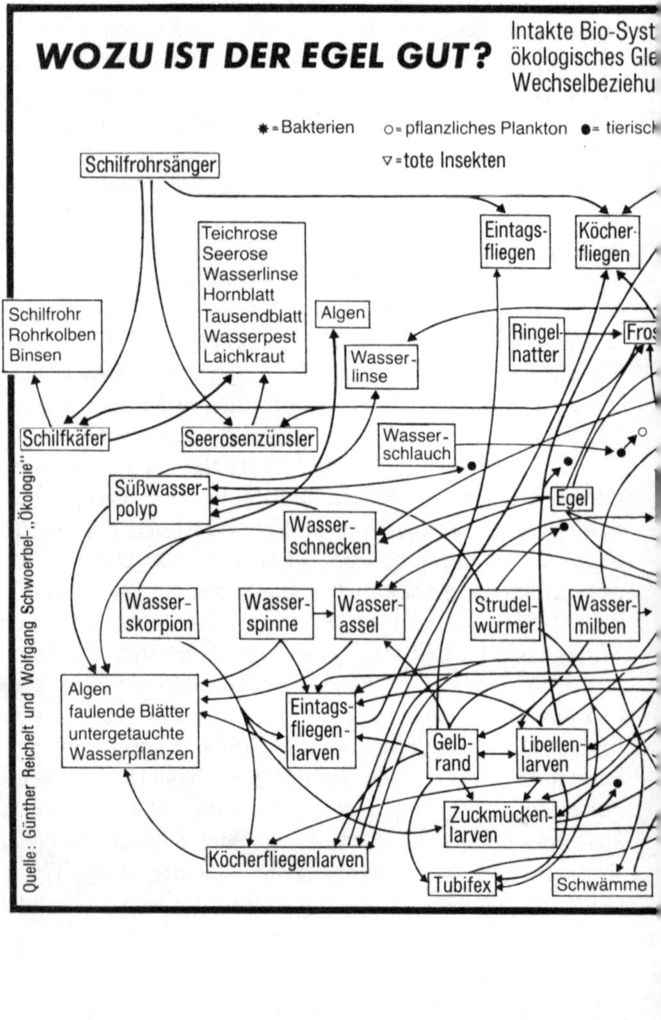

Hausschweinen gefressen werden. Oder: In Nordsumatra gelang es Tierfreunden zwar, in einer eigens eingerichteten Rettungsstation Orang-Utan-Waisen aufzupäppeln. Spenden für die Station flossen reichlich: „Die Pflegebedürftigkeit der Affenwaisen", sagt Kurt, „überzeugt spontan die Naturschützer." Ob die Orang-Utans aber jemals wieder in Freiheit leben können, ist fraglich: Große Holzgesellschaften roden derzeit die Wälder, in denen die Affen aufgewachsen sind – keine Naturschützer-Aktion hält die großflächige Zerstörung dieses Lebensraums auf. „Wir Tierfreunde aus dem Westen", kommentiert Kurt diesen Vorgang, „bemerken zwar durchaus die Gefährdung einer großen spektakulären Tierart und sind auch bereit, etwas zu ihrer Rettung zu unternehmen. Meist ist dies aber ein sinnloser Kampf gegen das Symptom einer tiefgreifenden Umweltzerstörung."

Skeptisch beurteilt Kurt auch so „werbewirksame Artenschutzexperimente" wie „die geradezu in Mode geratenen Wiedereinbürgerungsversuche mit Biber, Fischotter und wohl bald einmal Bartgeier." Denn: „Glaubt tatsächlich jemand, wir würden es in unserer Kulturlandschaft einer Biberfamilie erlauben, ihren kleinen Fluß mit einem aus gefällten Uferbäumen errichteten Damm kräftig zu stauen? Wegen einer Handvoll Biber oder Fischotter werden unsere verschmutzten Gewässer ebensowenig sauberer, wie es die Luft wegen einiger über ihrem künstlichen Aasplatz kreisender Bartgeier wird.“ Schlichter Artenschutz gilt Fachleuten wie Kurt als „Kinderkrankheit des Naturschutzes“, die überwunden werden müsse. Für sie setzt Artenschutz zwingend Biotopschutz voraus, die Bewahrung der artenspezifischen Umwelt vor Zerstörung durch Gift und Gülle, Abfall und Abgase, Trockenlegung und Zerstückelung. Aus dieser Sicht ist ein Lebewesen, sei es die Biene oder der Blutegel, nicht nur um seiner selbst willen bewahrenswert: Es verdient Schutz vor allem als Bestandteil eines ökologischen Räderwerkes, dessen Regulations- und Regenerationskräfte wiederum das Überleben anderer Arten, nicht zuletzt des Menschen, sichern. So verstandener Naturschutz läßt die Grenzen zum eher technisch orientierten, auf den Menschen bezogenen Umweltschutz verschwimmen: Der Nackte Affe lebt mehr als er häufig ahnt, in denselben Abhängigkeiten wie viele höhere Tiere.

Daß Eingriffe in den Naturhaushalt biologische Reaktionen auslösen, deren Folgen früher oder später auch den Menschen treffen – diese These können Ökologen mit einer Fülle von Beispielen belegen. So ist längst die Illusion zerplatzt, der vom Bonner Gesetzgeber zugelassene Grad der Luftverschmutzung durch Industrieabgase schade allenfalls empfindlichen Lurchen oder Nadelbäumen, nicht aber dem Menschen. Mittlerweile besteht kein Zweifel mehr, daß jener Schwefelregen, der Deutschlands Tannen sterben läßt, dazu beiträgt, daß die Bundesrepublik eine der welthöchsten Krebsraten hat. Geschwunden ist auch der Glaube, Industrieabwässer bedrohten allein ein paar Flußfischarten: Pestizide und Schwermetalle wie Quecksilber sind eindeutig als Gefahren auch für die menschliche Nahrung und das Grundwasser sowie als Verursacher diverser Zivilisationskrankheiten identifiziert worden.

Auch in der Dritten Welt registrieren Ökologen allenthalben, daß exakt jene Faktoren, die dort Tierarten wie den Tiger aussterben lassen, zugleich die Hauptursachen für

Bodenerosion, Überweidung und Dürrekatastrophen sind – Plagen, die ganze Landstriche buchstäblich verwüsten und millionenfach Menschen sterben lassen. „Wenn wir den Tiger in Indien schützen, so stellen wir ihn nicht über die hungernde Bevölkerung“, sagt Vester. „Was ihn schützt, schützt auch den Menschen: der Dschungel, der das Klima stabilisiert, die Luft reinigt und feucht hält, für die Wasserhaltung sorgt und im übrigen dem Tiger genügend Nahrung liefert.“ Erst wenn der Urwald, das natürliche Habitat dieser Großkatze, abgeholzt ist und damit die Beutetiere des Tigers verschwunden sind, vergreift er sich an Viehherden. Die Bauern wiederum erzielen mit der Beweidung der gerodeten Urwaldflächen, wie Ökologen wissen, lediglich einen Scheinerfolg, der den Hunger letztlich nur vergrößert. Denn der sintflutartig niederprasselnde Regen jener Zonen schwemmt binnen kurzem die dünne Humusschicht fort. Vester: „Zwei oder drei Jahre lang bebaut, und der ehemalige Urwaldboden ist tot, die Ernte sinkt auf Null.“

Wo Rettung und Reparatur beschädigter Lebensräume noch möglich sind, erweisen sie sich häufig als kompliziert wie ein Riesenpuzzle. Zu bewältigen sind solche Aufgaben durchweg nicht mehr von Botanikern oder von Zoologen, sondern nur im Zusammenwirken mit Ökologen und Ingenieuren, Sozialexperten und Medizinern, Klimatologen und Bodenkundlern, Agrarfachleuten und gegebenenfalls Entwicklungshelfern.

Kinderleicht scheint, daran gemessen, auf den ersten Blick der Kampf gegen die klassischen Ursachen von Ausrottung: Tod durch Überjagung oder Überfischung. Jede vierte bedrohte Tierart, meinen Ökologen, werde daran aussterben. Doch nicht einmal diese Todesart, deren Ursachen offen zutage liegen, vermögen Naturschutzpolitiker wirksam zu bekämpfen, weder in Bonn noch anderswo. Gesetzeslücken und Vollzugsdefizite erleichtern auf allen Kontinenten Wilderern, Schmugglern und Schwarzhändlern das Mordsgeschäft mit Elfenbein, Häuten und Fellen.

Zwar existiert seit 1973 ein internationales Abkommen zum Schutz gefährdeter Tiere und Pflanzen, das die Vermarktung von etwa 750 bedrohten Arten strikt verbietet. Doch rund 50 Prozent aller Länder, darunter Griechenland, Irland, Spanien und Österreich, haben das Washingtoner Artenschutzübereinkommen (WA) nicht unterzeichnet. Und viele andere Staaten – vor allem die auf Devisen angewiesenen Länder der Dritten Welt, aber auch die Bundesrepublik – lassen zu, daß es ständig unterlaufen wird.

Das Abkommen macht es ihnen einfach. Es ist, klagt der Zoologe und frühere Münchner Tierpark-Direktor Arnfrid Wünschmann, „durchlöchert wie ein Schweizer Käse". Aufgrund von EG-Bestimmungen können beispielsweise Waren aus den Mitgliedsstaaten der Europäischen Gemeinschaft unkontrolliert in die Bundesrepublik importiert werden – etwa geschützte Fischotter aus Bulgarien, sofern sie via Griechenland geleitet worden sind.

Der Anreiz, die WA-Regeln auf diese Weise zu umgehen, ist enorm. Die Gewinnspannen im illegalen Geschäft mit aussterbenden Lebewesen übersteigen oft die Profitraten, die im Rauschgifthandel zu erzielen sind. Bewaffnete Wilderer, ausgerüstet mit Hubschraubern und Funkgeräten, und internationale Schmuggler-Syndikate verschieben Leopardenfelle und Greifvögel in Containern mit doppeltem Boden, deklarieren Wildpapageien als (ungeschützte) Zuchtpapageien oder bugsieren die Rückenpanzer seltener Meeresschildkröten in Kisten mit der Aufschrift „Vorsicht, Schlangen" durch den Zoll.

Deutschland gilt seit langem als wichtigste internationale Drehscheibe im Schwarzhandel mit Wildtieren, Häuten und Fellen. Allein für den deutschen Markt sterben jährlich rund 5500 Elefanten. Unter den pelzimportierenden Ländern liegt die Bundesrepublik an erster Stelle: 60 Prozent der auf der Welt gehandelten Pelze landen auf westdeutschen Kürschnertischen, darunter die größte Zahl gefleckter Katzen, die nach dem WA nur unter strengster Kontrolle importiert werden dürfen. Entsprechend stark ist der Druck der Pelz- und Leder-Lobby auf das für Naturschutzangelegenheiten zuständige Bonner Landwirtschaftsministerium, das den Wünschen der Interessenten wiederholt willfährig Folge geleistet hat.

So ließ der Agrarminister einen „Vorbehalt“ gegen das (in 64 Staaten geltende) Verbot einlegen, mit den Häuten des Leistenkrokodils Handel zu treiben – obgleich das Reptil, das seit 200 Millionen Jahren in der Natur als Abfallbeseitiger wirkt, fast schon ausgerottet ist. Mit dem Teilboykott des Abkommens gelang es Bonn, wie der ehemalige Generaldirektor der Internationalen Naturschutzunion, David Munro, bedauert, „den weltweiten völkerrechtlichen Schutz einer aussterbenden Tierart zu unterlaufen“. Allein 1979 importierte die Bundesrepublik eine Drittelmillion Krokodilhäute.

Den einschlägigen Branchen erwies sich Ertl obendrein dadurch gefällig, daß er neben etlichen Wissenschaftlern auch vier Vertreter der Pelzwirtschaft und des Safari-Tourismus in einen Beirat berufen ließ, der sein Ministerium in Artenschutz-Angelegenheiten berät. Vorschub leisteten Ertls Beamte dem Schlußverkauf bedrohter Arten durch einen sprachlichen Trick: „Country of origin“ übersetzten sie in amtlichen Dokumenten mit „Versendungsland“ statt mit „Ursprungsland“ – was nachgerade dazu einlädt, die heiße Ware über Drittländer zu leiten, die das Abkommen nicht ratifiziert haben. So konnte es in den letzten Jahren geschehen, daß beispielsweise Elfenbein aus dem elefantenfreien Belgien importiert wurde – ganz legal; Belgien trat erst 1981 dem WA bei.

Wie weit das Bonner Landwirtschaftsministerium die Kumpanei mit dem Kommerz bisweilen treibt, erwies sich 1980, als Ertl, mit mehrjähriger Verspätung, endlich den Entwurf einer Artenschutzverordnung vorlegte. Das Papier war so dürftig geraten, daß sogar der sonst nicht sonderlich naturschutzfreundliche Agrarausschuß des Bundestages mit einer Fülle von Verbesserungen aufwartete. Ertls Reaktion auf die Bundestagsempfehlungen werteten Naturschützer

Punch/Frankfurter Rundschau

„Nein, du irrst dich: Tante Alice endete nicht als Handtasche von Annemarie Renger, sondern als Zigarrenetui von Ludwig Erhard.“

wie der Frankfurter Zoo-Professor Grzimek als „handfesten Skandal“.

Schriftlich machte ausgerechnet Ertls Naturschutz-Referent, Günther Kolodziejcok, die Lobby gegen die weitergehenden Wünsche des Bundestags mobil. Die Wirtschaft möge, riet der Ministerialrat brieflich, „in geeigneter Weise“ auf den Bundesrat einwirken, der wenig später über die Änderungsvorschläge zu befinden hatte. Empfänger des Briefes waren diverse Verbände von Unternehmen, die Tiere und Pflanzen verarbeiten oder vermarkten, vom Verband der Deutschen Rauchwaren- und Pelzwirtschaft über die Vereinigung der am Drogen- und Chemikalien-Groß- und Außenhandel beteiligten Firmen bis zum Bundesverband der Deutschen Spirituosen-Industrie.

Für die Anti-Naturschutz-Proteste, die das Naturschutz-Ministerium auf diese Weise anregte, lieferte Ertls Referent gleich die Begründung mit. Die vom Parlament vorgesehene Artenschutz-Regelung, soufflierte der Ministerialrat, bedeute einen „unzulässigen Eingriff“ in die Grundrechte der „Berufsfreiheit“ und der „persönlichen Freiheit“. Mit dieser Aktion, urteilte bitter der Bund für Umwelt- und

Naturschutz Deutschland, habe sich „Herr Ertl als Naturschutzminister endgültig disqualifiziert“.

Die Tierschutzverbände konzentrieren sich seither darauf, die Bundesbürger zum Verzicht auf den Kauf von Leopardenmänteln und Elfenbeinschnitzereien, aufgespießten Schmetterlingen und ausgestopften Papageien zu animieren. „Solange es einen Markt für solche Produkte gibt,“ heißt es in einer Flugschrift des World Wildlife Fund, „wird es Wilderer geben und werden Hintermänner ihnen ihre verbrecherischen Aufträge erteilen.“

So steht vorerst dahin, wie lange es den Orang-Utan und den Berggorilla, die Galapagos-Riesenschildkröte und den Asiatischen Elefanten geben wird, aus dessen abgesägten Füßen begehrte Schirmständer fabriziert werden. Schon leben in den Zoos mehr indische Jumbos als in freier Wildbahn. Im Dschungel von Burma liegt die Geburtenrate der Dickhäuter bei 2,12, die Sterberate aber bei 3,35 Prozent – der letzte Elefant, der auf der Erde sterben wird, ist, wie Fachleute befürchten, schon geboren.

Offen ist, welche Überlebenschancen etwa das afrikanische Spitzmaulnashorn hat. Für dessen Nasenhorn, aus dem sich ein angeblich potenzförderndes Pülverchen gewinnen läßt, werden auf fernöstlichen Märkten 100 000 Mark und mehr verlangt. Vor allem deshalb hat sich der Bestand dieser Art binnen zehn Jahren um 90 Prozent verringert. Derzeit ist knapp ein Prozent der einstmals zwei Millionen Rhinozerosse noch am Leben. Bis zum Jahre 2000, schätzt der World Wildlife Fund, wird auch das Spitzmaulnashorn ausgerottet sein – as dead as dodo.

IV
Vor einem ökologischen Bürgerkrieg?

Sie blockieren Chemiemüll-Schiffe, schicken Päckchen mit vergifteter Erde nach Bonn und kippen zentnerweise verseuchten Fisch vor Konzernzentralen: Mit spektakulären Aktionen machen immer häufiger Anhänger eines Neuen Naturschutzes von sich reden, die – anders als die regierungsfrommen Funktionäre vieler Traditionsverbände – „nicht nur reagieren, sondern kämpferisch agieren" wollen. Im Untergrund basteln radikale Öko-Kommandos bereits Bomben, formiert sich eine Art „Grüne Armee Fraktion". Droht ein „ökologischer Bürgerkrieg?"

Die Prophezeiung ist jahrhundertealt: Eines Tages, so weissagten die Medizinmänner der Cree-Indianer im Norden Amerikas, würden die Flüsse voller Gift sein, die Vögel von den Bäumen fallen und die Wölfe in den Wäldern sterben. Dann jedoch, wenn die Gier des weißen Mannes die Welt schon an den Rand des Untergangs getrieben habe, würden „Regenbogen-Krieger" erscheinen, um für eine Zukunft der Erde zu kämpfen.

Im Sommer 1976 waren die Crees sicher, daß die Verheißung sich erfüllt habe. Ein Medizinmann namens Fred Mosquito überreichte den Totemring des Stammes einigen Männern, in denen er die legendären Regenbogen-Streiter erkannt zu haben glaubte: Vertretern der Umweltschutz-Stiftung „Greenpeace". Seither schmückt das indianische Totem die Flugblätter und Aufkleber des Verbandes. Und „Rainbow Warrior", Regenbogen-Krieger, heißt eines jener Schiffe, mit denen die friedfertigen Grünen immer wieder mal zu weltweit beachteten, gewaltfreien Aktionen ausrücken. Greenpeace-Mitglieder protestierten per Segeltörn im pazifischen Testgebiet gegen französische Atombombenversuche, verzögerten durch riskante Schlauchboot-Manöver die Versenkung von britischem Atommüll im Nordatlantik und versuchten, häufig unter Lebensgefahr, Walfänger und Robbenjäger am Auslaufen zu hindern.

Seit 1980 operiert Greenpeace auch in Westdeutschland. Im Dachgeschoß des „Hauses der Seefahrt“ an der Hamburger Deichstraße planen die Naturschützer, nach US-Vorbild unter strengster Geheimhaltung, ihre Aktionen, die stets spektakulär angelegt und von wissenschaftlich präzisen, sorgfältig präparierten Presse-Verlautbarungen begleitet sind. Im Sommer 1981 verschafften sich deutsche Mitglieder von Greenpeace (wörtlich: Grüner Frieden), getarnt als Lieferanten einer fiktiven Firma „Friedemann Grün“, Zugang zum Gelände des Hamburger Chemiewerks Boehringer. Sie besetzten einen 30 Meter hohen Fabrikschornstein, entnahmen hoch droben Abgasproben und schafften auf diese Weise prompt, was örtlichen Bürgerinitiativen mit Flugblättern und Broschüren („Chemie-Skandal Boehringer“) jahrelang nicht gelungen war: das Augenmerk der Öffentlichkeit auf die Gift-Emissionen des Unternehmens zu lenken, gegen dessen Pestizid „2, 4, 5-T“ das Umweltbundesamt nach öffentlichen Protesten von Umweltschützern ein Verbotsverfahren eingeleitet hat.

Im Oktober 1981 wurde Greenpeace Deutschland in der Nordsee vor Helgoland aktiv. Bei Windstärke sechs legten sich vier Mitglieder in Taucheranzügen als „lebende Kette“ vor das Nordenhamer Chemiemüll-Schiff „Kronos“. Mit dieser Aktion erreichten sie abermals, vor surrenden Fernsehkameras, worum andere Naturschützer sich zuvor vergebens bemüht hatten: bundesweite Aufmerksamkeit für die Ursachen der Nordsee-Verseuchung durch jährlich 50 Millionen Tonnen Chemiegifte und Schlämme.

Die Greenpeace-Mixtur aus strikt gewaltfreier, bisweilen selbstmörderisch anmutender Aktion und beharrlicher, eindringlicher Argumentation verfehlt auch in anderen Fällen ihre Wirkung nicht. Teilerfolge im Streit um Fangverbote für Wale und Robben, Bundestagsdebatten über

Nordseeverschmutzung und Chemiegifte – das macht den Regenbogen-Kriegern Mut, weiterhin mit Demonstrationen, aber auch mit Dia-Vorträgen „kontinuierlich an den Schwerpunkten zu arbeiten, die einmal begonnen worden sind, bis wirklich eine Verbesserung eintritt" (Sprecher Gerd Renker).

Greenpeace repräsentiert eine neue Spielart des Naturschutzes: Die internationale Organisation, die sich auf 350 000 Förderer stützt, wendet sich – anders als die meisten traditionellen Verbände, von den Orchideenliebhabern bis zu den Imkern – geschickt an die Öffentlichkeit, attackiert auch mal hart die Regierenden und werkelt nicht an Symptomen, sondern geht die Ursachen der Umweltzerstörung an. „Unser Hauptziel", sagt die Greenpeace-Streiterin und Soziologiestudentin Monika Griefahn, „ist, nicht nur einige gefährdete Tierarten zu erhalten, sondern auch der Menschheit den Grundgedanken einer neuen, umweltbewußten Denkweise zu vermitteln."

Dem Neuen Naturschutz, wie Greenpeace ihn betreibt, läßt sich eine wachsende Zahl westdeutscher Verbände zurechnen – allen voran der „Bund für Umwelt und Naturschutz Deutschland" (BUND), dem mehr als 60 000 Mitglieder angehören. BUND-Aktivisten wie der württembergische Vorsitzende German Krieglsteiner fordern eine Abkehr vom „konservativen Naturschutz", der sich auf die „reine Erhaltung von bestimmten Arten und Reservaten" beschränkt, und verstärkte Arbeit auf den Feldern „des ‚technischen' und ‚politischen' Umweltschutzes". Soll heißen: Wer wirksam Tiere und Pflanzen schützen will, darf sich nicht nur um herrenlose Katzen und hungernde Vögel kümmern oder Lichtbildervorträge über Wildblumen halten, sondern muß sich, so Krieglsteiner, auch mit „der sogenannten Flurbereinigung" befassen oder mit Fragen „des Wasser-, Luft- und Landschaftsverbrauches, der Immissionsbelastung von Luft und Boden, alternativen Energien und biologisch-organischer Landwirtschaft".

Für den BUND sind Umweltschutz und Naturschutz „allenfalls formal zu trennen". Krieglsteiner: „Sie verhalten sich wie die beiden Brennpunkte ein und derselben Ellipse." Der bisweilen menschenfeindlichen Naturschwärmerei der konservativen Organisationen setzt der Neue Naturschutz die nüchterne These entgegen, „daß Pflanzen- und Tierwelt zu den Lebensgrundlagen des Menschen gehören" (BUND-Vorsitzender Gerhard Thielcke). Naturschutz müsse daher, wie im März 1980 eine Reihe internationaler Umwelt-Dachverbände definierte, weltweit aufzeigen, wie die Ökosysteme, die lebenden Hilfsquellen der Menschheit, „rückhaltig" statt rückhaltlos genutzt werden können – auf daß sie nicht unwiederbringlich zerstört werden.

Enge Zusammenarbeit verbindet die Neo-Naturschützer mit Organisationen wie dem Freiburger „Öko-Institut", das mit Spendengeldern regierungsunabhängige Umweltforschung betreibt, oder mit dem „Bundesverband Bürgerinitiativen Umweltschutz" (BBU), der beispielsweise im Februar 1981 zum Anti-Atom-Marsch nach Brokdorf und im November desselben Jahres zum Protest gegen den Startbahn-Bau bei Frankfurt aufrief. Je enger indes die Naturschützer neuer Prägung an Umweltschutz-Initiativen und Atomgegner heranrücken, desto größer wird der Abstand zu den Traditionsverbänden, etwa zu vielen jener 94 Vereinigungen, die im Deutschen Naturschutz-Ring (DNR) zusammengeschlossen sind.

Der DNR, der Organisationen mit über drei Millionen Einzelmitglieder vertritt, umfaßt Vereine, die zum Teil widerstreitende Interessen vertreten und von denen viele die Natur eher nutzen als ihr nützen. Unter dem DNR-Dach vereint sind die „Deutschen Tierfreunde e. V.", die gegen die „Überforderung der Pferde" streiten, aber auch die 330 000 Mitglieder der „Deutschen Reiterlichen Vereinigung", die den „nationalen und internationalen Turniersport" fördert. Angeschlossen sind dem DNR der „Deutsche Jagdschutz-Verband", der sein „Wild im Bestand bewahren", aber Habicht und Mäusebussard dezimieren will, ebenso wie die „Schutzgemeinschaft Deutscher Wald", die den Wald vor Wildschaden schützen möchte, oder der

Punch

„Nein danke, ich bin Vegetarier. Es ist mir unbegreiflich, daß man Tiere töten kann."

„Dachverband Deutscher Avifaunisten", der, natürlich, die Greifvögel vor den Jägern zu retten trachtet. Und während die Forstfreunde nichts dabei finden, in ihrem Jahrbuch 1981 für Chemiegifte werben zu lassen („Große Breitenwirkung gegen Gräser, Unkräuter, Sträucher und Farn"), sind die Pestizide Problem Nummer eins für den „Deutschen Imkerbund e. V." wie auch den „Bund für Vogelschutz". Die Vogelschützer, kein Wunder, wettern wider die Mitglieder des „Verbandes Deutscher Sportfischer“, die gefährdete Wasservögel von ihren Gelegen aufschrecken, und gegen die Störenfriede vom „Deutschen Kanu Verband“. Kanuten wiederum sind den Anglern böse, weil sie Laichgewässer zeitweise für Bootsfahrer sperren lassen. Und sie schimpfen auf die biologischen Vereinigungen, die Fahrverbote durchgesetzt haben, um die aussterbende Flußperlmuschel vor den Paddlern zu schützen.

Nicht einmal die jeweiligen Spezial-Hobbyisten sind einander immer grün. Die „Ornithologische Gesellschaft in Bayern e. V.“ mußte jahrzehntelang nicht nur gegen die Katzennarren in den Tierschutzvereinen, sondern auch gegen Vogelfreunde in Konkurrenzverbänden kämpfen, die „vorwiegend Meisenzucht“ betrieben und daher „Prämien für den Abschuß von Sperbern“ zahlten. Mißtrauisch beäugen konsequente Vogelschützer auch die Mitglieder der (ebenfalls dem DNR angeschlossenen) „Arbeitsgemeinschaft für Vogelschutzwarten“. Die nämlich schützt nicht etwa nur Vögel, sondern vor allem Flughäfen und Obstbauern vor verkehrsgefährdenden Krähen und knospenknabbernden Gimpeln.

Finanziert wird der „Sammeltopf aller möglichen Interessen“ (BUND-Krieglsteiner über den DNR) weitgehend von der Bundesregierung. Ins Impressum der lehrreichen, aber politisch handzahmen Faltblätter und Broschüren zu Themen wie „Hände weg vom Jungwild“ läßt DNR-Präsident Wolfgang Engelhardt, Generaldirektor der Naturkundesammlungen des Freistaates Bayern, regelmäßig einen Hinweis auf seinen Förderer und Landsmann Josef Ertl einrücken: „Herausgegeben mit finanzieller Unterstützung des Bundesministers für Ernährung, Landwirtschaft und Forsten.“

Die neuen Naturschützer sehen in der „allgemeinen Verbrüderung“ des DNR mit den Verantwortlichen für einen Teil der Naturzerstörung „eher einen Klotz am Bein als eine Hilfe“ (Krieglsteiner). Da mag Josef Ertl Schirmherr noch so vieler DNR-Mitgliedsverbände sein, der Aktion Saubere Landschaft wie auch der Schutzgemeinschaft Deutscher Wald; da mag Kanzlergattin Loki Schmidt noch so nette Geleitworte für Benefiz-Schallplatten zugunsten des Wildblumenschutzes verfassen („Die Freude, die wir geben, kehrt ins eigene Herz zurück“) – von dieser Regierung wollen die neuen Naturschützer finanziell nicht abhängig sein.

Denn dem Agrarminister mögen sie den Spott über Giftgegner („Religiöser Wahn“) und die Mitwirkung an der Verwässerung des Natur- und Artenschutzrechts zugunsten von Landwirtschaft und Lederindustrie nicht nachsehen. Und dem Kabinett Schmidt insgesamt werfen die neuen Naturschützer vor, daß es den Ausbau der Atomenergie vorantreibt und nicht einmal ein ökonomisch wie ökologisch gleichermaßen sinnloses Projekt wie den Bau des Rhein-Main-Donau-Kanals aufgegeben hat. Obwohl sogar der Bayerische Oberste Rechnungshof feststellte, daß „ein wirtschaftliches Bedürfnis für den Weiterbau“ des Kanals „nicht feststellbar ist“, obwohl auch Bonns Verkehrsminister Volker Hauff die Einstellung dieses „nach dem Turmbau von Babel dümmsten Projektes“ forderte, will Kanzler Schmidt es offenbar verwirklichen – und damit die Zerstörung der letzten intakten Lebensräume für Dutzende gefährdeter Tier- und Pflanzenarten im bayrischen Altmühltal in Kauf nehmen. „Begreift er nicht“, entsetzte sich BUND-Streiter Horst Stern über den Kanzler, „daß er seine eigene Frau öffentlichem Lächeln preisgibt, wenn er hektarweise mit staatlichen Millionenmitteln vernichten läßt, was sie mit erbetteltem privatem Geld quadratmeterweise zu schützen versucht?“

Daß sich viele Naturschützer alter Schule, anders als Stern, zu solchen politischen Widersprüchen allenfalls zurückhaltend äußern, hat sie einem großen Teil des kritischen Umweltschutz-Nachwuchses längst entfremdet. Während 1970 die Funktionäre des DNR das „Europäische Naturschutzjahr“ in Festveranstaltungen gemeinsam mit

Ministerpräsidenten und Ministern begingen, schlug sich das damals frisch erwachte Umweltbewußtsein der Deutschen anderswo nieder: vor allem in Bürgerinitiativen. „Bezeichnenderweise", räumt der DNR-Präsident Engelhardt ein, wurden die Initiativgruppen „besonders dort gegründet, wo die an sich zuständigen Fachverbände keine oder zu geringe Aktivitäten entwickelt hatten".

Während unabhängige Bürgerinitiativen vehement gegen überflüssige Kanalbau- und riskante Kernkraft-Projekte stritten, beschränkten sich die von den Regierungen subventionierten orthodoxen Naturschützer lange Zeit auf die Anregung, solche Bauwerke hübsch grün zu garnieren. „Es wurden Vorschläge erarbeitet", heißt es etwa in einem Rechenschaftsbericht des Bundes für Naturschutz und Landschaftspflege (BNL) in Niedersachsen, „beim Bau des Elbeseitenkanals Moorflächen zu erhalten" und „beim Bau des Kernkraftwerks Würgassen an der Weser schonend für die Umgebung vorzugehen".

Noch immer sehen die Konservativen in den Verbänden ihr Hauptziel darin, in Briefen an Politiker Einfluß auf die Verabschiedung von Gesetzen zu nehmen, die dann gleichwohl, so der BNL, oft genug „enttäuschend" ausfallen. Emsig erarbeiten die Funktionäre Anträge auf Biotop-„Unterschutzstellung", die sich zu Hunderten unbearbeitet in den unterbesetzten Naturschutzbehörden stapeln. Oder die Verbände machen bei Bauprojekten rege von ihrem gesetzlich garantierten „Anhörungsrecht" Gebrauch, was sie viel Zeit kostet, aber, weil kein Klagerecht damit verbunden ist, in der Regel wenig oder nichts bewirkt. So haben denn die klassischen Naturschutzorganisationen während der letzten Jahrzehnte zwar den mit Festreden bei ihnen gastierenden Politikern als grünes Alibi gedient. Aber das Resultat der Naturschutzpolitik haben sie kaum zu beeinflussen vermocht.

Die erfolgsarmen Naturschützer von DNR müssen in ihren Verbandsschriften nun der Frage nachgehen, ob sich „Naturschutz ohne Nachwuchs" betreiben läßt. Zehntausende zumeist junger Westdeutscher protestieren derweil, ohne die alten Herren vom Kanuten-, Jäger- und Anglerverband zu fragen, gegen die Vergiftung von Elbfischen durch Industrieabwässer (60 000 Demonstranten), gegen die Zerstörung südhessischer Wälder durch Flughafenbauer (100 000 Demonstranten) oder Atomanlagen im niedersächsischen Gorleben (130 000 Demonstranten).

Den neuen Naturschützern, ob im BUND, bei Greenpeace oder in Bürgerinitiativen, ist die Information der Öffentlichkeit über Öko-Fragen zumindest ebenso wichtig wie der Dialog mit Politikern. „Nicht nur reagieren", beschreibt der Hamburger BUND-Landesvorsitzende Wolf Pohl die Strategie, „sondern kämpferisch agieren." Daß nur grelle Signale vom Publikum wahrgenommen werden und nur noch schrille Schreie taube Politikerohren erreichen – diese Erfahrung haben keineswegs nur Hausbesetzer gemacht, deren Taten erst die Wohnungspolitik zum Tagesordnungsthema werden ließen.

Was vielen Alt-Naturschützern degoutant erscheint, findet nun bei den Neuen Verständnis oder Beifall: Da rufen Atomgegner zum Stromzahlungsboykott auf, Elbfischer blockieren mit ihren Kuttern den verseuchten Strom, Frankfurter Startbahngegner ketten sich an bedrohte Bäume. Greenpeace-Freunde hinderten nicht nur, in Nordenham wie in Rotterdam, Giftmüll-Schiffe am Auslaufen, sondern kippten Gammelfisch in die Pförtnerloge der Bayer-Chemiewerke in Brunsbüttel. In Hamburg, vor dem Deutschen Hydrographischen Institut, das die Nordseeverschmutzung genehmigt hatte, landeten mehrere Zentner Aal mit sogenannten Blumenkohlgeschwüren und von der Himbeerkrankheit befallener Butt.

Originelle Methoden nutzt in Bayern die von Bürgerinitiativlern gegründete „Schutzgemeinschaft Alpen", deren Mitgliedern der traditionsbeladene Deutsche Alpenverein zu träge und zu theorieverhaftet ist. Der 1980 gegründete Verein will alljährlich einer besonders tourismusbesessenen Fremdenverkehrsgemeinde die „Rostige Blechdose" verleihen und anschließend den angeprangerten Ort mit weiterer „aggressiver Negativwerbung“ miesmachen. Positives Gegenstück: Umweltbewußten Kommunen werden „Goldene Visitenkarten“ überreicht. Die erste ging an die Tiroler Gemeinde Vent im Oetztal, die sich einem geplanten Anschluß an ein Sommerskigebiet samt Straßen- und Hotelbau widersetzte. Der belobigte Ort soll ein Jahr lang durch Urlaubsbesuche und Renovierungsaktionen unterstützt werden.

Nach Greenpeace-Muster wollen diese Alpenschützer ihre Aktivitäten auf ausgewählte Objekte konzentrieren. Und sie sind bereit, gegebenenfalls nach „Heinzelmännchenart“ auch mal Regeln zu verletzten. Eines der Mitglieder, der Münchner Umwelt-Publizist Klaus Gerosa, würde zum Beispiel riskieren, einen Bagger zuzuschütten, der zum Planieren einer ökologisch schädlichen Skipiste bereitsteht, oder die Gondeln einer neuen Lift-Anlage schwarz zu bepinseln. Mit solchen Aktionen stünden die Alpenverteidiger nicht allein da.

Der Bürgerinitiativen-Verband BBU rief 1980 seine Anhänger auf, aus Protest gegen das unzureichende Umweltchemikaliengesetz „Kostproben ‚ganz ungefährlicher Stoffe‘“ nach Bonn zu schicken, „z. B. ein Päckchen mit Wasser aus Eurem Fluß, mit Gift belasteten Boden, verschmutzte Luft“. Der Phantasie, ermunterten die BBU-Vorständler Monika Zimmermann und Josef M. Leinen auf grauem Umweltpapier die „lieben Freunde“, seien „keine Grenzen gesetzt“.

Eng begrenzt freilich ist der finanzielle Spielraum dieser Umwelt- und Naturschützer. Um von Regierungszuwendungen unabhängige Arbeit ermöglichen zu können, gründeten BBU- und BUND-Streiter im März 1982 eine „Deutsche Umweltstiftung“. Propagiert wurde das Projekt von 560 Unterzeichnern, darunter der Sozialdemokrat Erhard Eppler und der grüne Öko-Bauer Baldur Springmann, die Freidemokratin Helga Schuchardt sowie die Schriftsteller Siegfried Lenz und Günter Grass, die ein Stiftungsvermögen von 132 000 Mark zusammengetragen haben.

Die Stiftung soll unter anderem Öffentlichkeitsarbeit und ökologische Forschung von Wissenschaftlern ermöglichen, die, so Initiator Hans Günter Schumacher vom BBU, „wegen ihres Gewissens aus Wirtschaft, Industrie oder Hochschulen aussteigen, um sich frei von Interessenkonflikten dem Umweltschutz zu verschreiben“. Um die Unabhängigkeit der Arbeit zu gewährleisten, ist die Stiftung laut Gründungsaufruf „freizuhalten von staatlichen und industriellen Mitteln“. Als Stifter fungieren dürfen nur Einzelpersonen oder aber solche Firmen und Verbände, die „sich nachweislich in den letzten Jahren aktiv im Umweltschutz betätigt haben und bereit sind, nach dem Stiftungsakt keinen Einfluß mehr auszuüben“.

Mit Hilfe der Stiftung wollen die Förderer vor allem dazu beitragen, Natur- und Umweltschutz „mehrheitsfähig“ zu machen, „mangelnder Aufklärung“ über ökologische Zusammenhänge zu begegnen und „einseitige Interessen“ zurückzudrängen – wahrhaft eine Sisyphusarbeit. Denn den neuen Naturschützern ist bewußt, was schon vor Jahren der US-Umweltforscher Barry Commoner beklagt hat: „Die Welt wird nicht durch einen einzigen Fehler, den irgendein cleverer Plan korrigieren kann, an den Rand der ökologischen Katastrophe gedrängt, sondern durch eine Phalanx einflußreicher wirtschaftlicher, politischer und gesellschaftlicher Kräfte, die den Lauf der Geschichte bestimmen.“ Commoner: „Jeder, der sich vornimmt, die Umweltkrise zu beheben, versucht damit den Lauf der Geschichte zu ändern.“

Für die BBU-Spitzen ist klar, daß die natürlichen Lebensgrundlagen Luft, Wasser, Boden, Flora und Fauna nicht durch „punktuelle Einzelmaßnahmen“ erhalten werden können, sondern nur durch „Verwirklichung einer umfassenden ökologischen Politik“. Um beispielsweise das Aussterben bedrohter Tier- und Pflanzenarten zu bremsen, genügt es nicht, die vorhandenen Naturschutzgebiete zu pflegen und ein paar neue anzulegen. „Was nützt es", argumentiert auch der BUND, „ein Stückchen Auenlandschaft zwischen Stadt, Autobahn und landwirtschaftlicher Monokultur für ein paar seltene Blumen und aussterbende Amphibien zu reservieren, wenn Abgase, Staub, Reifenabrieb, Biozide, Salz und Lärm das ‚kleine Paradies' zur ‚Hölle' machen und wenn die vom und zum Laichplatz ziehenden Elterntiere zu Tausenden überfahren werden?"

Wer – eingedenk des Ökologen-Ratschlages „Global denken, lokal handeln" – in seiner örtlichen Umgebung allen Ernstes Schlußfolgerungen aus Weltuntergangsstudien wie dem US-Regierungsgutachten „Global 2000" ziehen wollte, müßte schon politisch tätig werden, aber auch Hunderte gewohnter Handlungen korrigieren und zum Teil buchstäblich vor der eigenen Haustür fegen. Ihm bliebe, wenn er den Empfehlungen der Ökologen folgt, nichts anderes übrig, als

▷ öfter mal Schnee zu fegen und zu schippen statt Tausalz zu streuen (das Pflanzen und Grundwasser ruiniert);
▷ im Garten statt exotischer Koniferen einheimische Gehölze anzupflanzen (als Nahrungsquelle für bedrohte Schmetterlinge);
▷ den Rasen am Haus zur bunten Naturwiese verwildern zu lassen (die viermal sovielen Vögeln Lebensraum bietet wie Einheitsgrün);
▷ Haushaltschemikalien sparsam zu verwenden und biologisch abbaubare Neutralseife zu bevorzugen (um die Belastung von Fischgewässern mit Detergentien zu verringern);
▷ in der Toilette durch Manipulation der Spülung Wasser zu sparen (um dazu beizutragen, Trinkwasserförderung und Grundwasserabsenkung in Feuchtgebieten überflüssig zu machen);
▷ Abfälle zu kompostieren und Laub statt Torf auf die Beete zu streuen (was helfen könnte, die Vernichtung der letzten Moor-Biotope durch Austorfung zu verhindern);

▷ beim Kauf von Kartoffeln oder Karotten solche Landwirte zu unterstützen, die giftfrei produzieren (und es unterlassen, durch Biozid-Einsatz Igel, Rebhühner und Hasen zu vernichten).

Und, und, und. Die von einschlägigen Verbänden verbreiteten Empfehlungslisten umfassen tausendundeinen Ratschlag zu „naturschutzgerechtem Verhalten“ – bis hin zu

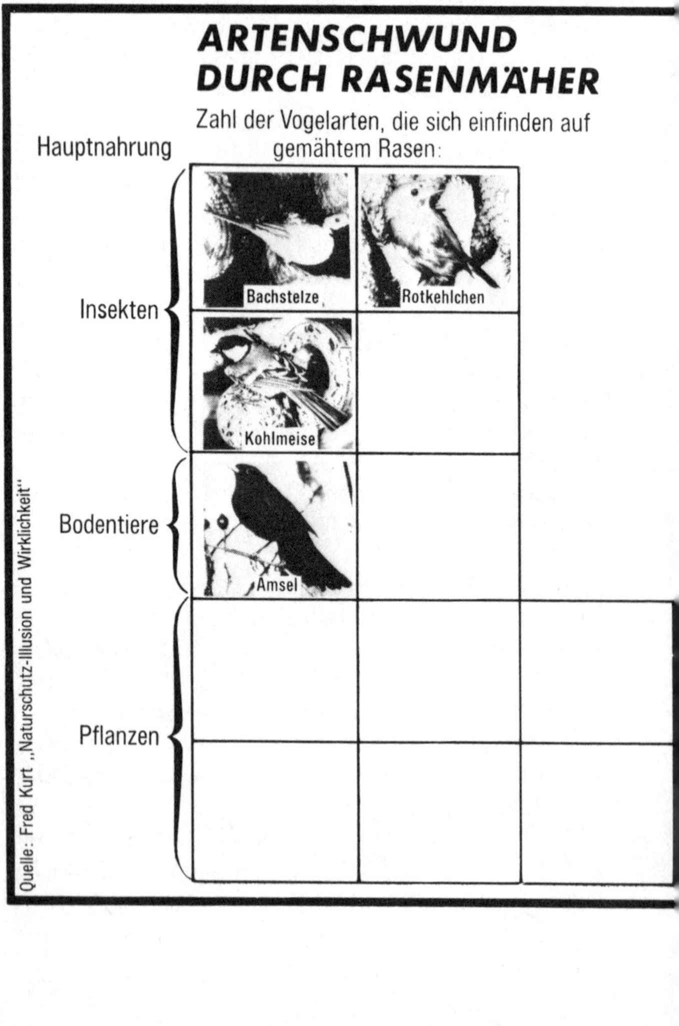

der Empfehlung, Blattläuse im Garten giftfrei zu bekämpfen: durch Ohrwürmer, die sich in einem umgestülpten, holzwollegefüllten Blumentopf ansiedeln lassen, der in befallenen Bäumen aufzuhängen sei.

Damit aber wäre es längst nicht getan. Umweltbewußte Menschen haben sich nach Ansicht der Verbände auch staatsbürgerlich zu betätigen, angefangen in der Dorf- und

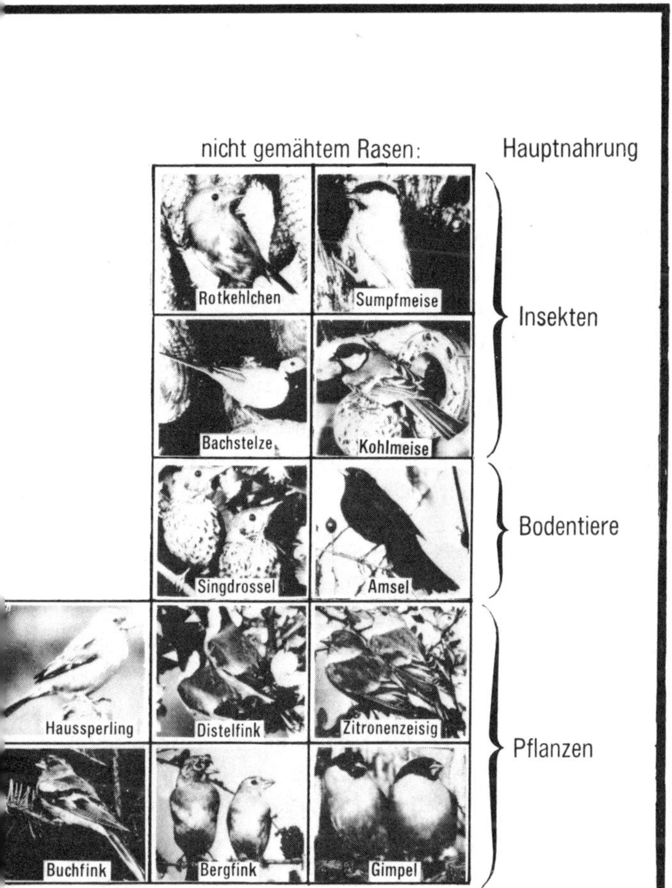

Stadtpolitik, wo sie helfen müßten, die gängigen Fehlentscheidungen zu verhindern: Entgrünung von Ortskernen, Zersiedelung des Umlands, Roden von Feldgehölzen oder auch das regelmäßige Reinigen der Bachläufe von, wie es gewöhnlich heißt, „Gras, Sträuchern und *sonstigem* Unrat".

Notwendig sei, forderte Ende 1981 der Bonner SPD-Abgeordnete Freimut Duve, eine bundesweite „Aktion Lokal 2000". Denn: „Die Bekämpfung der von ‚Global 2000' vorausgesagten Gefährdungen kann nur lokal stattfinden." Aber auch auf Landesebene seien, meinen viele Verbandsstrategen, in vielen Fällen die Aussichten gar nicht so schlecht, eine „Politik des Grünstifts" durchzusetzen – wenn nur hinreichend Bürger darauf drängten. Selbst unter dem Diktat des Rotstifts wären wichtige ökologische Kurskorrekturen in der Tat finanziell glatt durchsetzbar. Der ersatzlose Verzicht auf fragwürdige Wasserbau- wie Flurbereinigungsprojekte und auf das regelmäßige Mähen von Straßenböschungen (jährliche Kosten pro Kilometer: 40 000 Mark) kosten keinen Pfennig – „Naturschutz zum Nulltarif", wie ihn auch der BUND fordert.

Der Durchbruch zu einer zukunftsorientierten Politik indes, die nicht länger Raubbau an der Natur begünstigt, läßt sich nach Ansicht der Verbände nur auf Bundesebene erreichen. Ökologen bestehen auf zwei Minimalforderungen:

▷ Im Bundesnaturschutzgesetz von 1976 müsse die „Landwirtschaftsklausel" gestrichen werden, nach der „ordnungsgemäßer" Landbau – was immer das sein mag – „nicht als Eingriff in Natur und Landschaft anzusehen" ist; dieser Passus habe sich in Praxis wie ein Freibrief für die Zerstörung von Biotopen ausgewirkt.

▷ Durch Einführung der sogenannten Verbandsklage, eines Klagerechts für anerkannte Öko-Verbände gegen Eingriffe in die Landschaft, sollen die Naturschützer endlich den Naturzerstörern juristisch gleichgestellt werden.

Beide Forderungen hat sich im Mai 1981 auch der

Bundesparteitag der FDP zu eigen gemacht, ihre Verwirklichung steht noch aus. Ökologen vermuten hinhaltenden Widerstand im Agrarministerium: Dessen Politik, analysierte Horst Sterns Monatsblatt „Natur", „lief und läuft darauf hinaus, die Bauern und Tierhalter so lange wie möglich gegen die Forderungen des Natur-, Tier- und Umweltschutzes zu verteidigen". Abwehrend reagiert das Landwirtschaftsministerium auch auf die Forderung einer Bonner Öko-Sachverständigengruppe nach Verzehnfachung der Naturschutzgebiete. Ertls Staatssekretär Georg Gallus sieht „kaum Realisierungsmöglichkeiten".

Tief ist die Kluft zwischen Konzept und Praxis auch bei den Sozialdemokraten. So präsentierte ein SPD-Arbeitskreis, dem auch Verkehrsminister Volker Hauff angehört, ein 46seitiges Papier mit Öko-Forderungen, etwa mit der Feststellung, „die Grenzen der Umweltbelastung durch den Kraftwagenverkehr" seien erreicht, und der Anregung, der Bund solle alle öffentlichen Planungen, Investitionen und Förderprogramme formell vom Innenminister auf ihre Umweltverträglichkeit prüfen lassen. Doch Mitautor Klaus Traube ist skeptisch: „Wir können die schönsten Papiere machen", sagt er, ändern werde sich erst etwas, „wenn die Mehrheit in der Partei die aktuelle Politik beeinflußt".

Auch der Kieler Biologie-Professor Berndt Heydemann klagt, in der Umweltpolitik der letzten Jahre sei häufig „außer Reden nichts gewesen". Heydemann: „Ein paar Öko-Vokabeln zieren heute jedes Parteiprogramm, jede größere Wahlrede. Klingen sollen sie und hohl müssen sie sein. Denn wenn es zum Schwur kommt, müssen sie leicht genug sein, damit man sie ohne Anstrengungen beiseite schieben kann." In der politischen Praxis regiert, wie der Biologe erfahren hat, zumeist der Kompromiß: Vor die Entscheidung gestellt, ob sie einem Ökosystem etwa durch Abwassereinleitung oder Straßenbau „null oder zwanzig Prozent Einbußen an Artenvielfalt" zumuten wollten, neigten viele Verantwortliche noch immer dazu, sich „auf die arithmetische Mitte von zehn Prozent" zu einigen. „Nur

fünf von solchen gestuften Kompromissen je zehn Prozent Minderung eines Artenbestandes" jedoch, weiß Heydemann, verringerten binnen zwanzig Jahren die Artenvielfalt um mehr als die Hälfte: „So entstehen Rote Listen."
Womöglich, meinen viele Naturschützer, lassen sich die traditionellen Denkweisen von Wählern wie Politikern nur durch eine schon im Kindesalter einsetzende Umwelterziehung überwinden. Verbände wie der BUND regen daher an, für alle Schulen „Lehrgärten" und „Lehrweiher" anzulegen. Der pädagogische Nutzen solcher Einrichtungen steht für die Naturschützer außer Zweifel. Denn dem trockenen traditionellen Biologieunterricht geben Ökologie-Experten ein Gutteil der Schuld am heutigen Ausmaß der Naturzerstörung.

„Für die überwiegende Mehrzahl unserer Mitbürger", meint der Verhaltensforscher Paul Leyhausen, „ist es völlig unfaßbar, daß unsere gesamte menschliche Existenz wesentlich und zuallererst von Bedingungen abhängen soll, die dieses Bildungssystem als nebensächlich behandelt oder sogar völlig mißachtet." Der Hamburger BUND-Streiter und Umwelt-Autor Emanuel Eckardt („Kein schöner Land") erinnert sich: „Wir haben gelernt, wie die Biene an den Stempel der Tulpe kommt. Aber was mit den Bienen geschieht, wenn Obstbauern ihre Plantagen mit Insektiziden einnebeln, damit wir makellose Äpfel bekommen, hat uns niemand beigebracht."

Immerhin haben ökologisch engagierte Lehrer inzwischen eine Reihe von Unterrichtsmodellen entwickelt, die beispielsweise zur Übernahme der „Patenschaft für ein Gewässer" samt „Bau von Krötenzäunen" anregen oder „Waldsäuberungsaktionen" und „Untersuchungen zur Versalzung des Bodens" vorsehen. Tips gibt ein Monatsblatt mit dem Titel „Ökopäd", der BUND unterhält eine Studienstation und einen Bio-Lehrerservice mit „Ideenbörse".

Infiltrieren wollen die neuen Naturschützer auch den Religionsunterricht und die Arbeit der Kirchenvorstände.

Von den Kanzeln herab müsse, fordert der BUND, endlich gepredigt werden, was Gottes Wort „Machet Euch die Erde untertan“ wirklich bedeute: nicht einen Aufruf zur Schröpfung der Schöpfung, sondern zu ihrer pfleglichen Nutzung. Wortgewaltig fordert BUND-Vorständler Enoch Freiherr von und zu Guttenberg, Sohn des verstorbenen CSU-Politikers, auf einem Flugblatt den bayrischen Klerus auf, die drohende Vernichtung der letzten Blaukehlchen-Bestände im Freistaat als „moderne Gotteslästerung“ zu ächten und das Kirchenvolk die ganze Genesis zu lehren: „Gott der Herr setzte den Menschen in den Garten Eden, daß er ihn bauete *und bewahrete*“, schleudert der fromme Freiherr dem in Öko- Fragen eher schweigsamen Episkopat entgegen. Dazu zitiert BUND-Führer Guttenberg ein Bibelwort, demzufolge sich jeder Geistliche eigentlich als eine Art Regenbogen-Krieger verstehen müßte: „Darum soll mein Regenbogen in den Wolken sein, daß ich ihn ansehe und gedenke des ewigen Bundes zwischen Gott und allem lebendigen Tier, in allem Fleische, das auf Erden ist.“ Nur mit Hilfe der Kirchen, zudem der Gewerkschaften und der großen Parteien läßt sich wohl erreichen, was, so die Strategen des Neuen Naturschutzes, nottue: „Ökologisches Bewußtsein“ gelte es „allen jenen zu vermitteln, die es noch nicht erfahren haben“ (Öko-Autor Fred Kurt). Allenfalls dann, wenn derlei Denken in der Bonner Republik mehrheitsfähig geworden sei, ließen sich die langfristigen Ziele der Umweltschützer durchsetzen: eine, wie der BUND definiert, „Synthese zwischen Ökonomie und Ökologie“.

Was damit gemeint ist, haben Linke auf den Begriff „Ökosozialismus“ gebracht, versucht BUND-Vize Weinzierl mit Schlagworten wie „Neue Nationalökonomie“ und „Ökosoziale Marktwirtschaft“ zu verdeutlichen: Der Schutz der „unvermehrbaren Güter Boden, Wasser, Luft, Landschaft, Tiere und Pflanzen“ müsse in die sozialen Rahmenbedingungen des Wirtschaftssystems eingebaut werden, um Raubbau auszuschließen. In Paragraph 1 des

Bonner Stabilitätsgesetzes will Weinzierl – neben den Forderungen nach Preisstabilität und möglichst hohem Beschäftigungsstand – als gleichwertigen Auftrag die „Stabilisierung des Naturhaushaltes“ aufnehmen.

Auch einzelnen Unternehmern beginnen sich die Konsequenzen zu erschließen: „Das technisch Machbare, das ökonomisch Mögliche und das sozial Erwünschte wird in Zukunft nur noch verwirklicht, wenn es sich auch ökologisch vertreten läßt“, heißt es in einer Erklärung des „Grassauer Kreises“ politisch engagierter Unternehmer. Der Weg zur ökologischen Marktwirtschaft werde „nur mit dem Übergang der freien zur sozialen Marktwirtschaft zu vergleichen“ sein.

Viele Naturschutz-Experten freilich halten den Glauben, die Plünderung des Planeten ließe sich einfach durch Einsicht oder per Parlamentsbeschluß stoppen, für reichlich naiv. Das Problem zeigten, bei einem Streitgespräch in der Zeitschrift „Natur“, der Konstanzer Biologe Hubert Markl und sein Kieler Kollege Berndt Heydemann auf. „Die Menschheit“, postulierte Markl, „kann nur überdauern, wenn sie ihr Wirtschaftssystem dem Gesamtsystem der Biosphäre anzupassen vermag.“ Wie aber, hielt Heydemann dagegen, „soll in einer sogenannten freien Marktwirtschaft, deren Grundprinzipien die Maximierung der Produktion bei voller Ausschöpfung der Ressourcen sind, der Übergang zur Ressourcen-Bewirtschaftung anfangen?“ Und: „Wie hat man sich im Rahmen der Demokratie die dafür notwendigen politischen Entscheidungen vorzustellen?“

Vielleicht zunächst mal so: Die Bundesregierung könnte den Einzelhandel gesetzlich verpflichten, Quecksilberbatterien für Kameras, Hörgeräte und Armbanduhren mit Pfand zu belegen und zwecks Recycling zurückzunehmen – statt lediglich (weithin vergebens) an die Händler zu appellieren, die hochgiftigen Knopfzellen freiwillig wieder einzusammeln. Oder so: Der Bundestag könnte, wie Professor Jost Martin Franz von der Biologischen Bundesanstalt anregte, eine Öko-Steuer für Pflanzenschutzmittel einführen, gestaffelt nach der Umweltverträglichkeit der Präparate. „Nur so und nicht durch das freie Spiel der Kräfte dürfte es gelingen", meint Franz, „umweltgerechte Verfahren durchzusetzen."

Kein Zweifel aber: Selbst kleine Schritte in Richtung Ökosoziale Marktwirtschaft würden Widerstand hervorrufen. Schon als das Bonner Innenministerium 1981 eine längst überfällige Begrenzung von Krebserregern wie Asbest und Arsen in Industrieabgasen ankündigte, erhob der Bundesverband der Deutschen Industrie schrill Protest – für Innen-Staatssekretär Hartkopf Anzeichen einer „seltsamen Blindheit" gegenüber umweltpolitischen Notwendigkeiten. Zumindest kurzsichtig reagieren auch viele Gewerkschafter, etwa jene DGB-Bosse, die im Dezember 1981 die These des SPD-Rechten Richard Löwenthal unterzeichneten, es sei notwendig, „wieder und wieder ausufernde ökologische Forderungen im Interesse des Rechts auf Arbeit zu begrenzen".

In Wahrheit haben, wie der Bonner Umwelt-Staatssekretär Hartkopf betont, „mehrere umfassende wissenschaftliche Untersuchungen" die Pauschal-Behauptung, Umweltschutz bedrohe Arbeitsplätze, in den Bereich politischen Aberglaubens verwiesen. Auch der SPD-Linke Duve weiß: „Maschinen treiben die Arbeitnehmer aus Büro und Betrieb, nicht der Umweltschutz." Richtig ist: Rund 300 000 Arbeitsplätze, vom Klärwärter bis zum Meßtechniker, hängen in der Bundesrepublik bereits direkt oder indirekt vom Natur- und Umweltschutz ab. Selbst in Rezessionsphasen hat Bonns Umweltpolitik „keine Arbeitsplätze vernichtet, sondern neue in erheblichem Umfang geschaffen" (Hartkopf) – allerdings bisweilen zum Mißfallen der jeweils finanziell betroffenen Wirtschaftszweige.

Ob gegen deren Widerstand und ohne massive Unterstützung durch Gewerkschafter in der Naturschutz- und Umweltpolitik auf Dauer mehr als nur gelegentliche Einzelkorrekturen möglich sind, ist fraglich – notwendig wäre es schon. „Ziele wie Vermeidung von Ressourcenverschwendung, Erhaltung von Ökosystemen, Landschaftsschutz und so weiter“ sind, wie Innenminister Baum sagt, „nur erreichbar, wenn Umweltschutz als umfassendes politisches Gestaltungsprinzip begriffen wird.“ Dem Liberalen ist aber auch klar: „Die Skepsis, ob eine freiheitliche Bewältigung des Umweltproblems und der Ressourcenverschwendung überhaupt noch möglich ist, nimmt zu.“ Nicht zu Unrecht fürchten Ökologen und Konfliktforscher, daß die politische Auseinandersetzung um eine umweltgerechte Gestaltung der Gesellschaft sich in den achtziger Jahren als bislang größte Herausforderung für die bundesdeutsche Demokratie erweisen könnte.

Als „kleine therapeutische Schritte“ zur Gesundung des Ökosystems Erde schlägt der Marburger Ökologe Hermann Remmert eine „Begrenzung des Wachstums beim Energieverbrauch“ vor, dazu „Begrenzung des Bevölkerungswachstums“ und „Rückkehr zur Handarbeit, wo das möglich ist, anstelle energie- und rohstoffzehrender Maschinen“ – um sogleich erschrocken einzuhalten: „Spätestens hier scheinen die Forderungen des Ökologen die Forderungen eines Extremisten zu sein.“

Denkbar ist schon, daß eine vom Wachstum jahrzehntelang verwöhnte Nation die ihr lästigen Öko-Apostel tatsächlich eines Tages wie Extremisten behandeln könnte, als Sündenböcke der Degression – in den USA kleben an Stoßstangen bereits böse Parolen wie: „Bist du arbeitslos, brat dir einen Ökologisten.“ Andererseits ist abzusehen, wie ein Teil der Naturschutz-Streiter reagieren wird, wenn ihre moralischen Appelle ins Leere gehen – etwa der Sinnspruch „Wir haben die Erde nicht geerbt von unseren Vätern, sondern geliehen von unseren Kindern“, oder die von Grünen vielzitierte Weissagung: „Wenn ihr den letzten Fluß verdorben habt und den letzten Baum geschlagen und den letzten Fisch gefangen – erst dann werdet ihr merken, daß man Geld nicht essen kann.“

Schon mehren sich die Anzeichen dafür, daß in Teilen der Umwelt-Bewegung die Hoffnung sinkt, auf demokratischem Wege der Naturzerstörung Einhalt gebieten zu können. Die einen, beobachtete der Umweltpublizist Gerosa, resignieren: „Die sagen, wir werfen den ganzen Schrott jetzt hin, gehen raus aufs Land mit drei Schafen und lassen die Jalousien runter." Andere aber fürchten, so Gerosa, eines Tages „mit Parallelen zum Dritten Reich konfrontiert zu werden, mit der Frage der Kinder: ‚Was hast du eigentlich damals gemacht, du warst wohl im Urlaub auf Mallorca'".

St. Louis Post – Dispatch, Engelhardt

„Mutter Natur kapituliert."

Ein Teil dieser Naturschützer, beobachtet Reinhold Kaub, Sprecher des Bundes Naturschutz in Bayern, „ballt schon die Fäuste". Kaub: „Nach vielen Enttäuschungen über die schleppende Art der Behörden ist der Boden für eine gewisse Radikalität schon aufbereitet." Projekte wie der überflüssige Rhein-Main-Donau-Kanal bringen manch einen, wie Kaub weiß, dazu, „aus lauter Verzweiflung mit dem Kopf durch die Wand zu gehen": Es wäre, meint er, „kein Wunder", wenn daher den gewaltabstinenten Kanal-Gegnern eines Tages „die Dinge aus der Hand gleiten".

Experte Gerosa, jahrelang Pressesprecher des Naturschutz-Rings, nun Chefredakteur der Zeitschrift „Umweltforum", hält es für gut möglich, daß sich über kurz oder lang eine „Öko-Guerilla" in Westdeutschland formiert: „Es gibt Leute", sagt er, „die haben die Schnauze so gestrichen voll, daß sie verdeckt arbeiten wollen, nach dem Motto: Wenn eh schon alles über den Jordan geht, können wir auch noch eins draufgeben." Die Funktionäre der Naturschutzverbände freilich begnügen sich vorerst mit martialischen Worten. Der BUND-Landesverband Baden-Württemberg empfiehlt, „um jede einzelne Tier- und Pflanzenart so zu kämpfen, als ginge es um unser eigenes Leben". Der Bayer Weinzierl, der „mit Leidenschaft für jeden Wildbirnbaum und für jedes Wiesenpiepernest" und „gegen die Diebe unseres Glücks" streiten will, hält Widerstand gegen den Holocaust an der Natur für „so legitim wie den Widerstand von 1944".

Schon sieht denn auch SPD-Chef Willy Brandt Anlaß, eindringlich vor dem „inflationären Gebrauch des Wortes Widerstandsrecht" zu warnen. Doch viele derjenigen, die von Widerstand reden, als gelte es, einen Tyrannen zu stürzen, meinen es bitterernst. Im Parteiorgan „Die Grünen" durfte im November 1981 ein Rechtsanwalt Alfred Schmidt auf anderthalb Zeitungsseiten die Auffassung darlegen, die Bundesregierung sei „durch Unterlassen" dafür mitverantwortlich, daß infolge „Ressourcenverschwendung, Umweltzerstörung, Overkill ... dem Menschen Katastrophen bisher unbekannten Ausmaßes" drohten. Weil es daher „nicht nur um den Bestand des Staates" gehe, sondern „um die Grundlagen der Existenz, sogar für die Art" Homo sapiens, sei „jetzt" der Zeitpunkt gekommen, das im Grundgesetz verbürgte Widerstandsrecht zu nutzen und „jede Widerstandsmaßnahme" gerechtfertigt, selbst der „Einsatz von Waffen, auch schwerer Waffen".

Manch einer an der Basis nimmt so etwas wörtlich. Ähnlich wie Ende der sechziger Jahre, bevor ein Teil der Außerparlamentarischen Opposition zu Pflastersteinen griff, ist zumindest „Gewalt gegen Sachen" für viele grüne Kämpfer nicht mehr tabu.

Das ganze Ausmaß der Gewaltbereitschaft ist schwer abzuschätzen. Denn nach etlichen Öko-Anschlägen verfügte die Justiz Nachrichtensperre, um nicht zu Nachahmungstaten zu ermuntern. Atomgegner, soviel ist sicher, sprengen bisweilen Strommasten (wie im niedersächsischen Esensham) oder werfen Sprengsätze (etwa in die Kölner Geschäftsstelle der „Gesellschaft für Reaktorsicherheit"), zerstören Bohrsonden (in Gorleben) oder legen nächtens Feuer (im Landgericht Itzehoe oder in den Glückstädter Elektrizitätswerken).

Startbahngegener („Gewaltlos sind wir den Wald los") deponierten im November 1981 binnen zwei Tagen ein halbes Dutzend Brandsätze in Frankfurter Telephonzellen, Bankfilialen und Baufirmen. Demonstranten kippten Gepäckkarren auf Bahngleise, Unbekannte ließen ein Holzhaus in Flammen aufgehen, in dem ein Flughafensender untergebracht war (Gesamtschaden: über 600 000 Mark), und legten in SPD-Büros Feuer. Autobahngegner zündeln an Kränen, setzen Fahrzeuge in Brand (im nordrhein-westfälischen Siegerland) oder streuen Sand in die Motoren von Straßenbaumaschinen (wie eine Gruppe von „Außerstandsetzern" auf einer Autobahn-Baustelle bei Osnabrück). Gewässerschützer demolieren technisches Gerät (an einer Baustelle der Hamburger Wasserwerke am

Rande der Lüneburger Heide) oder werfen Werkzeugkisten in Pumplöcher (im bayrischen Loisachtal). Und Landschaftsschützer kippen Zucker in die Tanks von Firmenwagen (wie in Bielefeld, wo ein Hotelneubau nach Ansicht von Protestlern „den Rücken des Johannisberges verschandelt").

Die weit überwiegende Mehrheit der Naturschützer jedoch reagiert auf solche Taten wie Klaus Mengedoth vom Bielefelder „Umweltzentrum": mit entschiedener Distanzierung, wenngleich auch mit einem gewissen Einfühlungsvermögen. Mengedoth: „Wenn man es mit Verwaltungsbeamten zu tun hat, die kein Maß mehr kennen und alles genehmigen und durchziehen wollen, dann kann auch der brave Bürger mit harten Bandagen kämpfen." An jeglichem Verständnis indes mangelt es den meisten Umweltschützern, wenn Protestaktionen Menschenleben in Gefahr bringen. „Die Umweltschützer-Aktionen", sagt Verena Krieger vom NRW-Landesvorstand der „Grünen", „müssen nicht immer legal sein, aber grundsätzlich gewaltfrei. Menschenlebengefährdende Aktionen lehnen wir deshalb ab."

Diese Hemmschwelle aber scheint, wie nicht nur Pflastersteinwürfe bei Anti-Atom-Demonstrationen signalisieren, rasch zu sinken. Bei Brandanschlägen von Kernkraft-, Straßenbau- und Startbahn-Gegnern nahmen Täter wiederholt in Kauf, daß Menschen zu Schaden kamen. In Siegen setzten Unbekannte einen Verteilerkasten an einer Autobahnbaustelle unter Starkstrom; ein Arbeiter kam nur deshalb mit leichten Verletzungen davon, weil er Sicherheitsschuhe trug. In Frankfurt wurden Bremsschläuche von vier Polizeiwagen zerschnitten. Anonyme „Woodfighter" warfen einen Molotow-Cocktail auf das Grundstück eines Leitartiklers der „Frankfurter Allgemeinen Zeitung", der indes nichts abbekam; knisternd brannte ein Gartenbaum nieder.

Über die Urheber solcher Anschläge erfahren die Ermittler meist nur wenig. Mal meldet sich ein Zirkel namens

Haitzinger

„Sie werden sich in Zukunft mit mir begnügen müssen, der Hase stirbt aus."

„Feurige Ratten", mal eine mysteriöse „Kampfgruppe 7". Zu einigen Taten, unter anderem zu einem mißlungenen Bombenanschlag auf das Wiesbadener Wirtschaftsministerium im Dezember 1981, bekannten sich „Revolutionäre Zellen", in deren „Bekennerbriefen" auch der (bislang ungeklärte) Mord am hessischen Wirtschaftsminister und Startbahn-Förderer Heinz-Herbert Karry rühmend erwähnt wird. Ob Karrys Mörder tatsächlich aus dem grünen oder aber aus dem roten oder braunen Untergrund kommen – kaum übertrieben scheint die Mahnung des SPD-Vorsitzenden Brandt, es in der Bundesrepublik nicht zu „bürgerkriegsähnlichen Auseinandersetzungen" um Öko-Streitpunkte kommen zu lassen. Auch Christdemokraten rechnen offenbar mit martialischen Reaktionen, so Niedersachsens Regierungschef Ernst Albrecht, der schon 1979 den Verzicht auf das Atomzentrum Gorleben mit den Worten begründet hatte: „Ich will keinen Bürgerkrieg im Land.“

Noch machen „feldmarschmäßig ausgerüstete Chaoten“ (Polizeigewerkschaft) nur eine Minderheit unter den Öko-Demonstranten aus. Doch die Gewaltbereitschaft, fürchten besonnene Umweltschützer, wird steigen, vor allem, wenn sich allzu harte Polizeieinsätze gegen die gewaltfreie Demonstranten-Mehrheit häufen.

Der hessische CDU-Kreistagsabgeordnete Karl-Heinz Kubb erlebte bei den Anti-Startbahn-Demonstrationen auf Seiten der Polizeibeamten „nackte Gewalt in vielfacher Hinsicht“: „Sie schlugen blindwütig auf Leute mit erhobenen Händen ein, die ‚Wir sind gewaltfrei‘ gerufen haben.“ Christdemokrat Kubb ist sicher, „daß das Spuren hinterläßt“. In West-Berlin wurde ein zur Abholzung vorgesehenes Waldgelände durch Polizeibeamte geräumt, die passiven Widerstand leistende Baumschützer an den Haaren aus einer Grube herauszogen. Derlei Erfahrungen, meint der Bochumer Ingenieur Hermann Schweihs, Bundesvorsitzender des 70000 Mitglieder starken Vereins „Pro Grün“, könnten die Bereitschaft radikaler Naturschützer zu militanten Aktionen rasch verstärken. Schweihs, der „Schlimmes auf uns zukommen“ sieht, hält nicht nur grüne Jungs für gewaltanfällig. Bei Großdemonstrationen der letzten Zeit seien, sagt er, immer mehr „kriegserfahrene Veteranen“ mitmarschiert: „Dadurch stehen den Polizisten ganz neue Gegner gegenüber.“

Selbst in den Reihen konservativer Tierschützer wächst die Neigung zu Gewaltaktionen und Gesetzesbruch. In Mienenbüttel bei Hamburg stahlen Mitglieder einer „Hundebefreiungsfront“ nächtens 48 Beagles aus einer Tierversuchsanstalt. „Wie weit“, fragten wenig später zwei Hausfrauen in einem offenen Brief an die damalige Gesundheitsministerin Antje Huber, „müssen wir noch gehen? Wir können nur wünschen, daß noch weitere Tierschützer zur Selbsthilfe greifen."

In politischer Hinsicht erscheint das grüne Protest-Potential ziemlich gemischt. Mit Hilfe der alten Rechts-Links-Kriterien ist es kaum einzuordnen. Nicht linksradikale K-Gruppen-Anhänger, sondern biedere einheimische Bürger beispielsweise drohen der Wiesbadener Landesregierung mit Widerstand für den Fall, daß sie den Hohen Meißner zum Braunkohleabbau freigibt. Selbst der sozial-

Deutsches Allgemeines Sonntagsblatt, Wolter

„Leute, wo wollt ihr denn alle hin? Hier geht's doch ins Grüne!"

demokratische Landrat Eitel Oskar Höhne hat geschworen, das in seinem Kreis liegende Naturschutzgebiet „mit einer Wagenburg zu verteidigen". Auch in anderen konservativen Landstrichen gilt das Wort Frankfurter Startbahngegner: „Wenn die Bäume fallen, stehen die Menschen auf." Nicht Studenten mit Parka und Palästinensertuch, sondern Landwirte mit Mistgabeln und Eisenstangen rücken an, wenn Vermessungsbeamte in der Nähe des württembergischen

Boxberg den Bau einer Daimler-Benz-Teststrecke vorbereiten wollen. Unter der gleichen Bundschuh-Fahne, mit der ihre Vorfahren im Mittelalter in den Bauernkrieg gezogen sind, kämpfen die Landleute nun gegen das „Verbrechen an unserer Heimat".

Am Frankfurter Flughafen, dessen Ausbau nicht zuletzt den dort stationierten US-Truppen zugute kommt, vereinen sich im Protest gegen die geplanten Abholzungen und gegen die „Nato-Startbahn" sämtliche Strömungen der außerparlamentarischen Opposition: einerseits christliche und pazifistische, prokommunistische wie antikommunistische Anhänger der neuen Friedensbewegung, andererseits alte und neue Naturschützer sowie Fluglärmgegner aller politischen Schattierungen. Bonner Politiker haben für diese ganz große Koalition von Öko-Streitern und Pazifisten schon ein Kürzel gefunden: „Ökopax". Diese Strömung, kommentierte die „Frankfurter Rundschau", sei stark genug, eines Tages „stabilere Regierungen als die Holger Börners zu erschüttern".

Sollten sich in den nächsten Jahren häufiger mal ähnlich breite Bündnisse zum Schutz der natürlichen Umwelt zusammenfinden, sollten Regierende dann weiterhin, wie Börner, mit harten Polizeieinsätzen dagegen angehen – die Konsequenzen wären unschwer auszumachen. Der schöne Traum der Greenpeace-Streiter vom gewaltfreien Kampf für die Bewahrung der Natur würde, so viel ist sicher, so rasch vergehen wie ein Regenbogen.

3

Jochen Bölsche, Heinz Höfl, Jörg R. Mettke

Das stille Sterben

Säureregen vergiftet Wälder, Atemluft und Nahrung

I

Der Wald-Untergang

In aller Stille sterben Westdeutschlands Wälder. Großflächig auftretende Tannen- und Fichtenkrankheiten sind, wie Fachleute befürchten, erste Vorzeichen einer weltweiten „Umweltkatastrophe von unvorstellbarem Ausmaß". Der Auslöser des Wald-Untergangs, saure Niederschläge aus den Schloten von Kraftwerken und Raffinerien, bedroht nicht nur Flora und Fauna, sondern auch die menschliche Gesundheit.

Einer der ersten, denen es auffiel, war Karl Scheffold, Forstdirektor im Schwarzwald-Städtchen Alpirsbach. „Etwa zehn Jahre" ist es her, erzählt er, da wurden die imposanten Kronen 200jähriger Tannen schütter, und die bis zu 45 Meter hohen Wipfel färbten sich grau. Mittlerweile gibt es in Scheffolds Schwarzwaldrevier „kaum eine Tanne mehr, die nicht betroffen ist". Der sogenannte pathologische Naßkern im Innern der Stämme – eine breiige, faulige Masse, die normalerweise allenfalls ein Zehntel der Schnittfläche gefällter Bäume füllt – macht nun oft 80 Prozent und mehr aus, und seit ein paar Jahren verlieren selbst Jungtannen vorzeitig die Nadeln. Forstdirektor Scheffold: „Wenn das so weitergeht, muß man den Schwarzwald in Grauwald umbenennen."

Auch ein paar hundert Kilometer nordöstlich, im Bayerischen Wald, steht es um die Tanne so, „daß einem die Augen tränen", wie der Münchner Forstbotaniker Professor Peter Schütt gesteht. Sogar im umzäunten Mustermischwald der niederbayrischen Waldbesitzerin Myrrha von Aretin, die den Einsatz von Chemiegiften strikt meidet und nach dem Eindruck von Freunden „jeden einzelnen ihrer Bäume mit Vornamen kennt", welkt eine Tanne nach der anderen dahin. „Da liegt was in der Luft", vermutet die Freifrau.

Auch weniger empfindliche Nadelbäume sind neuerdings ebenso vom Siechtum befallen wie die Tanne. Am Westhang des Bayerischen Waldes modern bereits vier Fünftel aller Fichten. „Im Herbst 1980", beobachtete Waldwissenschaftler Professor Schütt, „häuften sich die Schäden an Fichten erstmals. Im Winter haben sie stürmisch zugenommen, sowohl an Zahl wie auch an Intensität. Viele Bäume gehen in wenigen Wochen kaputt."

Hoch im Norden, im Ostfriesischen bei Krummhörn, sind Pappeln und Erlen so sehr geschwächt, daß sie nur noch auf der windabgewandten Seite Blätter tragen. Im Taunus, wo sich ein großflächiges Fichtensterben abzeichnet, werden alkalische Schlämme auf den Waldboden geschüttet. Im Staatsforst Rosengarten, in der Nähe von Hamburgs Schwarzen Bergen, läßt Förster Wilken Wiebalck den Humus mit Kalk bestreuen – in der vagen Hoffnung, auf diese Weise die auch dort schon grassierende Baumkrankheit kurieren zu können.

Ob Ostbayern oder Ostfriesland, ob Schwarzwald oder Schwarze Berge – viele Landstriche sind stärker als je zuvor von Waldkalamitäten betroffen. Schadensmeldungen und Schilderungen mannigfacher Symptome treffen aus allen Bundesländern ein. In Nordrhein-Westfalen schlug Landwirtschaftsminister Hans Otto Bäumer „Alarm", nachdem eine amtliche „Waldzustandserfassung" ergeben hatte, daß in 58 Prozent der untersuchten Fichtenbestände mit akuter „Waldgefährdung" gerechnet werden muß, vor allem im nördlichen Ruhrgebiet, in der Haard und im Staatsforst Wesel. In Hessen, insbesondere in der Rhein-Main-Region und im Lahn-Dill-Kreis, sind nach einer Diagnose des Wiesbadener Umweltministeriums bereits 3000 Hektar Wald erkrankt: Forstleute registrieren vor allem bei Kiefer und Fichte spärliche Benadlung, Verfärbung und „schnelle Vergreisung". In Bayern, ob im Frankenwald oder am Alpenrand, sind nach Feststellung des „Bundes Naturschutz" 55 000 Hektar Nadelbaumbestand „am Ende"; unweit von München starben hundertjährige Fichten binnen

14 Tagen vollständig ab. Für kleinere Privatwald-Besitzer hat das Baumsterben, so ein Fachmann im Münchner Landwirtschaftsministerium, bereits „das Ausmaß einer existentiellen Bedrohung erreicht". In Baden-Württemberg ist die Tanne auf 64 000 Hektar hinfällig, zudem sind Tausende von Fichten erkrankt.

„Man muß befürchten", sagt der Freiburger Forstbotaniker Hans-Jochen Schröter, „daß sich das Fichten-Sterben ausdehnt, bis in den Norden." Behält Schröter recht, wäre allein durch die Fichtenkrankheit die Hälfte des westdeutschen Waldbestandes langfristig gefährdet: Fast zehn der zwanzig Milliarden Waldbäume, die knapp ein Drittel der Bundesrepublik bedecken, zählen zur Art Picea abies, die als „Brotbaum" der Forstwirtschaft gilt.

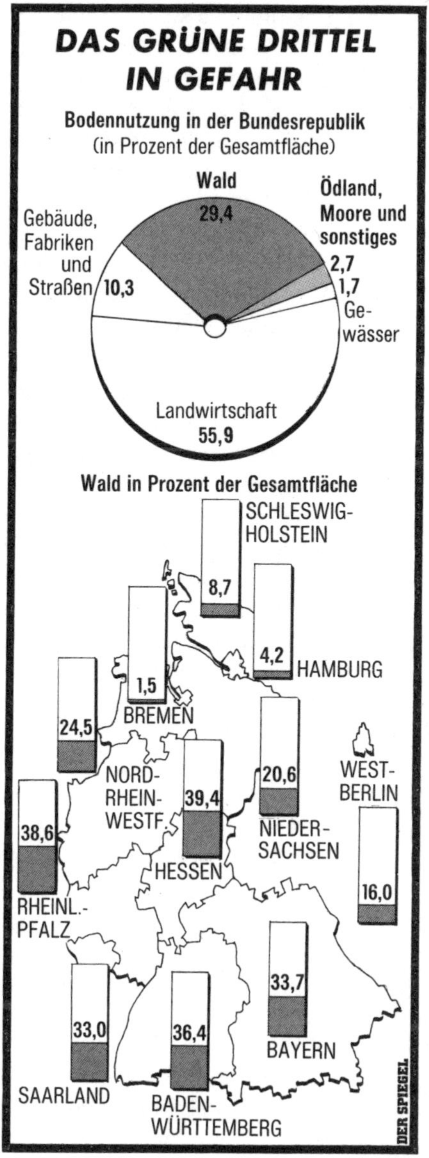

Das Umwelt-Übel scheint dem deutschen Wald mehr zu schaden als die Summe jener Gefahren, die der Forstwirtschaft seit eh zu schaffen machen: Rotfäule und Rüsselkäfer, Waldbrand und Wildverbiß. Für Forstexperten addieren sich die Schadensmeldungen zu einem Krankheitsbild, das manchen schon den Zusammenbruch des gesamten Ökosystems befürchten läßt. In den Wäldern, sagt Hessens Landesbeauftragter für Naturschutz, Karl-Friedrich Wentzel, „tickt eine Zeitbombe“.

Nachdem Forstkundler sich in den siebziger Jahren auf manchen Holzweg begeben und eine wahre „Odyssee von Vermutungen, Spekulationen und Hypothesen“ (Schütt) bewältigt haben, gilt nun als wahrscheinlich, daß das Baumleiden nicht auf irgendeine Einzelursache zurückzuführen, sondern offenbar eine sogenannte Komplexkrankheit ist – die gleichwohl eine Primärursache zu haben scheint. Seit langem verdichten sich wissenschaftliche Indizien, die einer Hypothese von hoher politischer Brisanz mehr und mehr Gewicht verleihen: Die allerorten auftretenden verschiedenartigen Baumseuchen haben wahrscheinlich eine gemeinsame Hauptursache: die zunehmende Luftverschmutzung über Westdeutschland, insbesondere durch Schwefeldioxid (SO_2) aus Ölheizungen, Auspufftöpfen und, vor allem, den Schloten von Kraftwerken, Erzhütten und Raffinerien. Das rapide Absterben der besonders SO_2-gefährdeten Nadelbäume ist – bei zunehmender Schwefelbelastung der Luft – dieser Hypothese zufolge nur die „Spitze eines Eisberges“ (Schütt), der Anfang vom Ende vieler anderer Baumarten. Und: Schwefelverbindungen, die als Staub oder „Saurer Regen“ auf die Bundesrepublik niedergehen, schädigen nicht nur das bewaldete Drittel des Landes, sondern richten auch an anderen Nutzpflanzen sowie an Bauwerken Milliardenschäden an und bedrohen zunehmend die Gesundheit Zehntausender von Bundesbürgern.

Wenn sich die SO_2-Theorie weiter erhärtet, droht der Bundesrepublik, wie Forstbotaniker Schütt warnt, „eine Umweltkatastrophe von bisher unvorstellbarem Ausmaß“. Der „Bund für Umwelt und Naturschutz Deutschland“

Kölner Stadtanzeiger, Hanel

Waldeslu-u-u-st…

(BUND) sieht die grünen Lungen des Landes „vom schwarzen Atem“ angeweht. „Die ersten großen Wälder“, sagte der Göttinger Bodenkundler Professor Bernhard Ulrich Ende 1981, „werden schon in den nächsten fünf Jahren sterben. Sie sind nicht mehr zu retten.“

Das Schwefeldioxid, von dem das Unheil droht, steht zwar von der Menge her (hinter dem Kohlenmonoxid) auf dem zweiten Rang der westdeutschen Luftschmutz-Tabelle, in der Schadwirkung aber eindeutig auf Platz eins. Schwefel – jener Stoff, an dessen Geruch im Mittelalter der Teufel zu erkennen war – wird freigesetzt, wann immer fossiler Brennstoff verfeuert, verflüssigt, vergast oder verstromt wird. Jährlich gehen auf die Bundesrepublik mittlerweile rund 3,5 Millionen Tonnen SO_2 nieder, das Doppelte der 1950 registrierten Menge. Und zunehmend wird deutlich, was die satanische Substanz an toter wie an lebender Materie anzurichten vermag.

Wann immer etwa im Ruhrgebiet während der letzten

Jahre Smog-Alarm drohte, war Schwefeldioxid die Hauptursache. Das farblose, stechend stinkende Gas scheint, kombiniert mit überdurchschnittlicher Belastung durch Kohlenmonoxid, schuld daran zu sein, daß zum Beispiel in einigen Duisburger Stadtteilen bis zu viermal so viele Menschen an chronischer Bronchitis leiden wie in ländlichen Gegenden und daß auch die Lungenkrebssterblichkeit im Ruhrgebiet oder im Saarland weit über dem Bundesschnitt liegt. Wie gefährlich die Gift-Gas-Mixtur Smog vor allem Kindern, Alten und Kranken werden kann, ist seit Jahrzehnten bekannt. Am drastischsten zeigte es sich 1952 in London, wo Smoke und Fog sich zu derart giftigem Rauch-Nebel mischten, daß binnen drei Tagen 4000 Menschen ums Leben kamen. Im Dezember 1962, als im Ruhrgebiet wieder mal der Smog waberte, starben 156 Menschen mehr als im gleichen Zeitraum des Vorjahres.

Was in Deutschland, nicht nur an Rhein und Ruhr, vom Himmel fällt, hat mit dem Regen vorindustrieller Zeiten nur noch den Namen gemeinsam. Nicht Wasser, sondern verdünnte Lösungen von schwefliger Säure und Salpetersäure gehen hernieder – allemal aggressiv genug, selbst Marmor, Stein und Eisen zu zerfressen. So ist der Kölner Dom, erbaut aus Sand- und Kalksandstein, in den vergangenen 30 Jahren schneller verwittert als in den 300 Jahren zuvor. Die Renovierung des gotischen Gemäuers, das jetzt mit einer Art Schutzlack überzogen wird, kostet Jahr für Jahr vier Millionen Mark. Von dem im 14. Jahrhundert erbauten Ulmer Münster können Gläubige die Früchte des Sauren Regens, verwitterte Steinbrocken, gegen einen kleinen Obolus erwerben; die jährlichen Instandhaltungskosten von rund einer Million Mark vermag dieser Verkauf von Sakralem kaum zu decken.

Bonns Innenminister Gerhart Rudolf Baum, der das Ausmaß des „Steinfraßes“ untersuchen ließ, stieß auf „alarmierende“ Daten: An den Kunstdenkmälern Westdeutschlands, vom Lübecker Dom bis zum Schloß Neuschwanstein, sind allerorten „erhebliche Abplatzungen und

Auswaschungen“ zu registrieren. Sandstein- und Muschelkalk-Proben, die Luftforscher den Bauwerken entnommen hatten, verloren unter Einwirkung von SO_2 innerhalb eines einzigen Jahres durchschnittlich drei bis vier Prozent ihres Gewichts. Auch Stahlbeton ist vor dem Schwefelregen nicht mehr sicher. Die Lebensdauer von Betonbauten wird durch den scharfen Regen um nahezu die Hälfte verkürzt – möglicherweise eine der vielen Ursachen dafür, daß allerorten Spannbeton-Bauwerke reißen oder zusammenbrechen, von Autobahnbrücken im Sauerland bis zur West-Berliner Kongreßhalle, an der 1980 ein Teil des Daches herunterkrachte. Eine grobe Schätzung beziffert allein für die Bundesrepublik Deutschland die Kosten für die Beseitigung von Gebäude- und Korrosionsschäden durch Luftverschmutzung auf jährlich vier Milliarden Mark, Wasch- und Reinigungsaufwand inbegriffen.

Daß der betonfressende Regen Pflanzen erst recht zu schädigen vermag, nimmt da nicht wunder – und ist altbekannt: Winterlinde und Lärche, Fichte und Tanne etwa, von Botanikern allesamt als besonders SO_2-empfindlich eingestuft, werden von den Behörden für Aufforstungen im Kerngebiet des Ruhrreviers gar nicht mehr zugelassen. Schwefeldioxid, so und ähnlich steht es seit langem in jedem besseren Nachschlagewerk, wirkt „bes. giftig“ auf Pflanzen: „Nadelhölzer gehen vielfach ein, wenn in der Luft auch nur geringe Spuren von SO_2 enthalten sind“, heißt es etwa in „Römpps Chemie-Lexikon“.

Der Bonner Sachverständigenrat für Umweltfragen weist in seinen Gutachten ebenfalls darauf hin, daß es nicht einmal extremer SO_2-Schübe bedarf, um Bäume zu schädigen – im Gegenteil. Gerade „bei geringer Konzentration und langer Einwirkungszeit“ sei „die Schwefelanreicherung in den Blättern besonders groß“. Die Folge seien verminderte „Wuchsleistung, Ertragshöhe und Qualität von Pflanzen“. Während diese Umstände zumindest seit den sechziger Jahren bekannt sind, ist eine andere Erkenntnis für etliche bundesdeutsche Umweltwissenschaftler offenbar jüngeren Datums: daß sich Schwefelschäden nicht, wie noch vor einigen Jahren angenommen, auf wenige besonders belastete Wälder am Rande von Industriezonen beschränken.

Schwefeldioxid sei, verlautbarte noch 1975 beispielsweise das Bonner Innenministerium, ein „lokal eng begrenztes Problem“. Der Berliner Biologe Adolf Kloke von der Bundesanstalt für Land- und Forstwirtschaft publizierte 1978 die Ansicht, „der größere Teil der Vegetationsdecke der Bundesrepublik“, „etwa 93 Prozent der Fläche“, werde „durch Immissionen praktisch nicht beeinflußt“.

Dabei hatten schon damals, im Inland wie im Ausland, zwei Entwicklungen eingesetzt, die das glatte Gegenteil erwarten ließen: Seit Jahren steigt, erstens, weltweit der Verbrauch schwefelhaltiger Brennstoffe und damit der SO_2-Gehalt des Regenwassers; bis zum Jahre 1990 wird, so die US-Studie „Global 2000“, die Verbrennung von Kohle um 13 Prozent, die von Öl um 58 Prozent zunehmen. Die sogenannte Luftreinhaltungspolitik der siebziger Jahre hat, zweitens, vor allem bewirkt, daß die Industrie-Schornsteine höher geworden sind, vielerorts um das Fünffache. Mit ihrem giftigen Auswurf verseuchen die Kamine mehr und mehr industrieferne Regionen.

Den hohen Schornsteinen – deren Bau allemal billiger kommt als die Installation aufwendiger Filteranlagen – ist zu verdanken, daß die SO_2-Belastung in Gegenden wie dem Ruhrgebiet leicht rückläufig ist, während sie etwa im Schwarzwald oder im Bayernwald steigt. „Unsere kranken Wälder“, sagt der hessische Naturschutzbeauftragte Wentzel, „sind das Opfer der Hochschornsteinpolitik.“

Die schwefelspuckenden Monsterschlote, teils höher als 300 Meter, wirken schon seit Jahren überall auf der nördlichen Erdhalbkugel wie chemische Waffen – nur weniger rasch. Die Giftschwaden driften aus den USA nach

SAURER REGEN DURCH INDUSTRIE-ABGASE

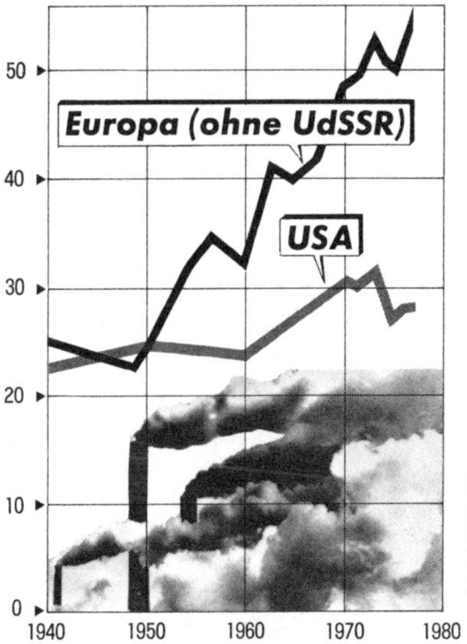

In die Atmosphäre abgegebene Menge Schwefeldioxid in Millionen Tonnen pro Jahr

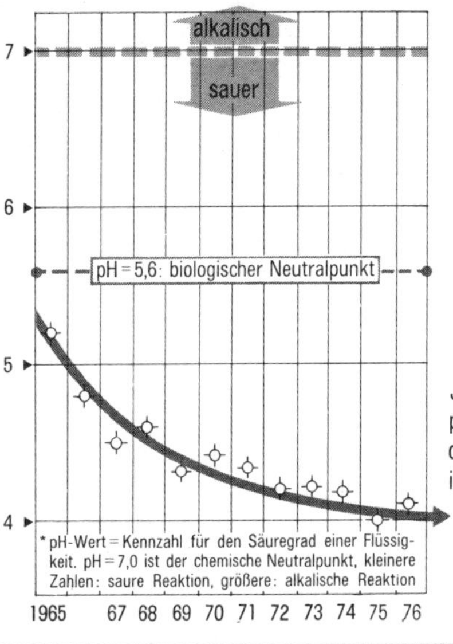

Jahresmittel des pH-Wertes* der Niederschläge in der Bundesrepublik

Kanada, Abgase aus Westeuropa machen den Regen über Skandinavien sauer – die Schäden sind, längst vor dem Jahr 2000, global. Selbst auf hochgelegenen alpinen Gletschern fand der Züricher Glaziologe Wilfried Haeberli schweflige Ablagerungen. Gänzlich unbelasteten Regen messen Meteorologen noch in exotischen Zonen wie auf Samoa im Stillen Ozean. Ansonsten gibt es saubere Niederschläge lediglich, als Überbleibsel aus vorindustrieller Zeit, tiefgefroren im grönländischen Packeis. Der auf diese Weise konservierte reine Regen früherer Jahrhunderte hat einen sogenannten pH-Wert unterhalb des „chemischen Neutralpunktes" von 7,0 in der Nähe eines gleichsam biologischen Neutralpunktes von 5,6; die Skala der pH-Werte reicht von 0 (extrem sauer) bis 14 (extrem alkalisch).

Auf der Wetterstation Schauinsland im Schwarzwald betrug der pH-Jahresmittelwert der Niederschläge 1965, als er erstmals gemessen wurde, noch 5,2. Drei Jahre später war er auf 4,6 abgesunken. Ende 1981 ging in Hamburg Regen mit Werten zwischen 3 und 3,5 nieder; der mittlere pH-Wert von Regenwasser liegt in Westdeutschland bei 4,1. Weil sich mit abnehmender pH-Zahl der Säuregehalt einer Flüssigkeit in der Regel jeweils um eine Zehnerpotenz erhöht, signalisieren diese Daten, daß der Regen, der heute auf Westdeutschland fällt, mehr als zehnmal, wenn nicht hundertmal so sauer ist wie vor 16 Jahren. „Wenn es heute regnet", faßt Heinz Detlef Gregor vom Berliner Umweltbundesamt die Resultate zahlreicher Einzelmessungen zusammen, „kommt oft genug die reine Säure nieder."

Sosehr solche Entwicklungen Fachleute das Fürchten lehren – Politikern wie auch dem breiten Publikum hat sich die Sorge um die ökologischen Folgen des Säureregens offenbar kaum mitgeteilt. Den Bundesbürgern, von denen 40 Prozent mindestens einmal im Monat im Wald spazieren, scheint schwer faßbar, daß es mit der grünen Pracht einmal ein Ende haben könnte. Eiche, Tanne, Buche – für die meisten strotzt der ganze Wald noch vor Gesundheit.

Daß die Gefahren für Westdeutschlands Wälder noch immer weithin verkannt werden, liegt auch daran, daß sich Laien, etwa beim sonntäglichen Waldspaziergang, das Ausmaß der Schäden nur selten erschließt: Was abstirbt oder vertrocknet, wird gewöhnlich bei den Routine-Durchforstungen ausgeräumt. Der Göttinger Bodenkundler Ulrich ist sicher, daß schon heute „die meisten Spaziergänger ganz schön erschrecken würden über den Zustand unserer Wälder, wenn der Forstmann nicht regelmäßig das kranke Holz herausholte".

Erfaßt wird solches Schadholz in sogenannten ZE-Listen (für „Zufällige Ergebnisse"). Diese Tabellen für außerplanmäßige Einschläge etwa von blitzgeschädigtem oder siechem Holz spiegeln den Krankheitsverlauf bei einzelnen Baumarten häufig deutlicher wider als die Wälder selber. Im Bereich der Oberforstdirektion Regensburg beispielsweise wurden zwischen 1975 und 1979 über 160 000 Festmeter toter oder sterbender Tannen geschlagen. Der ZE-Anteil dieser Baumart erreichte im Durchschnitt 27 Prozent, obwohl ihr Anteil am dortigen Wald nur drei Prozent beträgt.

Die Tatsache, daß Schadholz alsbald gefällt und in Statistiken versteckt wird, macht es selbst Waldbesitzern schwer, das ganze Ausmaß der Bedrohung ihres mehr oder minder grünenden Kapitals zu erkennen – dies um so mehr, als spürbare finanzielle Einbußen zunächst gar nicht entstehen. Denn für die vom Tannensterben betroffenen Bäume fanden Fachleute der Hamburger Bundesforschungsanstalt für Forst- und Holzwirtschaft heraus, daß deren „wichtigste Festigkeitseigenschaften" häufig unverändert bleiben, jedenfalls solange „ein Befall mit holzabbauenden Pilzen und Insekten nicht erfolgt ist".

Gleichwohl entstehen schwere ökologische Schäden. Im Schwarzwald, wo die Forstleute mit dem Fällen kaum noch nachkommen, müßte der Alpirsbacher Forstdirektor Scheffold „eigentlich in einigen Gebieten 30 Prozent aller alten Tannen ausschlagen lassen". Das aber wäre ein Verstoß gegen das erste Gebot systematischer Forstpflege: In einem Plenterwald – in dem etwa Tannen, Kiefern und Fichten jeglichen Alters nebeneinander wachsen – soll nach dem für die deutsche Forstwirtschaft generell geltenden „Nachhaltigkeitsprinzip" nicht mehr gefällt werden als nachwachsen kann. Doch junge Tannen, deren Wuchs in den letzten Jahren um fast ein Drittel nachgelassen hat, vermögen die Lücken nicht mehr zu füllen.

Zwar ist der Anteil der Tanne in den süddeutschen Bergwäldern mit weniger als zehn, im Einzelfall höchstens vierzig Prozent relativ gering. Dennoch bedeutet der dort absehbare Total-Ausfall dieser Baumart (Schütt: „Die Tanne verabschiedet sich") einen kaum auszugleichenden Verlust. Mit dem Pfahlwurzler, der Dutzenden anderer Arten mit flacherem Wurzelwerk Lawinen- und Windbruch-Schutz bietet, geht, so der Augsburger Oberforstdirektor Manfred Horndasch, „der zuverlässigste Stabilisator unter den heimischen Baumarten verloren".

Die komplizierten chemischen, meteorologischen und biologischen Prozesse, die zum Tannensterben führen, glauben Waldwissenschaftler wie der Göttinger Bodenkundler Ulrich plausibel rekonstruieren zu können. Die aus den Ballungsgebieten emporsteigenden SO_2-Abgase werden, das steht für die Wissenschaftler fest, durch Sonnenlicht und Luftfeuchtigkeit in Schwefelsäure sowie in schweflige Säure verwandelt, die sich Hunderte, teils Tausende von Kilometern weiter niederschlagen. Die sauren Wolken regnen ihre Giftfracht vor allem über Berghängen ab; zudem gehen gas- und staubförmige Schwefelverbindungen nieder, sogenannter trockener Regen.

Wälder in den Hoch-, Kamm- und Staulagen der Mittelgebirge – im deutschen Harz, Hunsrück oder Frankenwald ebenso wie in den französischen Vogesen, den polnischen Karpaten und im tschechischen Böhmerwald – sind mithin besonders gefährdet. Nadelbäume mehr noch als Laubbäume: Weil Eichen oder Buchen ihren schwefligen Ballast

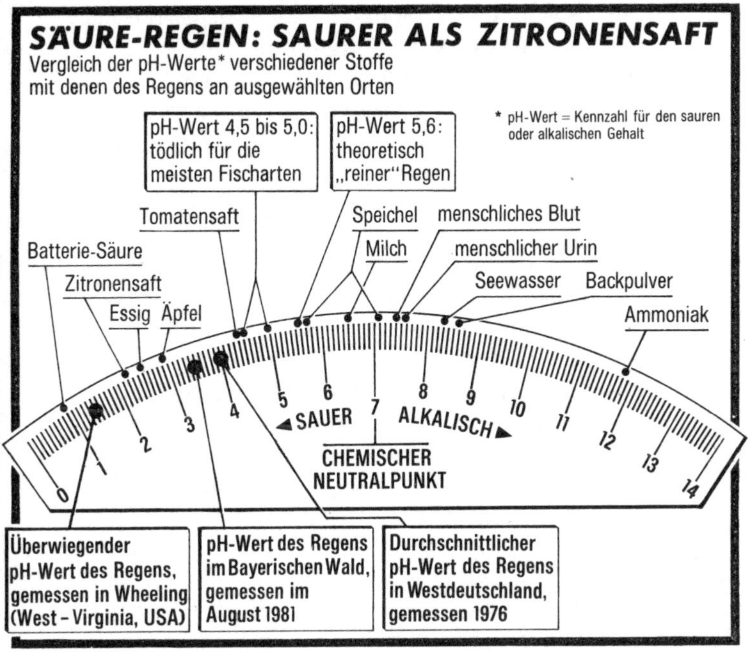

wenigstens im Herbst zusammen mit den Blättern abwerfen können und im Winter nur noch wenig Angriffsfläche bieten, sind die immergrünen Koniferen den nassen Niederschlägen wie dem trockenen Regen ungleich stärker als Laubbäume ausgesetzt.

Welche Giftmengen sich im Laufe der Zeit im Boden anreichern, lassen Statistiken der internationalen Wirtschaftsorganisation OECD vermuten. Danach hat sich die Menge des in die Luft geblasenen Schwefels allein von 1950 (12 Millionen Tonnen) bis 1972 (25 Millionen Tonnen) mehr als verdoppelt. Auf jeden einzelnen Europäerkopf fielen 1978 exakt 46,62 Kilogramm reiner Schwefel – fast ein Zentner. An der Spitze lag die DDR (118 Kilogramm pro Kopf), in der ebenso wie in der Tschechoslowakei (103 Kilogramm) besonders stark schwefelhaltige Braunkohle verfeuert wird. In der Bundesrepublik entfielen pro Kopf 29 Kilogramm Schwefel. Zwar braucht jede Pflanze als Nährstoffbestandteil auch Schwefel, jedoch nur in kleinsten Dosen. Wald beispielsweise ist mit ein bis zwei Kilo pro Hektar und Jahr ausreichend bedient. Seit Kriegsende aber weht ihm jährlich die vierzigfache Dosis zu.

Am ehesten kann der Wald dort durchhalten, wo er auf kalkhaltigem Boden stockt. Denn das dort in der Erde reichlich vorhandene Kalziumkarbonat neutralisiert die Schwefelsäure; dabei entsteht unschädlicher Gips. Wo aber Kalk seit jeher Mangelware ist, zum Beispiel in den silikatreichen Böden von Schwarz- und Franken-, Oberpfälzer und Bayerischem Wald, löst die Säure radikale Reaktionen aus: Das Gift, das vom Himmel fällt, greift die organischen Verbindungen im Humus und im Wurzelboden an, wäscht lebensnotwendige Bodenbestandteile wie Magnesium ins Grundwasser aus und löst Tonerde, Feldspat sowie andere sogenannte Alumo-Silikate, so daß giftige Aluminium-Ionen frei werden. Die aggressive Wirkung von Aluminium aber ist in der Medizin seit alters her bekannt. Der Mensch nutzte sie, als er mit Alaun (Kaliumaluminiumsulfat) Warzen ausmerzte oder als er essigsaure Tonerde (Aluminiumazetat) nahm, um Eiterbakterien abzutöten.

Im Waldboden wirkt Aluminium mörderisch. Zuerst vernichtet es nützliche Bodenbakterien, die zur Kompostierung des Laubes nötig sind, und vertreibt hilfreiche Bodenwühler wie den Regenwurm. Dann, über die Wurzeln ins Holz eingeschleust, agiert das Metall als tödliches Zellgift. Laut Ulrich können toxische Aluminium-Schübe „einen drastischen Rückgang der lebenden Feinwurzel-Biomasse von 2500 auf wenige hundert Kilogramm pro Hektar“ bewirken. Das Absterben der Feinwurzeln wiederum, die dem Stamm Halt verliehen haben, macht den Baum anfällig für Windwurf und Schneebruch. Dem schlecht durchwurzelten Boden drohen Nässestau und Erosion. Wenn die wurzelkranken Bäume nicht bald eingehen, kümmern sie zwergwüchsig dahin. Der Naßkern, der sich im unteren Teil des Stammes bildet und in dem es von Fäulnisbakterien nur so wimmelt, hemmt den Wassertransport von der Wurzel zur Krone. Die Rinde bröckelt vom Stamm, die Zweige beginnen zu nadeln. Schüttere, graubraune Wipfelgebilde, von Forstarbeitern „Storchennester" genannt, gelten als typische Vergiftungserscheinungen.

Auch die allgemeine Anfälligkeit des Waldes für konventionelle Streßfaktoren erhöht sich durch den SO_2- Einfluß. Zu den Sekundärwirkungen der Luftverunreinigung zählen Waldforscher verminderte Frostfestigkeit von Koniferen ebenso wie verstärktes Auftreten etwa des Schmarotzerpilzes Hallimasch. Berichte über Schädlingsinvasionen in mehreren Bundesländern werden von Fachbeamten des Bonner Landwirtschaftsministeriums mit der Schwefeldioxid-Belastung in Zusammenhang gebracht. „Viele Bäume", weiß Agrar-Ministerialrat Norbert Rehbock, „sind vorher schon durch SO_2-Immissionen geschwächt."

Kölner Rundschau, Wolter

„Ich habe Hoffnung: Sobald der erste Pudel an Umweltverschmutzung eingeht, wird der Aufschrei unüberhörbar."

Obwohl der Sommer 1981 „für Schädlinge gar nicht günstig war", stürzten sich laut Rehbock die Insekten in „besorgniserregendem Umfang" aufs schwefelkranke Holz. In Baden-Württemberg gediehen die Fichtengespinst-Blattwespe und die Tannentrieblaus, in Niedersachsen der Kieferngraurüßler und der Eichenwickler, in Bayern die Gestreiften Gallwespen.

Dem komplexen Ursachengefüge des Waldniederganges ist mit Oberflächen-Kalkung kaum mehr beizukommen, mit der Forstleute früher versuchten, jene vergleichsweise harmlose Bodenversäuerung abzuwenden, die nach Trokkenzeiten lokal immer mal wieder vorübergehend auftrat. Zwar versucht die Düngemittel-Industrie neuerdings, unter Hinweis auf den Säureregen, ihren Kalk-Absatz anzukurbeln: „Forstkalkung", wirbt das Fachblatt „Die Düngung", „ist durchaus wieder aktuell." Besonders geeignet sei „Hüttenkalk", der sich mit Hilfe von Turbinen gut „verblasen" lasse. Einige Experten jedoch sind skeptisch: Kalk steht im Verdacht, das Wachstum gewisser Fäulnispilze zu fördern. So scheint sich die Bodenschädigung mit anhaltender Schwefelausschüttung unaufhaltsam von den Hochlagen auf große Teile der europäischen Biosphäre – von den Apenninen bis Nordschweden, von den Pyrenäen bis zum Böhmerwald – auszudehnen.

Die Schadstoffe greifen die Bäume keineswegs nur über die Wurzeln an, sondern auch übers Blattwerk. Wann Tannen, Kiefern, Lärchen und Fichten im Flachland durch oberirdische Begasung erste „leichte Zuwachsverluste" sowie eine „Prädisposition für Sekundärschäden" zeigen, fand das West-Berliner Umweltbundesamt heraus: 60 Mikrogramm SO_2 pro Kubikmeter Luft reichen hin. Schon bei 80 Mikrogramm sind „schwere Erkrankungen" und „vorzeitiges Absterben" von Flachland-Koniferen die unvermeidlichen Folgen. Die kritische 60-Mikrogramm-Grenze jedoch ist in weiten Teilen der Bundesrepublik längst überschritten. Obwohl auch die Weltgesundheitsorganisation (WHO) aus medizinischen Gründen seit Jahren für dieses Limit plädiert, liegen die Werte von fast jeder zweiten automatischen Meßstation in westdeutschen Belastungsgebieten darüber, zum Teil erheblich: Jede achte Station registriert eine Dauerbelastung von mehr als 100 Mikrogramm – ein Bereich, in dem „jeder wirtschaftliche Koniferenanbau ausgeschlossen" ist.

Obendrein vergiftet nicht allein Schwefeldioxid die Wälder. Salzsäure aus den Schornsteinen von Müllverbrennungsanlagen und Stickoxide aus Kraftwerken und Hütten tragen zum Baumsterben bei. In einigen Gegenden richtet Fluor schlimme Schäden an – im Frankenwald, wo die heimische Glasindustrie das Pflanzengift emittiert, im Emsland, das von Aluminiumwerken im holländischen Delfzijl begast wird, oder im Alten Land bei Hamburg, wo die „Vereinigten Aluminiumwerke" die gefährliche Flußsäure ausstoßen.

Was immer im Einzelfall die Bäume zugrunde richtet – ob die Forstwirtschaft dort, wo derzeit Wälder zusammensinken, auf andere, gleichermaßen nutzbare Baumarten ausweichen kann, ist überaus fraglich. Zwar zeigen sich Blattpflanzen gegenüber Schwefeleinwirkungen gewöhnlich weniger empfindlich als Nadelhölzer. Wenn jedoch die Giftstoffe in höheren Konzentrationen auftreten, waschen sie – bisweilen binnen weniger Stunden – die schützende Wachsschicht vom Laub, zersetzen das Chlorophyll, lähmen die Atmungsorgane und reduzieren so die Assimilationsfähigkeit des Waldes. Botaniker Schütt: „Solche Bäume verdunsten sich zu Tode." Die typischen Symptome dieses Leidens sind auch mitten im Sommer fast überall in Deutschlands Wäldern zu besichtigen: braunstichige oder bereits abgestorbene Blätter.

Vieles deutet denn auch darauf hin, daß das vor wenigen Jahren als lokales Tannensterben verkannte Leiden nicht nur auf Kiefern, Fichten und Lärchen übergegriffen hat. Wenn neuerdings auch Laubbäume an diversen Krankheiten kümmern, zählt wahrscheinlich die Luftvergiftung durchweg zu den Ursachen des Übels, zumindest zu den Faktoren, die den Krankheitsverlauf ungünstig beeinflussen.

Hinfällig ist beispielsweise die Buche: Dieser Baum, ohnehin seit Jahrzehnten von überhöhten Wildbeständen und von fichtenfreundlichen Forstwirten zurückgedrängt, wächst seit einiger Zeit mancherorts nicht mehr von selber nach, obwohl die Art als extrem anpassungsfähig und durchsetzungsstark galt. „Die natürliche Verjüngung der Buche", ermittelte die nordrhein-westfälische Landesanstalt für Ökologie, Landschaftsentwicklung und Forstplanung, „fällt im Ruhrgebiet praktisch ganz aus."

Und die Ulme: Dieser Baum, einst als kostbarstes Möbelholz begehrt, wird derzeit überall in Europa unrettbar von einem Pilz vernichtet, dessen Sporen der Splintkäfer überträgt. „Die ganze Gattung Ulme", konstatierte der Freiburger Forstbotaniker Helmut J. Braun, „ist als Waldbaum, aber auch als Parkbaum zum Aussterben verdammt."

Oder die Roteiche: Vor einem halben Jahrhundert als besonders robuste Spezies aus Nordamerika importiert und auf Tausenden von Hektar im Westfälischen angepflanzt, leidet sie heute beinahe Stamm für Stamm an einer Schleimflußkrankheit – kaum ein Bestand, der nicht kümmert. Nach dem letzten Krieg hatte Privatforstmeister Max Lincke, der in einem von ihm begründeten Roteichen-Hain östlich von Recklinghausen begraben liegt, seinen Wunderbaum noch enthusiastisch angepriesen: „Der Massenertrag" sei „außerordentlich hoch", für „Herz und Seele" sei der Exote von „unbezahlbarem Wert". Gegen Schädlinge, meinte Lincke, sei der Baum so gut wie gefeit: „Gefahren drohen der Roteiche wenig." Lincke-Nachfolger Hans Herzel, der das Roteichen-Experiment für gescheitert erklärt und damit ein Achtel des von ihm betreuten Bestandes verlorengibt, ist sicher: „Mein Vorgänger würde sich im Grabe umdrehen, wenn er diesen jämmerlichen Wald sehen könnte."

II
Die Politik der hohen Schornsteine

Schwefelsaurer Regen aus Industrieschloten läßt neben Bäumen auch Seen sterben, bewirkt Milliardenschäden in der Landwirtschaft wie an Bauwerken, fördert Lungenkrebs und löst zehntausendfach Nierenleiden und wahrscheinlich Erbkrankheiten aus. Durch den Bau hoher Schornsteine wird der Luft-Schmutz nicht beseitigt, sondern nur besser verteilt. Aufgrund anhaltender Luft- und Bodenvergiftung müssen, wie Bundesinnenminister Baum fürchtet, bald „große landwirtschaftliche Flächen aus der Nahrungsmittelproduktion herausgenommen werden".

Anfang der sechziger Jahre versprach Kanzlerkandidat Willy Brandt, damals von vielen verlacht, Deutschlands Wählern einen „blauen Himmel" über dem nordrhein-westfälischen Kohlerevier. Zwei Jahrzehnte später, bei einem Umwelt-Forum der Sozialdemokraten, meldeten Fachleute Vollzug: „Dieser ‚blaue Himmel über der Ruhr' ist mittlerweile weitgehend erreicht." Das stimmt, aber es bedeutet nicht, daß die Luft sauber wäre, im Gegenteil. Als Umweltskandal erweist sich nun, was mitunter noch als Umwelterfolg gerühmt wird: die Eindämmung der Luftverschmutzung in den industriellen Belastungsgebieten.

Denn der Ausstoß von Schwefeldioxid, einem der gefährlichsten Schadstoffe, die aus den Schloten von Erzhütten und Kraftwerken emporsteigen, ist in den letzten Jahren keineswegs drastisch verringert worden. Vielmehr hat die Industrie den giftigen Auswurf durch den Bau höherer Schornsteine nur besser übers Land verteilt. „Hohe Schornsteine als Element der Luftreinhaltungspolitik in Nordrhein-Westfalen" – das war noch im Dezember 1980 Titel eines von der Düsseldorfer Landesregierung veranstalteten

Kolloquiums. Die Hochschornsteinpolitik ist die Hauptursache dafür, daß bei anhaltenden Gift-Emissionen die Bundesrepublik auf lange Sicht zu einem riesigen Ruhrgebiet zu werden droht und das Waldsterben durch SO_2 fortschreitet.

Weit weg von den Schmutzmachern regnet das Gift ab. Im Herbst 1981 meldete die Bundesregierung, daß dieser Trend anhält: „Ergebnisse aus dem Meßnetz des Umweltbundesamtes bestätigen frühere Befunde, daß in emittentenfernen Gebieten die Niederschläge häufig saurer sind als in den Ballungsgebieten."

Giftige Abgase fein zu streuen, statt gründlich zu filtern – diese Methode hat aus der Verseuchung weniger Industrieregionen durch SO_2 ein internationales Umweltschutz-Politikum gemacht. Seit mancher Schornstein 300 oder 400 Meter hoch ist, haben die Emissionen nordamerikanischer und mitteleuropäischer Schlote Reichweiten wie Interkontinental- und Mittelstreckenraketen. Opfer sind, wegen der vorherrschenden Windrichtungen, vor allem die jeweiligen Nachbarn im Norden, Nordosten und Osten, oft gar noch deren Nachbarn.

„Acid rain" aus Japan geht in den Vereinigten Staaten nieder, wo der Säuregrad von Seen bisweilen, wie die „Neue Zürcher Zeitung" meldete, „dem des menschlichen Magensafts" entspricht. Die USA wiederum exportieren ätzenden Schmutz per Luftfracht nach Kanada. Diesseits des Atlantik vollzieht sich ein ähnlicher SO_2-Ringtausch zu Lasten der Umwelt. Über Norwegen gehen nach einer Statistik des Umweltbundesamtes in Berlin alljährlich rund 56 000 Tonnen Schwefel nieder – sechsmal soviel wie in diesem Land erzeugt wird. Großbritannien, praktisch ohne Rauchentgiftungsanlagen, dafür aber vom Wind begünstigt, verfrachtet mehr als die Hälfte seiner SO_2-Produktion auf den Kontinent, zwölfmal soviel wie zu den Britischen Inseln geweht wird. Industrieanlagen der ČSSR verseuchen mit Schwefelregen die DDR, die wiederum gibt den Schweden Saures.

GIFT OHNE GRENZEN

iederschlag von Schwefel
tausend Tonnen 1978

Die Zahlen in den Kreisen geben an, wieviel Prozent des im jeweiligen Land gemessenen Säureregens im Ausland verursacht worden sind.

Lesebeispiel: 84 Prozent der in Norwegen niedergegangenen 56 000 Tonnen Schwefel stammen aus anderen Ländern.

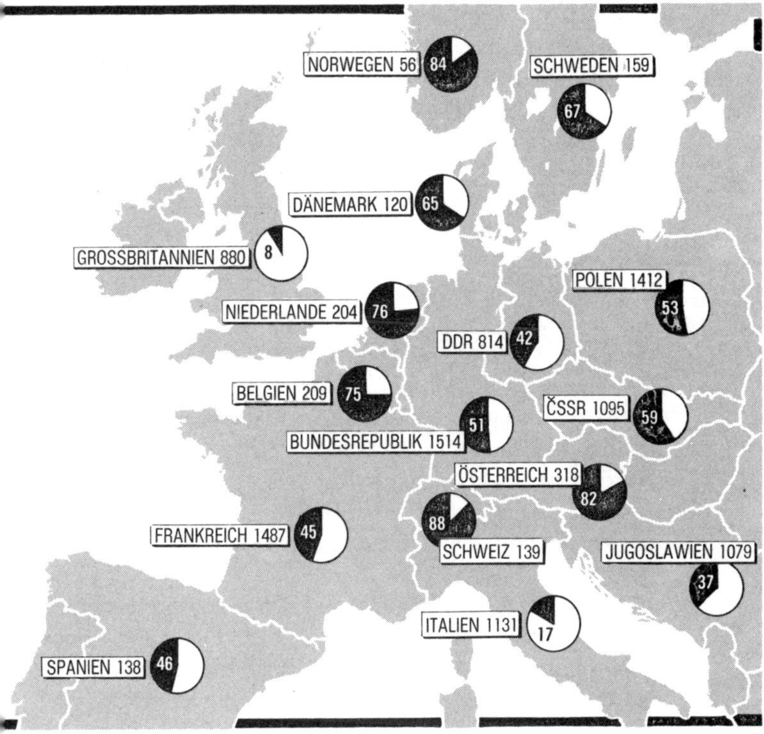

Westdeutschland hat, ähnlich wie Frankreich, eine nahezu ausgeglichene Säurebilanz. Heinz Detlef Gregor, SO_2-Experte im Umweltbundesamt, bringt den Ringtausch auf die flotte Formel: „Die Franzosen säbeln uns den Schwarzwald ab, und wir helfen den Engländern dabei, die skandinavischen Wälder auszurotten.“ Bisweilen, wenn der Wind aus dem Osten bläst, geht über Westdeutschland auch DDR-Dreck nieder, beispielsweise aus der Zellstoff-Fabrik

Blankenstein. Für Bayerns Ministerpräsidenten Franz Josef Strauß war das schon Anlaß, von Ost-Berlin 162 000 Mark zu verlangen – als Ersatz für „Zuwachsausfall und Düngung" in den Wäldern rund um Hof.

Vor allem aber wehen die sozialistischen Länder sich wechselseitig die Abgase zu. In Polen sind, vor allem in den Bezirken Krakau und Kattowitz, zumindest 263 000 Hektar Wald „immissionsgeschädigt"; von Jahr zu Jahr werden es mehr. Im Süden der DDR mußte ein rund 50 000 Hektar großes „Sonderbewirtschaftungsgebiet ‚Rauchgeschädigte Bestockungen' " ausgewiesen werden. Bei einem Besuch im tschechischen Riesengebirge wurde dem Forstdirektor Hans Bibelriether, Leiter der Nationalparkverwaltung im Bayerischen Wald, „angst und bange". An den hochgelegenen Hängen der Schneekoppe hart an der polnischen Grenze sah er zwischen Spindlersmühl und Spindlersbaude kilometerweit nur toten Fichtenwald. Es waren SO_2-Emissionen aus tschechischen Braunkohlekraftwerken, die in den sechziger Jahren 160 000 Hektar Fichtenwald in Nordböhmen verseuchten. Auf „vielen tausend Hektar", schreibt der nordrhein-westfälische Luftforscher Wilhelm Knabe, sei dort „Totalschaden" zu registrieren.

In den betroffenen Ländern hat das SO_2-Bombardement außenpolitische Aktivitäten ausgelöst. Die DDR unternahm diplomatische Schritte gen Prag. Im amerikanischen Nord-Süd-Konflikt um den Schwefelregen kämpft Kanada mit Filmen, Buttons und Broschüren gegen Pläne der Reagan-Regierung, die US-Luftreinhaltungsgesetze zu lokkern. „Wenn der saure Todesregen nicht gestoppt wird", drohte der kanadische Umweltbeauftragte John Roberts dem großen Bruder im Süden, „wird es Konsequenzen für die bilateralen Beziehungen geben."

Schwedens Fremdenverkehrsämter verteilten 1981 erstmals Flugblätter, auf denen Touristen in deutscher und englischer Sprache um diplomatische Dienste gebeten wurden: Die Besucher sollen an die Regierungen in Bonn und London appellieren, den SO_2-Export einzuschränken. In Schweden und in Norwegen hat der Schwefelregen zu den schwersten Umweltschäden in der Geschichte dieser Länder geführt. Deutlicher als in den Wäldern schlagen sich die Folgen der SO_2-Immissionen in den Seen Skandinaviens nieder: Weil die Säurepegel nordischer Gewässer zum Teil denen von Tomatensaft und Weinessig gleichen, sind 20 000 kristallklare Seen biologisch so gut wie tot, mehr als 10 000 weitere in akuter Gefahr.

Nachdem jahrtausendelang die skandinavischen Urgestein-Seen mit ihrem sauberen Wasser, eingebettet in Granit und Gneis, ideale Lebensbedingungen für zahlreiche Edelfischarten geboten hatten, begann in den sechziger Jahren zunehmende Versäuerung die meisten Lebewesen dahinzuraffen – zunächst Wasserflöhe, dann Eier und Brut der Forelle, schließlich Karpfen und Zander, Barsch und Hecht. Zwar gibt Schweden jährlich rund 15 Millionen Kronen für das Kalken seiner Seen aus. Doch das sei, so der nationale Sportfischerverband, „nur eine ‚aufhaltende Verteidigung‘ und kann nur vorübergehend einige wenige Seen retten“.

Auch in Kanada sind einige tausend Gewässer bereits biologisch tot. Die Zahl der betroffenen Seen wird, so eine Regierungsstudie, bis zum Jahr 2000 auf 48 000 steigen, wenn sich die Verseuchung der Niederschläge nicht reduzieren läßt. Häufig kippen im Frühjahr zuvor kaum belastete Gewässer schlagartig um – ein Phänomen, für das Forscher eine einleuchtende Erklärung gefunden haben: Weil in Eiskristallen die sauren Verunreinigungen an der Peripherie angelagert sind, fließen bei der Schneeschmelze bis zu 80 Prozent der Schadstoffe sogleich mit dem ersten Drittel des Schmelzwassers ab. Besonders tückisch wirkt die Schwefelsäure, weil sie giftige Metalle wie Beryllium, Cadmium, Quecksilber, Blei, Nickel, Zinn und vor allem Aluminium, das dritthäufigste Element in der Erdkruste, aus Sanden und Sedimenten zu lösen vermag. In US-Seen wurde beobachtet, daß Fische am Absterben ihres Kiemengewebes zugrunde gehen, hervorgerufen durch eine Aluminiumvergiftung.

Von der westdeutschen Öffentlichkeit kaum bemerkt, hat der Säureregen auch in Teilen der Bundesrepublik schon Fisch- und Amphibiensterben ausgelöst. So machte Nationalpark-Verwalter Hans Bibelriether publik, daß in Ostbayern, wo im August 1981 Regen mit dem Säurewert pH 3,4 niederging, „die makellos erscheinenden Bergbäche“ nunmehr „fast völlig fischleer“ seien. In der Lüneburger Heide ergab eine im April 1982 abgeschlossene Studie, daß in den übersäuerten Gewässern 99 Prozent des Moorfrosch-Laichs abgestorben sind. Der Mainzer Geoökologe Manfred Krieter hat nachgewiesen, daß auch „die meisten Gewässer im südlichen Hunsrück heute bereits als biologisch tot angesehen werden müssen“. Krieter: „Wo vor 60 Jahren noch die Lebensgemeinschaft im Wasser intakt war und Forellen sich tummelten, herrschen nun abiotische Verhältnisse. Das klare Wasser ist gleichsam sterilisiert durch den tiefen Säuregrad (3,0 bis 4,5).“

In Kanada und Skandinavien lassen sich bereits andere Konsequenzen des Säureregens ablesen, die der Bundesrepublik womöglich ebenfalls noch bevorstehen. So läßt das aggressive Naß in Norwegen Metalle rosten, die gegen Oxidation relativ widerstandsfähig sind. In den Turbinen-Zuleitungen von Wasserkraftwerken korrodiert außer Aluminium auch galvanisierter Stahl. Saures Grundwasser löst in der schwedischen Provinz Kupferleitungen auf, was bisweilen bizarre Effekte verursacht: Wer das mit Metallverbindungen angereicherte Wasser zum Haarewaschen verwendet, dem kann widerfahren, daß sich seine blonden Locken blaugrün verfärben. Bei schwedischen Kleinkindern häufen sich Durchfallkrankheiten, seit vielerorts mehr als ein Milligramm Kupfer pro Liter Trinkwasser gemessen wird. Bei erhöhten Aluminiumwerten im Wasser werden auf Hühnerfarmen, wie Fachleute im Mai 1981 bei einer

Schwefelregen-Konferenz in Göteborg berichteten, Eier mit dünner Schale produziert. Die Schweden beunruhigt jedoch vor allem, daß in ihrer Forstindustrie – einer der ökonomischen Säulen des Landes – die Erträge seit langem zurückgehen. In südschwedischen Wäldern registrieren Forstforscher Jahr für Jahr einen Zuwachsverlust von vier Prozent.

Wolter

„Nur weiter, der PH-Wert bleibt konstant – knochenhart!"

Auch die zerstörerischen Auswirkungen des Säureregens auf Bauten und Kunstwerke machen sich weltweit bemerkbar. Ob an der Akropolis in Athen oder an Bronze-Skulpturen in München, an Denkmälern in New York, an der Sphinx in Ägypten oder an Marmorstatuen im Garten des Potsdamer Schlosses Sanssouci – überall zerfrißt das saure Naß das Material. Schwefeldioxid ist nach einer Untersuchung des Umweltbundesamtes „für die Mehrzahl aller immissionsbedingten Werkstoffschäden verantwortlich". Denn SO_2 löst nicht nur aus Baumaterialien die Kalkanteile heraus (wobei gefügesprengender Gips entsteht), sondern zersetzt auch Anstriche, läßt Leder zerfallen, macht Papier brüchig und Textilien wie Baumwolle, Leinen und Nylon mürbe. Auf Glasgemälden bildet Säureregen eine „schädliche Wettersteinschicht“ (Umweltbundesamt), die vielerorts bunte Kirchenfenster blind werden läßt.

Komplexe Folgen der sauren Niederschläge zeichnen sich für die Wasserwirtschaft ab. Denn auch die Filterwirkung des Waldes ist gefährdet, die dazu beiträgt, das Grundwasser zu schützen. Der Mainzer Geoökologe Krieter berichtet: „Der Säureregen und die unter seiner Einwirkung im Boden mobilisierten Aluminium- und Schwermetallfrachten schlagen im Hunsrück voll über das Sicker- und Grundwasser bis letztlich zum Quellwasser durch. Es ist nur noch eine Frage der Zeit, wann nach dem Tod der Oberflächengewässer als nächstes das Grundwasser wegen toxikologischer Bedenken keine Verwendung zu Trinkwasserzwecken mehr finden kann.“ Im Quellwasser aus Gebieten am Westrand des Kaufunger Waldes wurden pH-Werte von 3,75 und hochgiftige Aluminium-Konzentrationen (sieben Milligramm pro Liter) gemessen. Auch dort bahne sich, mahnt der Göttinger Bodenkundler Ulrich, eine in ihren Ausmaßen noch weithin unbekannte „Gefährdung der Hydrosphäre“ an.

Obendrein steht zu erwarten, daß das Siechtum der Wälder das Klima und die Qualität der Atemluft beeinflußt – etwa wenn weiterhin die im Ruhrgebiet eigens angepflanzten „Immissionschutzwälder“ an jener Luftverschmutzung eingehen, die sie eigentlich mindern sollten. Die Erkrankung selbst der industriefernen Bergwälder muß sich im übrigen um so verhängnisvoller auswirken, als viele andere einstmals baumbestandene Gebiete längst laublos sind: Die meisten westdeutschen Feldgehölze wurden während des vergangenen Vierteljahrhunderts der Flurbereinigung geopfert; die letzten Flußwälder weichen samt ihrer Flora und Fauna ehrgeizigen Wasserbauprojekten (siehe Kapitel „Wo die Natur den Bach runtergeht“). Und das innerstädtische Grün ist vor allem durch Autoabgase und den Einsatz von Streusalz vielerorts sterbenskrank geworden (siehe Kapitel „Im Jahr 2000 ohne Bäume?“).

Bei anhaltendem Vitalitätsverfall des deutschen Waldes wird auch die Volkswirtschaft Schaden nehmen. Schon 1980 verbrauchte die Bundesrepublik das Doppelte jener 30 Millionen Festmeter Holz, die alljährlich im Inland geschlagen werden. Die Holzimporte belasten die Bonner Außenhandelsbilanz jährlich mit sechs Milliarden Mark; die Einfuhr von Holz und Holzprodukten liegt, nach dem Öl, auf Platz zwei der Importstatistik. Bis zum Jahr 2000 wird, wie der Forstkundler Professor Hans-Joachim Fröhlich schätzt, die Nachfrage um 60 Prozent zunehmen. Die tropischen Regenwälder Afrikas und Amazoniens jedoch fallen schon in wenigen Jahrzehnten als Holzlieferanten aus. Nach einer Prognose des Amerikanischen Rates für Umweltqualität wird der Raubbau an den scheinbar endlosen Dschungeln in vierzig Jahren mangels Biomasse ein jähes Ende finden. „Im Jahr 2020", so die US-Experten, „dürfte aller physisch erreichbare Wald in den unterentwikkelten Ländern abgeholzt sein."

Gründe genug also, mit den bundesdeutschen Wäldern schonend umzugehen – zumal nicht allein die Bäume sterben. Mehr und mehr werden, so steht zu befürchten, Sträucher und Kräuter dahinschwinden, wenn sich die Schwefelschwaden nicht reduzieren lassen. Schlüssig scheint, was der Göttinger Forstkundler Ulrich voraussagt: Wenn das Regenwasser in Deutschland weiterhin deutlich sauer bleibt, müsse die ständige Überforderung des Erdreichs dazu führen, daß die alkalischen „Puffersubstanzen" im Humus zur Neige gehen. Folglich werde der Säuregrad des Bodens allmählich dem pH-Wert des Regens „zustreben", also um das Zehn- bis Hundertfache zunehmen. Ulrich: „Die Böden pfeifen zum größten Teil schon jetzt auf dem letzten Loch."

Boden-Übersäuerung fördert, neben manch anderem Übel, die Anreicherung hochgiftiger Schwermetalle. Die Funktion der Blattorgane vieler Pflanzenarten wird dadurch so beeinträchtigt, daß es, wie der Berliner Biologe Adolf Kloke warnt, „zu Ertragsminderungen oder gar zur Verhinderung jeglichen Pflanzenwachstums“ kommen kann. Großflächige Säureregen-Schäden in der westdeutschen Landwirtschaft scheinen bislang vor allem aus einem Grund ausgeblieben zu sein: Jährlich wird schon jetzt im Durchschnitt mehr als ein Zentner Kalziumoxid pro Hektar landwirtschaftlicher Fläche ausgestreut. Diese Menge sei, so das Umweltbundesamt, „inzwischen erforderlich“, um „einer Versauerung durch ... Luftverunreinigungen entgegenzuwirken“.

Auch abseits der Agrarsteppen droht Gefahr: Von den rund 60 000 pflanzlichen Organismen, die es in der Bundesrepublik gibt, sind nach einer Schätzung des Kieler Ökologen Professor Berndt Heydemann ungefähr die Hälfte „empfindlich“ gegen so tückische Abluft-Bestandteile wie Schwefeldioxid. Am dramatischsten mutet der Rückgang der besonders sensiblen Flechten an; im Münsterland ist die Zahl der Flechtenarten schon von 111 auf 11 gesunken.

Wie Insekten und Säuger auf steigende SO_2-Immissionen reagieren, ist noch kaum abzusehen. Neuere Forschungsergebnisse nähren böse Befürchtungen. Wissenschaftler der National Academy of Sciences in Washington machten Anfang 1981 publik, daß die Männchen der Furchenbiene (Lasioglossum zephyrum) ihre Flugfähigkeit schon bei Schwefeldioxid-Konzentrationen einbüßen, wie sie auch in Westeuropa gemessen werden. Das Gift scheint die Flugmuskulatur der Insekten zu lähmen, die aufgrund der intensiven Atmung beim Fliegen extrem anfällig für Luftverschmutzung sind. Und mit der Flugfähigkeit büßen die Männchen auch ihre Paarungsfähigkeit ein.

Wenn Experimente mit anderen Bienenarten zu ähnlichen Resultaten führen, steht mehr auf dem Spiel als nur die Existenz einiger Tier-Spezies. Denn 80 Prozent aller insektenbestäubten Nutz-, Zier- und Wildpflanzen sind auf Bestäubung durch Bienen angewiesen. Durch Chemiegifte und Seuchen aber ist die Zahl der Bienenvölker in der Bundesrepublik seit 1950 ohnehin schon um mehr als die Hälfte gesunken. Und was den Bienen und dem Pflanzen-

Abendzeitung, Blaumeister

Zukunftsvision

wuchs schadet, kann auch der Mensch auf Dauer nicht verwinden.

Die Bundesregierung hat zwar bereits 1974 als Standard für SO_2-Emissionen 140 Mikrogramm pro Kubikmeter Luft festgelegt. Dieser Wert jedoch liegt weit über der Empfehlung der Weltgesundheitsorganisation (60 Mikrogramm), und er wird vielerorts überschritten. Der Berliner Professor Martin Jänicke, der Anfang 1981 die Staub- und SO_2-Belastungen von mehr als hundert Großstädten in Ost und West miteinander verglichen hat, fand Verblüffendes heraus: Beim Giftgehalt der Luft wird Berlin „nur von einigen ost- und südeuropäischen Städten“ übertroffen; schlechter dran sind Mailand, Halle und Ankara. In Dortmund und Oberhausen ist die Luft schwefelhaltiger als in Hongkong oder Tokio. Städte wie Hamburg, Frankfurt, Kassel und der Kurort Wiesbaden liegen gleichauf mit der US-Industriemetropole Chicago.

Bereits bei 110 Mikrogramm Schwefeldioxid pro Kubikmeter Luft in Verbindung mit Schwebstaub registrieren Mediziner eine vermehrte Häufung von Atemwegsleiden bei Erwachsenen. Werden mehrere Tage lang 500 Mikrogramm gemessen, ist laut Umweltbundesamt „eine erhöhte Mortalitätsrate ... bei älteren Menschen festzustellen“ – ein Wert, der weit unter der 800-Mikrogramm-Grenze liegt, bei deren Überschreiten Smog-Alarm der (niedrigsten) Stufe eins gegeben werden soll. Bewohner des Berliner Bezirks Wedding jedoch mußten in den letzten Jahren zeitweise Schwefeldioxid-Belastungen von etwa 2000 Mikrogramm ertragen. Drei von vier Kindern in Dortmund haben nach einer Untersuchung des Gesundheitsministeriums infolge der schlechten Luft geschwollene Lymphknoten am Hals, in Duisburg liegt die Zahl der Bronchitiskranken mit 21,1 Prozent fast doppelt so hoch wie in sauberen Landstrichen.

Es sieht auch nicht nach Zufall aus, daß im Saarland wie in Nordrhein-Westfalen, Ländern mit besonders hoher SO_2-Belastung, Krebserkrankungen der Atmungsorgane besonders häufig auftreten – mit 109,3 beziehungsweise 90,0 Toten pro 100 000 Männer, gegenüber 62,3 beispielsweise in Bayern. Der Düsseldorfer Mediziner Professor Hans-Werner Schlipköter hatte schon vor Jahren gewarnt, die zunehmende Übersäuerung der Luft führe zu einer „verstärkten Aufnahme des eingeatmeten Staubes in der Lunge“. Mit „Extrakten von Stäuben, die zum Beispiel in Düsseldorf und Bochum aufgefangen wurden“, ließen sich „im Tierexperiment bösartige Tumore“ erzeugen. Der Hamburger Biochemiker Professor Gernot Grimmer wies bereits Anfang der siebziger Jahre bei einem Bundestagshearing darauf hin, daß die Wirkung bestimmter zweifelsohne krebserregender Kohlenwasserstoffe wie Benzpyren durch „aggressive Fremdstoffe, die das Flimmerepithel der Bronchien zerstören“, noch gefördert werden könne. In Frage komme da, so Grimmer, „vor allem SO_2“.

Verstärkt wird durch Schwefeldioxid auch die krankmachende Wirkung von anderen, gleichfalls sauer reagierenden Schadstoffen, deren Emission ständig steigt: gasförmige Stickstoff-Sauerstoff-Verbindungen, die von Kraftfahrzeugen, Kohlekraftwerken und Düngemittelfabriken ausgeworfen werden. Diese Stickoxide, die laut Umweltbundesamt „Lungenentzündungen mit tödlichem Ausgang“ hervorrufen können, lassen in Kombination mit SO_2 sowie Kohlenmonoxid „in noch unbekanntem Ausmaß“ sogenannte Nitrosoverbindungen entstehen. Die wiederum können, so das Berliner Amt, „cancerogene Wirkung“ entfalten, also Krebs auslösen.

In den letzten Jahren ist denn auch die Zahl jener Wissenschaftler gestiegen, die Zusammenhänge zwischen der hochgradigen Luftverschmutzung und dem Umstand sehen, daß Westdeutschland, bezogen auf die Bevölkerungszahl, eine der höchsten Krebsraten der Welt hat. Derzeit werden in der Bundesrepublik, bei steigender Tendenz, mehr als 150 000 Krebstote pro Jahr gemeldet; bei Kindern ist Krebs, nach Verkehrsunfällen, die zweithöchste Todesursache. Ein Bonner Symposium des Stifterverbandes für die Deutsche Wissenschaft beschäftigte sich Anfang November 1981 mit den politischen Schwerpunkten der achtziger Jahre. Professor Peter Schwartz vom kalifornischen Stanford Research Institute wagte die Prognose, zu den Hauptproblemfeldern der US-Innenpolitik würden künftig „Krebsepidemien vor allem bei Kindern“ zählen, verursacht durch industrielle Emissionen wie den „acid rain“.

Auf eine andere Gefahr hat Anfang 1981 eine Forschergruppe der nordschwedischen Universität Umeå hingewiesen: Die Wissenschaftler haben handfeste Anhaltspunkte dafür gefunden, daß Schwefeldioxid auch zu Erbschäden führen kann. Das Gift verursache, so die schwedischen Mediziner, Chromosomendefekte, die Mißbildungen von Embryos auslösen. Das Gewicht von Neugeborenen, deren Mütter während der Schwangerschaft in schwefelverseuchten Gebieten wohnten, sei niedriger als das von Kindern, deren Eltern in Reinluft-Zonen lebten. Auch Fehlgeburten mehrten sich infolge hoher SO_2-Belastung.

Als erwiesen gilt schon seit etlichen Jahren, daß Schwefeldioxid den Menschen nicht nur per Luft angreift, sondern auch gleichsam zu Lande. Denn: Der Säuregehalt des Regens, der sich aufgrund der SO_2-Emissionen in industriellen Regionen der Bundesrepublik seit 1965 mehr als verzehnfacht hat, erhöht die sogenannte Pflanzenverfügbarkeit hochgiftiger Schwermetalle wie Cadmium, die unter anderem mit Klärschlamm, Abgasen und Phosphatdünger zunehmend auf die Äcker aufgebracht werden. (Während der letzten Jahre hat sich der Cadmiumgehalt des bundesdeutschen Bodens von 100 auf 400 Mikrogramm pro Kilo erhöht.)

Die Kombination von Cadmium und Säureregen kann tödlich wirken. Schwefelversäuerter Boden nämlich ermöglicht es diversen Nahrungs- und Futterpflanzen, das Drei- bis Zehnfache der üblichen Cadmium-Menge zu speichern. Im menschlichen Organismus, der Cadmium mit dem Verzehr von Eiern, Kartoffeln, Gemüse, Getreide, Pilzen, Rind- und Kalbfleisch aufnimmt, wird das schwer abbaubare Gift durch das Blut transportiert und in der Niere ausgefiltert, wo sich die Cadmium-Konzentration lebenslang kontinuierlich erhöht.

Schon jetzt beträgt die durchschnittliche orale Cadmium-Aufnahme der Westdeutschen laut Umweltbundesamt „70 bis 80 Prozent“ des Wertes, den die Weltgesundheitsorganisation als „oberste tolerierbare Aufnahme“ angibt. In industrienahen Wohnorten und bei einseitiger Ernährung wird der WHO-Standard bereits überschritten. Zwar droht in der Bundesrepublik noch keine Cadmium-Katastrophe wie in Japan, wo die „Itai-itai-Krankheit“ (deutsch: „Aua-aua“) Hunderte von Menschen dahinraffte. Aber schon jetzt leiden nach Angaben des Umweltbundesamtes in der Gruppe der über 50jährigen Westdeutschen „10000 bis 100000 Personen“ an eindeutig cadmiumbedingten Nierenfunktionsstörungen. Anhaltende Übersäuerung des Bodens durch SO_2 wird die Krankheitsrate weiter emportreiben. Der Schwefelregen, warnte das Bundesamt, sei „geeignet, die Kontamination der Nahrungsmittel weiter ansteigen“ und damit „langfristig zu einer ernsthaften Gefahr für die allgemeine Gesundheit“ werden zu lassen.

Mithin deutet vieles darauf hin, daß die durch den Schwefelregen mitbewirkte, weder mit dem Auge noch mit dem Geruchssinn wahrnehmbare Belastung des Bodens sich als ebenso bedrohlich erweisen kann wie die offenkundige, augenfällige Verschmutzung von Flüssen, die Verseuchung der Luft und das Verkümmern der Wälder. Schon seien, teilte der Düsseldorfer Landwirtschaftsminister Bäumer mit, auf landwirtschaftlich genutzten Flächen im Ruhrgebiet die „Bedenklichkeitsschwellen“ für giftige Schwermetalle wie Cadmium „an zahlreichen Meßstellen überschritten“.

Bodenkundler wissen, was das bedeutet. Während Luft und Wasser gereinigt werden können, ist die Eliminierung der kaum abbaubaren Schwermetalle aus größeren landwirtschaftlichen Arealen technisch schlechterdings nicht möglich. Bayerns Umweltminister Alfons Dick mußte im April 1982 einräumen, „daß zahlreiche Nahrungsmittel in einem Umfang gefährdet sein können, den wir noch vor einigen Jahren nicht für möglich gehalten hätten“. Sein Bonner Kollege Baum denkt bereits an Konsequenzen: „Wenn es uns nicht heute gelingt, den Cadmium-Eintrag in unsere Böden drastisch zu verringern, werden wir in den nächsten Jahrzehnten große landwirtschaftliche Flächen aus der Nahrungsmittelproduktion herausnehmen müssen.“

III
Dokumente der Dummheit

Die Auswirkungen des Säure-Regens – Krankheiten und Naturzerstörung – waren vorhersehbar. Wissenschaftler warnten schon um 1970 vor den Konsequenzen eines gemeingefährlich laschen Luftreinhaltungsrechts. Doch die Mahner wurden verspottet: „Zarte Molche“ seien ihnen wichtiger als Arbeitsplätze. Protokolle Bonner Anhörungen zur Luftreinhaltung lesen sich nach Ansicht von Kritikern wie „Dokumente der Dummheit“. Noch im November 1981 legte die Bundesregierung einen Entwurf zur Änderung des Immissionsschutzrechtes vor, der, wie Umweltschützer fürchten, „mit absoluter Sicherheit zu weiterer, alles Bisherige in den Schatten stellender“ Naturzerstörung führt.

Für den Göttinger Professor Bernhard Ulrich besteht schon kein Zweifel mehr, was die kahlen Tannen in den Forsten und die dahinkümmernden Alleen in den Städten ankündigen: Europa und womöglich die gesamte nördliche Hemisphäre, meint der Wissenschaftler, stünden am Anfang „einer sich über mehrere menschliche Generationen dahinziehenden Waldvernichtung“ durch industriell erzeugten Luftschmutz wie Schwefeldioxid. Wenn Ulrich recht hat, droht, so sein Münchner Kollege Peter Schütt, „die gigantischste Umweltkatastrophe, die es je gab“.

Die Mitglieder des Bonner Bundestages können die Symptome bequem auch auf dem Weg zur Arbeit besichtigen. An der Heuss-Allee, die zum Bundeshaus führt, mußten 1981 ein Dutzend junge Platanen gepflanzt werden, weil ihre Vorgänger buchstäblich erstickt waren. Gleichwohl haben die meisten Bonner Politiker in dem bundesweiten Wald- und Baumsterben jahrelang kaum ein Thema gesehen. Wenn der Walduntergang einem Abgeordneten mal eine Anfrage wert war, gab Forst- und Bauernminister Josef Ertl nichtssagende Antworten. So blockte er die Fragesteller ab, sie bezeichneten den Niedergang der Nadelwälder „etwas voreilig“ als Fichtensterben. Über das Ausmaß der Erscheinung ließen sich „keine genauen Angaben machen“. Über die Ursachen bestehe „ebenfalls keine Klarheit“. Mithin, erklärte der Freidemokrat, sehe er auch „keine Möglichkeit, kurzfristig die weitere Ausbreitung“ zu verhindern.

Zwar berief der Landwirtschaftsminister im Juli 1981 ein Expertenteam, das ergründen soll, warum der Wald auf dem absteigenden Ast ist. Aber allzu genau, argwöhnten Ertl-Kritiker lange Zeit, wollte der Minister über die Ursachen des Waldsterbens gar nicht informiert werden. Bundesregierung wie Landesregierungen hätten sich, klagte der Münchner Professor Schütt, in Sachen Tannensterben „auf beiden Ohren taub gestellt“: „Die wollen verhindern“, mutmaßt der Wissenschaftler, „daß das ganze Ausmaß des Falles ans Tageslicht kommt.“

Kein Wunder. Würden Bundes- und Landespolitiker die These akzeptieren, daß die industrielle Luftverschmutzung den Tod von Menschen wie von Wäldern verursacht, so müßten sie bestätigen, was sie noch vor wenigen Jahren bestritten haben. Blamiert wären die Freidemokraten, deren Umweltminister Genscher, Maihofer und Baum laut Regierungspropaganda der Republik das beste Umweltrecht der Welt beschert haben; viele Sozialdemokraten, die unter dem Druck von Gewerkschaftern jahrelang dazu beigetragen haben, Entwürfe zum Luftreinhaltungsrecht zu verwässern, weil von denen angeblich Arbeitsplatz-Gefährdung drohte; und die Unionschristen, denen selbst die laschen Vorlagen der Regierungsparteien zu weit gingen und die mit Hilfe des Bundesrates jede Verbesserung der Luft-Gesetze blockiert haben.

Eine Anatomie der Bonner Immissionsschutzgesetzgebung der letzten Jahrzehnte fördert zutage, was symptomatisch für die Behandlung chemischer Schadstoffe jeglicher Art anmutet, von Klärschlämmen über Quecksilber bis hin zum Plutonium: die Neigung der Verantwortlichen, Industriegifte lieber physisch und psychisch zu verdrängen als sie zu beseitigen. Und: Die parlamentarische Behandlung umweltpolitischer Fragen verrät allzuoft blanke Unkenntnis ökologischer Zusammenhänge. Wie „Dokumente der Dummheit", urteilte die „Süddeutsche Zeitung", läsen sich die Protokolle jener Bonner Sitzungen, in denen die SO_2-Belastung der Luft erörtert worden ist.

Dummheit Nummer eins ist die Annahme, wer Hochgiftiges nur weit genug von sich fortschiebe, sei schon entsorgt. Gerade das Beispiel SO_2 demonstriert die Gültigkeit einer schlichten Regel, die der „Bund für Umwelt und Naturschutz Deutschland" als Paragraph 1 eines fiktiven „Gesetzes der Ökologie" propagiert: „Alles muß irgendwo bleiben."

Auch wenn Schwefelgase von hohen Schloten in jene Schichten, 3000 Meter über dem Erdboden, emporgeblasen werden, in denen ewige Winde wehen – herunter kommen die Gifte immer, wenn auch großenteils im Ausland. Weil aber Wirtschaftsgiganten wie die USA und die Bundesrepublik zumindest ebensoviel Schmutz exportieren, wie sie importieren, haben sie vergleichsweise wenig Interesse an der Ausarbeitung internationaler Verträge, die sich streng am Verursacherprinzip orientieren.

Das Wettrüsten der Schornsteinbauer hält unvermindert an. Ähnlich wie bei Rüstungskontrollverhandlungen zeigt sich kein Land zu Vorleistungen bereit. Jedwedes nationale Gesetz, das eine bessere Rauchentgiftung strikt vorschreibt, würde, so die Logik der Ökonomisten, Wettbewerbsverzerrungen zu Lasten der heimischen Wirtschaft bewirken. Entsprechende Gesetzentwürfe werden mithin von den Interessenverbänden regelmäßig bekämpft. Das Argument, zunächst einmal sei internationale „Harmonisierung" vonnöten, wird dabei „immer wieder", wie der Rheinisch-Westfälische Technische Überwachungsverein rügte, von der Industrie „als Vorwand gebraucht, um die Anforderungen, die wir beispielsweise bei der Entstaubung stellen wollen, herunterzuschrauben“.

Auf internationalen Konferenzen sind in den letzten Jahren zwar einige Vereinbarungen getroffen worden, um die SO_2- Emissionen generell, vor allem aber deren grenzüberschreitenden Ferntransport zu reduzieren – aber gerade so vage, wie sich bei der Interessenlage erwarten ließ. Eine von 34 Nationen aus Ost und West 1979 in Genf unterzeichnete Konvention verpflichtet die nationalen Industrien lediglich, den Export von luftigem Giftmüll „soweit wie möglich“ einzuschränken. Irgendwelche Höchstgrenzen oder Sanktionen schreibt das Pakt-Papier nicht vor.

In den Vereinigten Staaten, immerhin, hat eine breite Diskussion über die Auswirkungen von SO_2-Emissionen eingesetzt, die aus Industriebetrieben vor allem in Ohio, Indiana, Missouri, Pennsylvania und Illinois emporsteigen. Anlaß der öffentlichen Erörterung war jedoch weniger der Umstand, daß die Abgase aus dem Mittleren Westen der USA Zehntausende von kanadischen Seen sterben lassen. Aufgeschreckt wurde Washington vielmehr durch die Nachricht, daß Schmutz aus US-Schornsteinen auch Gewässer im Nordosten der USA gefährdet; in Minnesota etwa drohen 35 Prozent der Seen umzukippen.

Robert Stafford, Senator aus dem US-Staat Vermont, hoch droben an der kanadischen Grenze, wetterte gegen die Industrie im Mittelwesten: „Ich glaube nicht, daß es meinem Nachbarn erlaubt sein sollte, seinen Müll auf meinen Rasen zu kippen, und dann zu sagen, er habe kein Geld für die Müllabfuhr.“ Stafford und eine Reihe anderer Senatoren legten Gesetzentwürfe vor, die zum Beispiel vorsehen, daß die SO_2-Emissionen in den USA binnen zehn Jahren um ein Drittel reduziert werden sollen. „Wenn wir jetzt nicht handeln“, sagt Staffords Mitstreiter Daniel Moynihan, „laufen wir Gefahr, Schäden anzurichten, die nicht wiedergutzumachen sind." Gleichwohl sind die Chancen dieser Gesetzentwürfe denkbar gering: Die industriefreundliche Regierung Reagan und viele Politiker aus Mittelwest haben sich den verwegenen Standpunkt der Wirtschaftslobby zu eigen gemacht, es gebe „keine sicheren Beweise dafür, daß durch eine Verringerung der Emissionen der Regen weniger sauer würde", so William Gerstner, Vizepräsident des Energiekonzerns Illinois Power.

Westdeutsche Industrievertreter argumentieren ähnlich. Vor allem der Gesamtverband des deutschen Steinkohlenbergbaus ist bemüht, die alarmierenden Meldungen aus dem deutschen Wald abzuwiegeln. Vorstandsmitglied Jochen Seeliger erteilt seiner Branche Generalabsolution: „Wir tun auf diesem Gebiet alles, was wir tun können, mehr geht nicht." Vom Kabinett Schmidt hat die Energiewirtschaft, so scheint es, eine drastische Verschärfung der Auflagen ebensowenig zu befürchten wie die US-Industrie von der Reagan-Administration. Ölverknappung und -verteuerung, Wirtschaftsflaute und Arbeitslosigkeit veranlassen Bonns Politiker, weiterhin Nachsicht gegenüber den großen Umweltverschmutzern walten zu lassen.

Zwar fordern mittlerweile auch Waldexperten im Agrarministerium eine Herabsetzung des SO_2-Limits von derzeit 140 auf 40 Mikrogramm pro Kubikmeter Luft. Zumindest sei, argumentieren Umweltschützer, eine Senkung des Standards auf 60 Mikrogramm notwendig – jene Grenze, die seit Jahren auch von der Weltgesundheitsorganisation empfohlen wird. Dennoch präsentierte die Bundesregierung 1981 einen Entwurf zur Änderung der „Technischen Anleitung zur Reinhaltung der Luft" (TA Luft), der einiges verbessert, vieles jedoch beim alten beläßt und manches wohl noch verschlimmert.

So hatten zwar die im November 1981 vom Bundesinnenministerium zum Hearing nach Bonn geladenen Industrievertreter einigen Grund zur Klage: Erstmals sollten für die hochgiftigen Schwermetalle Blei, Cadmium und Thallium verbindliche Immissionswerte festgelegt werden. Der zulässige Fluor-Auswurf wird reduziert, der Anteil von Krebsauslösern wie Asbest und Arsen auf 0,1 bis 5 Milligramm pro Kubikmeter Luft gesenkt – ohne Zweifel längst überfällige Korrekturen einer Vorschrift, die als schärfsten einschlägigen Grenzwert 20 Milligramm aufweist.

Lauter noch als die Lobby der Industrie aber führten in Bonn die Umweltschutzverbände Klage. Sie hatten erst recht Grund dazu. Entgegen dem Rat von Forstexperten, Biologen und Medizinern nämlich bleiben im Novellierungsentwurf viele allzu hohe Richtwerte unverändert. So sollen weiterhin 140 Mikrogramm Schwefeldioxid pro Kubikmeter Luft zulässig sein – obgleich der Internationale Verband Forstlicher Forschungsanstalten, besorgt über die Folgen zunehmend sauren Regens, 50 Mikrogramm als höchstzulässigen Wert ermittelt hat. Durch die Fixierung der alten Standards werde, warnte das (zur Anhörung nicht geladene) Freiburger Öko-Institut, „die technische Fortent-

Süddeutsche Zeitung, Marie Marcks

wicklung bei emissionsmindernden Maßnahmen blockiert und die unmittelbare Anwendung neuer medizinischer Erkenntnisse verhindert".

Zwar beteuerten Baums Beamte, daß die Luftverschmutzung trotz der „nominal unveränderten Grenzwerte" für SO_2 durch „Einführung präziser Verfahren zur Ermittlung der Belastung" praktisch „um bis zu 30 Prozent" reduziert werden könne. Unabhängige Umweltexperten bezweifeln jedoch, ob sich die in Aussicht gestellte SO_2-Verringerung wirklich realisieren läßt; viele erwarten sogar eine „Verschlechterung" (Deutscher Naturschutzring), ein „ökologisches Harakiri"(BUND).

Dem Entwurf ist die Antwort auf die Frage, ob er zu lasch oder zu scharf ist, nur schwer zu entnehmen: Weite Teile dieses mit Formeln gespickten „Geheimwerks für Insider" sind nach Ansicht des BBU „unverständlich oder doppeldeutig formuliert" – gerade so, als solle „die Diskussion und Anwendung des Textes auf wenige professionelle Industriefachleute und Verwaltungsjuristen beschränkt bleiben".

Einerseits sieht der Entwurf vor, daß die Beurteilungsflächen etwa zur Ermittlung saurer Niederschläge von vier mal vier Kilometern auf einen Quadratkilometer verringert werden. Und tatsächlich würde durch die Verkleinerung der Meßflächen rund um luftverunreinigende Betriebe verhindert, daß weiterhin bis zum Dreifachen überhöhte Belastungen in Werksnähe mit Hilfe unterdurchschnittlicher Werte aus der weiteren Umgebung „weggemittelt" werden. Andererseits aber soll die Verringerung der Beurteilungsflächen *nicht* in relativ wenig belasteten Gebieten gelten und auch *nicht* in solchen Regionen, in denen die Auswürfe kontinuierlich gemessen werden; im wesentlichen sind das stärker belastete Zonen. Das bedeute, folgern BBU-Experten, daß die von Baum angekündigte Verschärfung der Meßmethoden „praktisch nicht zur Anwendung kommt".

Daß der Innenminister mit der „ ‚Verschärfung' umweltrechtlicher Bestimmungen auf den Lippen" in Wahrheit „hauptsächlich die Investitionsmöglichkeiten der Industrie auf Kosten gesundheitlicher und ökologischer Schutzziele" erweitern will, glaubten Entwurfskritiker auch einer Reihe anderer Details entnehmen zu können. Entfallen soll künftig der sogenannte Kurzzeitwert, in dem sich Schadstoff-Spitzenbelastungen rechnerisch besonders stark niederschlagen und den Experten daher als „Genehmigungshindernis Nummer eins" bezeichnen. Werde dieser Wert nicht mehr berücksichtigt, dann sei, fürchtet der BBU, in topographisch und meteorologisch benachteiligten Gebieten eine „Verringerung des Immissionsschutzes" die Folge.

Einen speziellen Schutz von Tieren und Pflanzen sieht der Entwurf nur dann vor, wenn in Nationalparks und Naturschutzgebieten – die kaum ein Prozent der Bundesfläche ausmachen – ein „bedeutender Bestand" bedroht ist. In diesem Fall soll die SO_2-Belastung regional auf 60 Mikrogramm begrenzt werden. Gegen diese Klausel wenden Umweltschützer ein, daß 60 Mikrogramm hinreichen, viele Lebewesen, auch Bäume, dauerhaft zu schädigen. Vor allem aber sei die Vorschrift ein Freibrief für die „generelle Ausrottung von Tieren und Pflanzen außerhalb von Naturschutzgebieten und Nationalparks" (BBU). Schutz von Flora und Fauna vor allzuviel Schwefelschmutz soll zwar auch in der „Nachbarschaft" von Industriebetrieben gewährt werden können – allerdings nicht dort, wo die Luftverseuchung schon „ortsüblich" ist. Der BBU vergleicht diese Politik („Was belastet ist, ist eh verdorben") mit „einer Strafverfolgung, die in Unterweltsvierteln mit der Begründung einer ohnehin zu hohen Kriminalitätsrate ausgesetzt wird".

Für besonders gefährlich halten Entwurfskritiker im BBU, aber auch im DGB, eine neue „Sanierungsklausel", die vorsieht, daß in hochgradig belasteten Gebieten zusätzliche Anlagen genehmigt werden dürfen, wenn der Antragsteller eine „Verminderung der Emissionen aus anderen von ihm rechtmäßig betriebenen Anlagen" anbietet. Dieser „Kuhhandelsparagraph" führe zur „Vermarktung des Allgemeinguts Luft" und berge, meint der BBU, die „akute

Gefahr, daß stark emittierende Altanlagen mit der Zielsetzung in Betrieb gehalten werden, sie als ‚Emissionspfand' für die Genehmigung von Neuanlagen zu benutzen".

Mit einer Reihe anderer Bestimmungen würde Bonns Luftreinhaltungsrecht nach Ansicht des BBU künftig festschreiben, was es schon seit langem bewirkt: eine „Politik der hohen Schornsteine". Die Vorlage verdiene daher den Titel „Technische Anleitung zur gleichmäßigen Verteilung der Luftverschmutzung". Baums Entwurf, fürchten auch die

metall, Peter Leger

Baums Baumschule

Waldbesitzer, „entlastet zwar die unmittelbare Umgebung, verlagert aber damit die Schäden großräumig in die bisher ökologisch noch intakten Gebiete". Wenn die Vorschrift, wie geplant, mit unveränderten, „unverantwortlich hohen" SO_2-Werten in Kraft trete, werde es, prophezeit der Deutsche Naturschutzring, „mit absoluter Sicherheit zu einer weiteren, alles Bisherige in den Schatten stellenden Waldvernichtung" kommen.

Die Luftnovelle von 1981 fügt sich in die Tradition Bonner Umweltpolitik, die vor allem von einer Eigenart geprägt scheint: Kompromißbereitschaft zu Lasten der Umwelt. Dabei hatte es Anfang der siebziger Jahre in der Bundesrepublik vorübergehend so ausgesehen, als sei die Zeit reif für die Verabschiedung wirklich durchgreifender Gesetze zur Luftreinhaltung: TV-Autor Wolfgang Menge brachte damals den SO_2-Schocker „Smog“ auf den Bildschirm. Polit-Pamphletist Klaus Staeck veröffentlichte Postkarten und Plakate, auf denen die Forderung „Die Luft gehört allen!“ von der Industrie zynisch kommentiert wird: „Aber wir bestimmen den Giftgehalt.“ Und was einer Bürgerinitiative im rheinischen Voerde, die gegen ein Kohlekraftwerk stritt, entgegengehalten wurde, gab den Titel ab für einen Dokumentenband und für ein Hörspiel von Günter Wallraff: „Was wollt ihr denn, ihr lebt ja noch.“

Sachverständige erklärten damals in Bonn, die bis dahin (schon seit 1964) gültigen SO_2-Immissionswerte seien „nicht unproblematisch“, mehr als bislang müsse der „additiven Wirkung“ mehrerer Schadstoffe, auch auf „Vorbelastete“, Rechnung getragen werden – kurzum, es gebe einen „gewaltigen Nachholbedarf an umweltschützenden Maßnahmen“. Und keinesfalls, so die Experten, dürften „Probleme in einem Teilbereich durch Belastung des anderen gelöst werden“. Dies genau geschah jedoch, als 1974 das Bundes-Immissionsschutzgesetz (BImSchG) in Kraft trat: In der dazugehörigen TA Luft wurde der höchstzulässige SO_2-Jahresmittelwert zwar von 400 auf 140 Mikrogramm pro Kubikmeter Luft herabgesetzt. Weil das Gesetz aber die Möglichkeit offenhielt, Belastungsgebiete einfach durch Höherhängen der Rauchfahnen zu entlasten, waren die Konsequenzen für Sachkenner bereits damals absehbar: Schädigung zumindest der besonders SO_2-empfindlichen Tier- und Pflanzenwelt, wahrscheinlich sogar der menschlichen Gesundheit auch weit außerhalb der Industriezonen – Effekte, die nun weithin eingetreten sind.

Bereits 1971 hatte der nordrhein-westfälische Luftforscher Wilhelm Knabe mit einem Aufsatz im „Forstarchiv" die Fachwelt darauf hingewiesen, daß Immissionsschäden nicht nur im Nahbereich, sondern auch „als unerkannte Fernwirkung in abgelegenen Wäldern auftreten" können. Doch sein Hinweis, erinnert sich Knabe heute, „verhallte im Leeren".

Ebenfalls Anfang der siebziger Jahre hatte Professor Christian Junge, Direktor des Mainzer Max-Planck-Instituts für Chemie, den Bundestag davor gewarnt, sich nur um die Beseitigung der *örtlichen* Luftverschmutzung zu bemühen: „In dem Augenblick, wo durch die Verdünnung ... die Konzentrationen unter gewissen Werten liegen, ist das Problem im allgemeinen lokal gelöst. Aber es ist nicht für den regionalen Raum und nicht für die Atmosphäre als Ganzes gelöst; denn durch die Verdünnung werden natürlich nicht die Schadstoffe aus der Atmosphäre eliminiert." Gleichwohl war den Verursachern des Säureregens bislang Erfolg beschieden bei ihren Bemühungen, umweltfreundliche Entschwefelungsvorschriften abzuwenden.

„Da die Maßnahmen zur Luftreinhaltung meistens erfolgsnegative Investitionen bedingen", so der Düsseldorfer Sozial-Ministeriale Franz-Josef Dreyhaupt, „ist die Industrie an einer raschen Entwicklung des Standes der Technik zur Luftreinhaltung nicht sehr interessiert." Wirtschaftsvertreter setzen die Umwelt-Behörden regelmäßig mit dem Argument unter Druck, Umwelt-Auflagen könnten Arbeitsplätze gefährden: „Die Genehmigungsbehörde", klagte der Düsseldorfer Dreyhaupt, „gerät in ein Dilemma zwischen Luftreinhaltung und Wirtschaftswachstum." In dieser Zwangslage konnte in der Bonner Politik die Ansicht gedeihen, die Natur sei im Zweifel stärker belastbar als die Wirtschaft. Dagegen setzen Umwelt-Verbände wie der BUND vergebens einen anderen Paragraphen ihres Öko-Gesetzes: „Nichts ist umsonst."

Der Glaube, die natürliche Umwelt sei durch menschliche Eingriffe nahezu beliebig manipulierbar, bestimmte schon zu Beginn der siebziger Jahre die Debatten über die damals gerade zur Veränderung anstehende TA Luft. Zwar mahnten bei einer Anhörung in Bonn medizinische und biologische Sachverständige, bei der Festsetzung von SO_2-Höchstwerten dürfe nicht zugrunde gelegt werden, was gesunde Menschen gerade noch aushalten. Die – um ein Vielfaches höhere – Empfindlichkeit etwa von Bäumen dürfe nicht außer acht gelassen werden.

Die Umweltexperten der Industrie aber schlugen derlei Bedenken glatt in den Wind. Ein Jahrzehnt nach dem Hearing – während Wissenschaftler millionenfaches Baumsterben registrieren und die TA Luft aufs neue novelliert werden soll – ist die Lektüre der Protokolle von einst nicht ohne Reiz. Richard Zahn, entsandt von den Farbwerken Hoechst AG in Frankfurt, etwa beteuerte, die geschädigten Wälder im Ruhrgebiet machten gerade „rund 0,5 Prozent der Gesamtwaldfläche in der Bundesrepublik" aus, der forstwirtschaftliche Schaden betrage maximal zehn Millionen Mark – was ist das schon: „Das sind, wenn Sie mir den Vergleich gestatten, weniger als fünf Prozent des Betrages, den allein die chemische Industrie jährlich für Abluftreinigungsmaßnahmen aufwendet."

„Zum Glück vertragen die Pflanzen", versicherte der Chemie-Mann, „eine nicht unerhebliche Menge an schädlichen Substanzen." Wenn ein paar Arten draufgehen sollten, sei zu bedenken, daß „in unserem hochindustrialisierten Land" eben ein „gewisses Risiko für die Vegetation in Kauf" genommen werden müsse. Im übrigen, schloß der Hoechst-Vertreter, gebe es ja die Möglichkeit, dem Land eine andere Vegetation zu verschaffen. Zahn präsentierte den Parlamentariern ein paar Tips, wie die westdeutsche Flora notfalls dem Giftgehalt der Landluft angepaßt werden könnte, nämlich: „Durch Umwandlung von Nutzwald in Erholungswald, wobei widerstandsfähigere Baumarten gewählt werden können als Fichten und Kiefern, schließlich durch Einsatz resistenter Sorten und Pflanzenherkünfte."

Ähnlich argumentieren US-Fachleute, die auf internationalen Konferenzen über die grenzüberschreitende Luftverschmutzung schon vorschlugen, daß vom Säureregen getroffene Länder gefälligst gegen Säure unempfindliche Fischarten züchten sollten. Ein kanadischer Zoologe merkte daraufhin an: „Was soll das? Wir züchten ja auch keine gasresistenten Kanarienvögel für Kohlenminen."

Unbekümmert um die ökologischen Folgen, machten die Bosse von Kraftwerken, Raffinerien und Fabriken in Bonn jahrelang Stimmung gegen SO_2-Beschränkungen. „Die haben die Stellungnahmen und Proteste mit Lieferwagen hier vorgefahren", berichtete Ministerialrat Hans-Ludwig Dreißigacker vom Umweltschutzreferat des Innenministeriums. Verbandsfunktionäre nannten die TA Luft einen „Morgenthau-Plan für die deutsche Industrie". Ein Sprecher der „Technischen Vereinigung der Großkraftwerksbetreiber" drohte gar an, aus Protest gegen das Luftrecht den Bundesbürgern das Licht auszuknipsen: „Unter Umständen muß man eine Abschaltplan aufstellen, um der Bevölkerung drastisch zu demonstrieren, wie notwendig eine gesicherte Energieversorgung ist."

Unter dem Eindruck solcher Drohungen verband Bonn vor sieben Jahren hohe SO_2-Richtwerte mit einer Fülle von wirtschaftsfreundlichen Ausnahme- und Übergangsregelungen – mit dem Effekt, daß die von Ökologen dringend empfohlene radikale Reduzierung des Schwefelausstoßes unterblieb.

Ansetzen müßte Bonn zunächst bei den Hauptemittenten, den Kraftwerken und Industriebetrieben mit 82 Prozent Anteil am SO_2-Gesamtausstoß. Doch Hunderte von Kraftwerken ließen sich bislang nicht dazu bewegen, für den nachträglichen Einbau von Entschwefelungsanlagen zu sorgen. Nach Feststellung der Düsseldorfer Landesregierung sind allein in Nordrhein-Westfalen Kohlekraftwerke mit einer Gesamtleistung von 5000 Megawatt in Betrieb, die technisch veraltet sind. Die Betreiber der Anlagen, darunter das Rheinisch-Westfälische Elektrizitätswerk, der größte private Stromversorger Europas, weigern sich beharrlich, die Anfang der fünfziger Jahre gebauten, längst abgeschriebenen und daher hochrentablen Kraftwerke durch neue zu ersetzen oder wenigstens zu modernisieren.

„Alles, was die tun", zürnte Düsseldorfs Sozialminister Friedhelm Farthmann, „ist, daß die den Leuten einreden, mehr Strom zu kaufen." Jahrelang mühte sich Farthmann, die Unternehmen mit staatlichen Subventionen zum Einbau von Rauchgasentschwefelungsanlagen zu bewegen. „Wir müssen den Herren Steuergelder in den Hintern blasen", sinnierte der Minister, „damit sie sich bequemen, die alten Mühlen aus dem Gelände zu nehmen." 1981 mußte Farthmann öffentlich gestehen, daß seine Subventionsstrategie gescheitert ist. Obwohl das Land offeriert, bei Installation von Entschwefelungsanlagen 50 Prozent der Investitionskosten beizusteuern, hatte sich kein einziges nordrhein-westfälisches Unternehmen bereitgefunden, das Angebot anzunehmen.

Auf neue Anlagen üben die derzeitigen gesetzlichen Bestimmungen nur milden Zwang aus: Diese Kraftwerke müssen 75 Prozent des Rauchgases – der Rest geht ohnehin ungefiltert in die Luft – durch eine Kalkwaschanlage schicken, die im Jahresmittel rund 80 Prozent des Schwefels zurückhält. So werden beispielsweise zwei von der „Veba" im Westerwald bei Weitefeld geplante 740-Megawatt-Blöcke trotz Entschwefelungsanlage stündlich vier Tonnen SO_2 auswerfen – das sind zwei Tonnen reiner Schwefel pro Stunde oder 10 000 bis 15 000 Tonnen pro Jahr, die über die Wälder des hessischen Dill-Kreises gen Nordosten ziehen werden.

Dabei ist das Prinzip einer umweltfreundlichen Methode der Kohleverbrennung seit einem halben Jahrhundert bekannt: das sogenannte Wirbelschichtverfahren, bei dem gemahlene Kohle durch Preßluft in einen Schwebezustand gebracht, mit Kalk versetzt und bei relativ niedrigen Temperaturen verbrannt wird. Giftige Stickoxide entstehen bei diesem Verfahren kaum. Und der in der Kohle vorhandene Schwefel verläßt das Kraftwerk nicht durch den Schlot, sondern verwandelt sich in Gips, der mit der Asche abgezogen wird und als Baumaterial verwendbar ist. Der Wirbelschichtofen aber ist, mangels Nachfrage, erst vor wenigen Jahren zur Serienreife entwickelt worden. Im Düsseldorfer Stadtteil Flingern steht das bislang einzige Kraftwerk dieser Art. In Völklingen an der Saar wird ein zweites montiert, eine Anlage ohne Schornstein.

Solche Beispiele werden Ausnahmen bleiben, wenn Bonn weiterhin dem Widerstand der Industrie nachgibt. Deren Verbandsfunktionäre operieren nach wie vor mit Kosten-Nutzen-Rechnungen, die Forderungen nach besserem Immissionsschutz ins Absurde abdrängen sollen. Jochen Seeliger, Geschäftsführer des Gesamtverbandes des deutschen Steinkohlenbergbaus, etwa zitiert gern britische Kollegen, nach deren Kalkulation es zwei Millionen Pfund Sterling kosten würde, ein Kilogramm norwegische Lachse am Leben zu erhalten – da verzichteten sie doch lieber gleich auf beides, die teuren Entschwefelungsanlagen und den delikaten Edelfisch. Und in der Bundesrepublik mokierte sich die „Wirtschaftswoche“ schon vor Jahren über Umweltpolitiker, die „zu Lasten von Industrieansiedlungen“ den Immissionsschutz verbessern wollten: Die geplanten Auflagen seien „gedacht für zarte Molche“.

Solcher Spott über Lachse, Lurche und die vermeintliche Weltfremdheit von Ökologen verkennt, daß das Aussterben tierischer und pflanzlicher Lebewesen in aller Regel komplexe Störungen des Naturhaushalts anzeigt, die zugleich Leben und Gesundheit von Menschen bedrohen. Krebserkrankungen, Nierenleiden, Erbschäden durch Schwefel in der Luft und Schwermetalle in der Nahrung – diese Auswirkungen des Säureregens, die Wissenschaftler nachgewiesen haben, belegen drastisch die Gültigkeit des grünen Gemeinplatzes „Naturschutz ist Menschenschutz“.

Fachleute wie der Düsseldorfer Mediziner Hans Werner Schlipköter und der Hamburger Biochemiker Gernot Grimmer hatten bereits vor zehn Jahren Bonner Abgeordnete auf

Zusammenhänge beispielsweise zwischen SO_2 und Krebserkrankungen hingewiesen. Doch die gesundheitlichen Folgen der Umweltverschmutzung scheinen Millionen von Westdeutschen – instinktiv – besser zu erfassen als die Politiker der Parteien, die „Grünen" ausgenommen. Gift in der Nahrung (unter anderem eine Folge des durch Säureregen erhöhten Cadmiumgehaltes von Nutzpflanzen) halten die Bundesdeutschen für ein noch größeres Zukunftsrisiko als selbst einen dritten Weltkrieg: 47 Prozent der Bevölkerung fürchten, so eine von NRW-Minister Bäumer vorgestellte demoskopische Erhebung, gesundheitsschädliche Rückstände in der Nahrung. (45 Prozent der Befragten nannten einen Verkehrsunfall, 34 Prozent Krieg, 14 Prozent Atomkraftwerke; Mehrfachnennungen waren möglich.)

Wie eng der Spielraum der Bundesregierung ist, wenn es darum geht, Umweltgefahren zu begegnen, erwies sich in Sachen SO_2 beispielhaft am 20. Oktober 1978. An diesem „schwarzen Freitag" der Umweltpolitik (Innen-Staatssekretär Günter Hartkopf) verwarf der Bundesrat eine Novelle zum Immissionsschutzgesetz, mit der die Bundesregierung versucht hatte, es allen recht zu machen: der Industrie, die eine Lockerung der Bedingungen verlangte, wie auch den Natur- und Menschenschützern, die Verschärfung forderten.

Den Umweltverbänden gegenüber – einerseits – hatte die Bundesregierung damals eingeräumt, „nach neuesten wissenschaftlichen Erkenntnissen" (die in Wahrheit zu diesem Zeitpunkt mindestens zehn Jahre alt waren) seien die geltenden SO_2-Standards nicht mehr geeignet, „auch Tiere, Pflanzen und sonstige Sachgüter ausreichend zu schützen". Daher sollten fortan für jene gut 90 Prozent des Bundesgebietes, die vorwiegend land- und forstwirtschaftlich genutzt werden, verschärfte Schutzvorschriften gelten. Der Wirtschaft – andererseits – wollte das Kabinett mit diversen Zugeständnissen entgegenkommen, die den Bau etwa von Kohlekraftwerken in den ohnehin verseuchten Zonen, rund

5 Prozent der Bundesfläche, noch erleichtern sollten. So industriefreundlich dieser Gesetzentwurf auch war, dem unionsbeherrschten Bundesrat war er bei weitem nicht industriefreundlich genug. Statt einer Zweiteilung des Bundesgebietes in eine Schutz- und eine Schmutzzone wünschten sich die auf Industrieansiedlung bedachten Provinzregierungen jene Luftbelastung, die im Ruhrgebiet gestattet sein sollte, als Generalmaßstab für die gesamte Bundesrepublik. Zwar würden bei einer Verabschiedung des Regierungsentwurfs, so argumentierte damals der Deutsche Industrie- und Handelstag, in 5 Prozent des Bundesgebietes endlich „unvertretbar hohe Investitionshindernisse teilweise abgebaut", auf den übrigen 95 Prozent der Fläche aber neue Hemmnisse für die Industrie geschaffen werden.

Weil sich weder Industrie- noch Umweltverbände für den Kompromißentwurf von 1978 erwärmen mochten, ließ die Bonner Koalition die Vorlage schließlich fallen. Diese Schlappe hat Baums Planer veranlaßt, 1981 den Versuch zu wagen, das Luftrecht „auf kaltem Wege" (ein Umweltjurist) zu novellieren. Geändert werden sollten nun nicht mehr die Paragraphen des Immissionsschutzgesetzes, dessen Reform Bundestag und Bundesrat zustimmen müßten, sondern allein Richtwerte und Meß-Regelungen in der TA Luft, die vom Innenminister (nach Abstimmung mit den Länderbehörden) geändert werden kann.

Inhaltlich haben die Autoren des neuen Entwurfs in einem zentralen Punkt die Bundesratsposition von einst weitgehend übernommen: Während das Innenministerium 1978 ein grundsätzliches „Verschlechterungsverbot" für 95 Prozent der Bundesfläche vorsah, soll Westdeutschland nun generell für Investitionen erschlossen werden können, mit Ausnahmeregelungen lediglich für Nationalparks und Naturschutzgebiete. Obwohl der Entwurf mit derartigen Änderungen den Wünschen der SO_2 auswerfenden Wirtschaftsbranchen weiter entgegenkommt als die alte Vorlage, gab der Bundesverband der Deutschen Industrie eine Stellungnahme ab, die Minister Baum verwundert als

„ungewöhnlich hart“ qualifizierte: Durch den Entwurf, klagte der Dachverband, werde der „Industriestandort Bundesrepublik in Gefahr“ gebracht.

Hinter der schroffen BDI-Stellungnahme stecke, vermuteten Baum-Berater, „vor allem die Steinkohle“: Während „die Chemie relativ flexibel und diskussionsbereit“ auftrete, reagiere die Kohlewirtschaft selbst auf minimale umweltpolitische Neuerungen ungemein allergisch. Karlheinz Bund etwa, Vorstandsvorsitzender des Gesamtverbandes des deutschen Steinkohlenbergbaus, muß befürchten, nach Jahren defizitärer Entwicklung könnten Umweltauflagen gefährden, was er auf dem „Steinkohlentag“ 1981 in Düsseldorf noch hoffnungsfroh als Ziel fixiert hatte: „Ausbau der Kohle zu *der* Energiebasis der Industrieländer.“ Bereits jetzt, verkündete deshalb der Jahresbericht 1981 des Gesamtverbandes, sei der „Schutz der Vegetation“ in „weitestem Umfang gewährleistet“. Weitergehende Forderungen brächten nur „immer größere Unsicherheit“ der Planer und Betreiber.

Auch die BDI-Vertreter taten in einem 89-Seiten-Papier zum Novellierungsentwurf des Innenministeriums so, als hätten sie von Wald- und Seensterben nie etwas gehört: Der Verband kommt „zu dem Schluß, daß durch die geltenden Immissionswerte auch Tiere und Pflanzen ausreichend geschützt sind“. Die sich verschärfende Energiekrise, hoffen auch andere Industrievertreter, werde all denjenigen schon den Wind aus den Segeln nehmen, die, wie Forstdirektor Joachim Pampe von der Arbeitsgemeinschaft der Waldbesitzerverbände, von Kraftwerken nur noch als „Giftschleudern“ reden.

Auch Norbert Rehbock, Forst-Obmann im Agrarministerium, hatte 1981 „Besuch von der Steinkohle“. Deren Lamento, zusätzliche Filteranlagen zur Bindung von mehr Schwefel (und auch von Schwermetallen) würden ein Viertel der eh in die Milliarden gehenden Kraftwerk-Investitionen verschlingen, kommentierten Ertls Forstbeamte mit einem „Na und?“. Darauf die Steinkohlen-

Vertreter: „Das wird Ihnen der Wirtschaftsminister schon beibringen, was das bedeutet."

Der Kohle-Lobby kommt zugute, daß die Ursachen des Baumsterbens im Detail noch nicht abschließend erforscht sind. Auf „ganz bestimmt zwölf Theorien" schätzt beispielsweise der Stuttgarter Forstdirektor Peter Weidenbach das derzeitige Diagnoseangebot der Wissenschaft allein für die indisponierte Weißtanne. Viele Forscher freilich, sagt der Kieler Biologe Berndt Heydemann, scheuen eindeutige Aussagen über die Ursachen von Umweltschäden. Beliebt seien darum Gutachter-Formulierungen wie: „Es müßten weitere Untersuchungen eingeleitet werden, um zu klären, ob sich durch die aufgezeigten Tatbestände langfristig chronische Schäden ergeben könnten. Diese sind vorläufig mit endgültiger Sicherheit nicht – oder noch nicht in vollem Umfang – experimentell nachweisbar beziehungsweise vorauszusagen." Eine derartige Schlußbemerkung, spottet Heydemann über seine Kollegen, „ist gut für den Gutachter, weil er neue Forschungsgelder haben muß. Gut ist sie auch für den Politiker, weil er nun vorläufig keine Entscheidung zu fällen braucht", die im Falle des Waldsterbens Kosten in Multi-Millionen-Höhe verursachen würde.

Die Unfähigkeit der Bonner Koalition, des Schwefel-Problems Herr zu werden, sei ein geradezu „klassischer Fall" umweltpolitischen Versagens, kommentierte denn auch die „Stuttgarter Zeitung": „Der Schaden ist erkannt, die potentielle Ursache festgestellt. Aber der ökologische Wahnsinn schreitet fort, weil letzte wissenschaftliche Beweise (noch) nicht zu erbringen sind." Waldforscher Ulrich sieht keine andere Möglichkeit, als innerhalb „der nächsten zwei, drei Jahrzehnte die Emissionen auf Null herunterzubringen". Ulrich: „Das ist eine Existenzfrage." Auch Liesel Hartenstein, Fach-Sprecherin der SPD-Bundestagsfraktion, fordert eine „umweltpolitische Offensive" gegen die Verschmutzung der Luft und des „nicht vermehrbaren Rohstoffs ‚Boden'"; eine Verschärfung der von

Innenminister Baum vorgeschlagenen SO_2-Werte sei „vordringlich“.

Einige Politiker, darunter Waldminister Ertl, möchten die schwefligen Gefahren durch atomare Risiken ersetzen: „Nur der Einsatz der Kernenergie kann unsere Natur retten.“ Unabhängige Energieexperten dagegen sind sicher, daß umweltfreundliche Kohleverbrennung durchaus machbar ist, wenn nur die Politiker die richtigen Schwerpunkte setzen.

Bei einem zweitägigen „Kohlekongreß“ in Essen, zu dem unter anderen die Arbeitsgemeinschaft ökologischer Forschungsinstitute geladen hatte, einigten sich im Herbst 1981 200 Fachleute auf einen Zehn-Punkte-Katalog zur Energiepolitik. Danach soll die Bundesregierung ihr Programm zur Kohleverflüssigung und -vergasung aus Gründen der Energieeinsparung wie auch der Luftreinhaltung aufgeben und die freiwerdenden Milliarden für die Einführung der Wirbelschichttechnologie und für den Bau von Fernheizzentralen bereitstellen. Fernwärme könnte in der Tat, wie eine Untersuchung der Technischen Überwachungsvereine Rheinland und Westfalen bestätigt, nicht nur eine optimale Nutzung der Kohlevorräte ermöglichen, sondern auch die Abgase aus privaten Einzelöfen drastisch verringern: In den Belastungsgebieten zwischen Köln und Dortmund könnten mit Hilfe von Fernwärme laut TÜV die SO_2-Immissionen aus Heizungen um durchschnittlich 93 Prozent gesenkt werden.

Was Kohlenutzung ohne Naturzerstörung kosten würde, hat die OECD errechnen lassen, der die USA, Kanada, Japan, Australien, Neuseeland und 19 europäische Staaten angehören. Um die SO_2-Emissionen bis 1985 auf den Stand von 1974 zu drücken, müßten die westeuropäischen Länder rund 0,5 Promille ihres Bruttosozialprodukts für die Schwefeldioxid-Verminderung aufwenden, insgesamt 1,17 Milliarden Dollar. Dem allerdings würde, so die OECD-Experten, möglicher Nutzen bis zu acht Milliarden Dollar gegenüberstehen – durch Minderung von forst- und landwirtschaftlichen Einbußen, von Korrosionsschäden und Krankenkosten. Die durchschnittliche Lebenserwartung der Westeuropäer könnte laut OECD um 500 Tage steigen.

Eine britische Umweltstudie hat vor einigen Jahren schon dargelegt, vor welcher schlichten Alternative die Industrienationen stehen: „Wir haben uns zu entscheiden, ob wir die Kosten der Luftreinhaltung tragen wollen oder aber die Kosten unterlassener Reinhaltung.“

IV
Im Jahr 2000 ohne Bäume?

Schneller noch als in den Wäldern sterben die Bäume in den Städten. Gartenarchitekten prophezeien: „Im Jahr 2000 werden wir keine Straßenbäume mehr haben." Dennoch versagen viele Kommunalpolitiker im Kampf gegen die Hauptursache des innerstädtischen Baumtodes: Entgegen den Warnungen von Naturwissenschaftlern werden Winter für Winter rund drei Millionen Tonnen Natriumchlorid auf Westdeutschlands Straßen und Gehwege gestreut.

Die Hessische Chausseeordnung, erlassen Anno 1803, sah für Grünfrevel drakonische Strafen vor: „Wer einen Baum mutwillig beschädigt, kommt ins Zuchthaus und wird auch nach Umständen zur öffentlichen Straßenarbeit an einen Schubkarren angeschlossen." Wäre das Gesetz in Kraft, müßten in Westdeutschland Tausende von Landespolitikern und Stadtverwaltern im Knast sitzen oder Kärrnerdienst leisten. Denn während der letzten Jahrzehnte ist nicht nur im bewaldeten Drittel der Bundesrepublik, sondern auch an Stadtstraßen und Alleen, in Gärten und Parks ein Großteil des Baumbestandes ruiniert worden.

Vor allem in den Städten verstärken Tausalz, Bodenversiegelung, Grundwasserabsenkung, Rindenverletzungen durch Kraftfahrzeuge sowie Erdgas aus undichten Leitungen die Wirkung der allgegenwärtigen Luftverunreinigung. In den meisten Orten sind die dort seit Jahrhunderten heimischen Straßenbäume kaum mehr lebensfähig. Weder die Linde, einst der Kultbaum der Germanen, noch die urdeutsche Eiche ist dem Stadtklima gewachsen; Kastanie und Ahorn gelten als noch anfälliger.

Bundesweit sind in den Siedlungsgebieten, sagt Professor Robert Mürb, Präsident der Deutschen Gesellschaft für

Gartenkunst und Landschaftspflege, „35 Prozent des Baumbestandes geschädigt". Mürb: „Wir haben noch nie so viele sterbende Bäume gesehen wie jetzt." In Hamburg ist der Anteil der erkrankten Bäume binnen fünf Jahren von 50 auf 70 Prozent gestiegen. In Stuttgart, schätzt Stadtrat Thomas Schaller, sind sogar 80 Prozent aller Bäume „unrettbar verloren". Der Nestor der deutschen Gartenarchitekten, der Frankfurter Aloys Bernatzky, prophezeit: „Im Jahr 2000 werden wir keine Straßenbäume mehr in den Städten haben."

Süddeutsche Zeitung, Gottscheber

In den Ballungsgebieten verstärken einander die Schadwirkungen von Säureregen und Fahrzeugabgasen. Wie bei jeder Hochtemperaturverbrennung werden auch im Automotor Schwermetalle wie Blei, Nickel, Quecksilber und Cadmium freigesetzt. Schon kleinste Dosen davon wirken toxisch auf Pflanzen, vor allem wenn die Schwermetalle durch Sauren Regen mobil werden. Wie hoch der Schwermetall-Anteil mittlerweile ist, den städtische Straßenbäume vom Frühjahr bis zum Herbst eines Jahres in ihren Blättern anspeichern, wurde Mitarbeitern des Umweltbundesamtes offenbar: In vielen Städten war das im Herbst zentnerweise anfallende Laub jahrelang zur Bodenverbesserung an Gartenbaubetriebe abgegeben worden, bis Analysen zeigten, daß auf diese Weise der Gartenboden in Wahrheit verschlechtert wird. Die Gartenämter hätten, kommentiert Experte Heinz Detlef Gregor vom Umweltbundesamt, „das Zeug besser der Degussa zur Verhüttung anbieten sollen".

Das Baumsterben in den Städten und an den Stadträndern hat viele Ursachen. Augenfällig sind die Abholz-Aktionen zugunsten von Industrieansiedlungen und Ackerland, von Straßen- oder Flughafenbauten, deren Waldverzehr – trotz grüner Politikerworte zum Tag des Baumes – nicht annähernd durch Wiederaufforstung wettgemacht wird. In Bayern zum Beispiel wurden von 1975 bis 1979 rund 4800 Hektar gerodet, aber nur 3300 Hektar neu mit Bäumen bepflanzt.

Schleichendes Baumsterben wird häufig durch Bauarbeiten ausgelöst. Eine einschlägige Vorschrift zum „Schutz von Bäumen" (DIN-Norm 18 920) erweist sich in der Praxis, wie das Deutsche Institut für Normung feststellte, oft als „Muster ohne Wert". Den Schutzbestimmungen zum Trotz lassen Kommunalverwalter es zu, daß bei Aufgrabungen für Leitungen und Kanäle das Wurzelvolumen fahrlässig verringert wird, daß der Boden-Wasser-Luft-Haushalt von Bäumen nach Abdeckung mit Platten, Beton, Asphalt und Pflaster zusammenbricht, daß Rindenschäden durch Park-Karambolagen den Saftstrom unterbrechen, daß Bauunternehmer Bäume durch Materialablagerungen beschädigen oder „aus Versehen" fällen lassen.

Als Baum-Killer Nummer eins in Städten wie an Straßen ist in den letzten Jahren der winterliche Tausalz-Einsatz identifiziert worden: Natriumchlorid, von dem Winter für Winter rund drei Millionen Tonnen in Westdeutschland verstreut werden, ist laut Bundesinnenministerium in „bis zu 90 Prozent" der Fälle Ursache des Straßenbaum-Niedergangs. Bundesweit trage Streusalz zum „Absterben von jährlich mindestens 20 000 Straßenbäumen" bei. Das Salz, das sich im Boden anreichert und auch in regenreichen Jahren kaum ausgewaschen wird, bewirkt nach einer Untersuchung Hamburger Wissenschaftler zunächst „vermindertes Wachstum und Nekrosen" (Verfärbung der Blattränder), sodann „vorzeitigen Blattfall im Sommer", „Absterben von Teilen der Krone" und schließlich den „Tod der Bäume". Zudem wird der Humus dauerhaft geschädigt. Durch einen „vielschichtig ablaufenden chemischen Prozeß" werden die „Krümelstruktur" des Bodens zerstört und Nährstoffe durch Natrium verdrängt. Folge: „Der chemisch verdichtete Boden gestattet keinen Austausch der Bodenluft, läßt schädliche Gase nicht entweichen und das dringend benötigte Regenwasser oberflächlich abfließen, so daß trotz reichlicher Niederschläge Wassermangel herrscht."

In den Blättern fahrbahnnaher Straßenbäume registrierten Hamburger Wissenschaftler das 24fache beziehungsweise 16fache der in unbelasteten Gebieten gemessenen Natrium- und Chlorwerte. In den Böden haben die Natrium- und Chlorkonzentrationen gar das 55- beziehungsweise 24fache des Üblichen erreicht. Die Versalzung des Bodens wirkt beiderseits von Straßen, aber auch von Rad-, Fuß- und Parkwegen bis zu 300 Meter weit. Zusätzlich gepökelt werden Parks und Gärten durch die Verwendung von handelsüblichem Dünger, der bis zu 15 Prozent Chlorid enthält. Wer seine Bäume chemisch düngt, beschleunigt damit möglicherweise ihr Absterben.

Das Umweltbundesamt hat im Sommer 1981 einen Tausalz-Bericht vorgelegt, der in der Feststellung gipfelt, aus „ökologischer Sicht" sei eine „weitere Verwendung von Streusalz nicht zu verantworten". Ein „entscheidender Wandel" müsse vollzogen werden, „ehe es dafür zu spät ist". Die Bundesregierung hat die Städte auf die Möglichkeit hingewiesen, zur „Verwendung alternativer Streustoffe", etwa Sand, Asche, Splitt oder Granulat, überzugehen. Das

Innenministerium macht auf die „positiven Erfahrungen“ von Gemeinden aufmerksam, die per Satzung ihren Bürgern das Salzstreuen auf Gehwegen gänzlich verboten und den Streudienst auf Straßen eingeschränkt haben. Wo im Winter, wie in West-Berliner Testbezirken, auf Salzung weitgehend verzichtet wurde, reagierten die Autofahrer mit Umsicht. Zwar nahm die Zahl der Blechschäden leicht zu, die der schweren Unfälle aber sank.

Bonns Innenministerium hat Berechnungen veröffentlicht, nach denen der Weg weg vom Salz selbst dann lohnt, wenn es mal eine Beule im Blech setzt. Denn die volkswirtschaftlichen Kosten des Salzeinsatzes haben astronomische Höhen erreicht: Die Korrosionsschäden an Fahrzeugen und

Westdeutsche Allgemeine Zeitung, Pielert

Verkehrswegen, alljährlich rund fünf Milliarden Mark, sind laut Innenministerium bis zur Hälfte auf Natriumchlorid zurückzuführen. Für Sanierung und Ersatz salzkranker Bäume muß allein das Land Hamburg 60,5 Millionen Mark aufwenden. Die Straßensalzung bedroht im übrigen langfristig auch die Wasserversorgung. „Im Großraum München", so das Bundesinnenministerium, „ist der durchschnittliche Salzgehalt im Grundwasser innerhalb von 15 Jahren um 75 bis 100 Prozent gestiegen." Mediziner geben der Brunnenversalzung Mitschuld an der Zunahme von Bluthochdruck-Erkrankungen.

Unter dem Druck solcher Argumente haben eine Reihe von Städten Anfang der achtziger Jahre beschlossen, die Streusalz-Verwendung zu reduzieren oder, zumindest auf den Gehwegen, strikt zu untersagen. Bei Zuwiderhandlung droht in Berlin Bußgeld bis zu 100 000 Mark. Der Hamburger Senat soll, wie die SPD-Bürgerschaftsfraktion anregte, mit Aufklärungsaktionen auf das Streuverbot für Fußwege hinweisen. Vorgeschlagen wurden „Flugblätter, Plakate, Aufkleber, Broschüren, Ausstellungen und Straßenveranstaltungen". Einige Städte stellen ihren Bürgern gratis Granulat zur Verfügung oder geben die Sandkästen auf den Spielplätzen zur Selbstbedienung frei.

In den meisten der 8500 westdeutschen Gemeinden aber haben die Kommunalpolitiker das Baumsterben und den Bonner Salz-Alarm kaum zur Kenntnis genommen. Vielerorts ist Baumschutz selbst für prominente Politiker der großen Parteien noch immer Anlaß zu dünnlicher Spöttelei. Über Grüne, die „um jedes Blatt kämpfen" wollen, beliebt Niedersachsens CDU-Chef Wilfried Hasselmann zu scherzen: Diese Leute „frage ich immer, was macht ihr im Winter". Klar doch: Die streuen Sand statt Salz vor die Tür.

4

Stephan Burgdorff

Vergiftet, verdreckt, verschwendet

Nach dem Ölschock droht die Wasserkatastrophe

Aus Wasserhähnen tropft ungenießbares Naß, Brunnen versiegen, Bäche trocknen aus, weil das Grundwasser absinkt. Die Suche nach neuen Quellen zerstört die letzten Feuchtgebiete. Auch in Deutschland wird, trotz häufiger Niederschläge, sauberes Wasser zur Mangelware.

Die Nachrichten kommen nicht aus Seveso oder Harrisburg, sie stammen aus Deutschland, und sie sind nahezu alltäglich. In Berlin-Spandau schalten die Wasserwerke mehrere Tiefbrunnen ab: Das zutage gepumpte Wasser enthält hochgiftiges Arsen. Schon ein Gramm kann tödlich wirken. In Lörrach, an der Grenze zur Schweiz, entdecken die Behörden einen Brunnen, dessen Wasser durch organische Chlorverbindungen verseucht ist. Eine EG-Richtlinie erlaubt ein Milligramm pro Kubikmeter Wasser als Höchstdosis. Der Lörracher Brunnen enthält 150 Milligramm der krebsfördernden Substanzen. In Saarbrücken müssen ein paar tausend Bürger das Leitungswasser über mehrere Tage abkochen: Die Zahl der Keime übersteigt die amtliche Gefahrengrenze um das Zwölffache.

Die Meldungen, gesammelt in einem Monat des Jahres 1981, sind keine Raritäten: Kaum eine Woche, in der nicht irgendwo Giftstoffe im Trinkwasser auftauchen; kaum eine Region, in der nicht ein Brunnen versiegelt werden muß. Mal ist zuviel Nitrat im Wasser, mal zuviel Quecksilber oder Cadmium. Oft quillt das Wasser derart versalzen aus der Erde, daß es nicht mehr zu genießen ist; nicht selten enthält es zu viele organische Chlorverbindungen. „In geradezu

Wasserversorgung Hamburg und Bremen

● Wasserwerk
— Fernwasserleitung

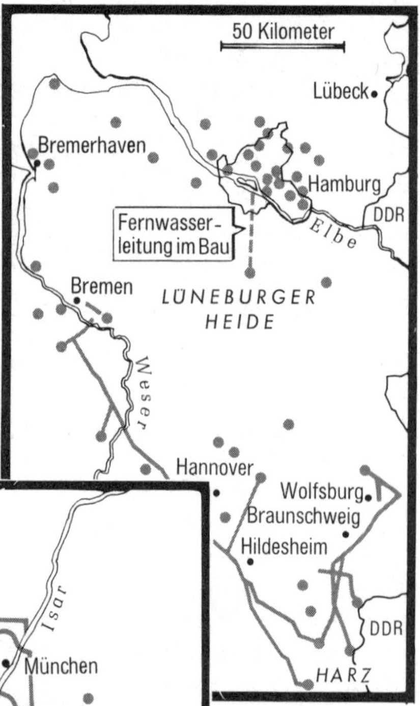

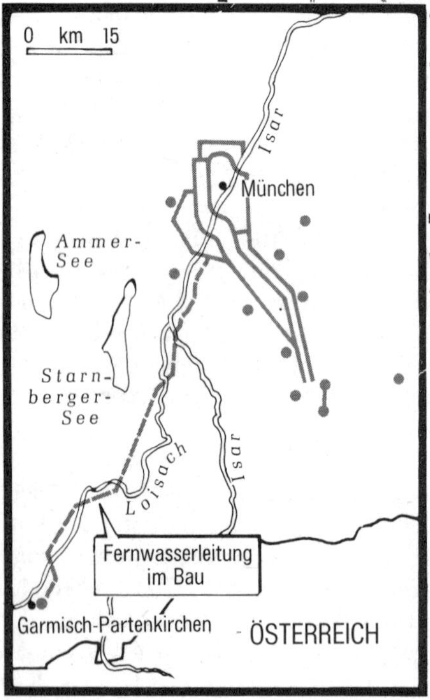

Wasserversorgung München

Wasserversorgung Raum Frankfurt

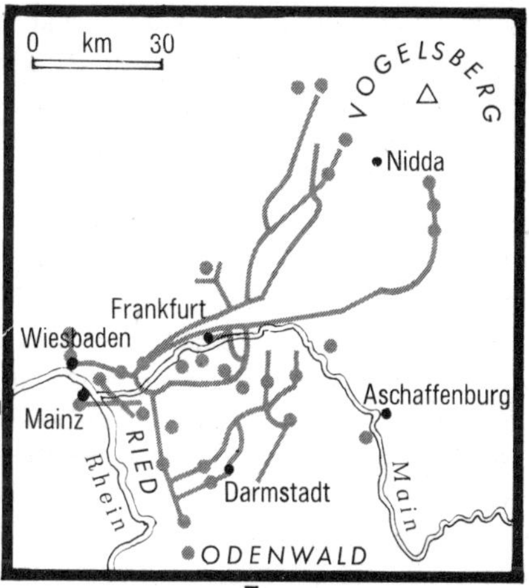

Wasserversorgung Stuttgart

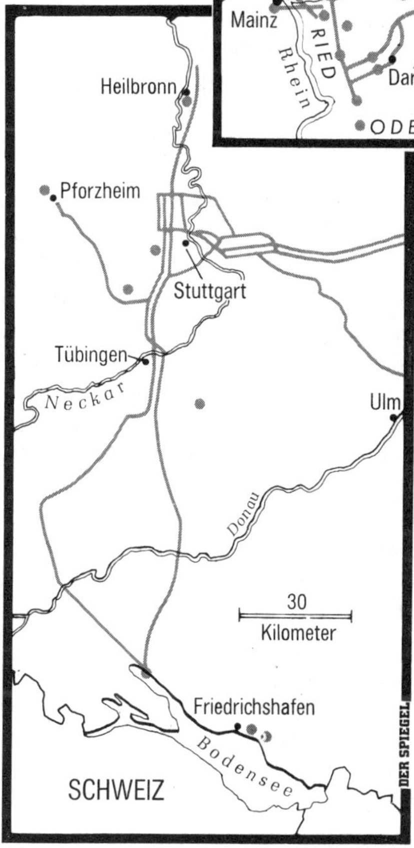

dramatischer Weise“, so der Geschäftsführer des Deutschen Vereins des Gas- und Wasser-Faches, Wolfgang Merkel, „häufen sich massive Grundwasserverunreinigungen.“ Und: Je dreckiger, desto knapper wird das Wasser.

In etlichen Regionen der Bundesrepublik ist sauberes Trinkwasser schon seit langem Mangelware. Die Wasserwerke in den Industriezonen an Rhein und Ruhr können den Bedarf ihrer Kunden meist nur mit gefiltertem Flußwasser stillen. Von dem knappen Grundwasser wird allenfalls ein wenig zugemischt. In den westdeutschen Ballungsgebieten herrscht inzwischen schlichter Wassernotstand. Um den Bedarf ihrer Bürger zu decken, greifen zahlreiche Stadtverwaltungen ungeniert nach fremden Quellen. Die Hansestadt Bremen schafft den lebensnotwendigen Stoff durch eine 200 Kilometer lange Fernleitung aus dem Harz heran. Die Schwaben-Hauptstadt Stuttgart zieht Wasser aus dem Bodensee. Die Hafenstadt Hamburg muß innerhalb der nächsten Jahre drei Wasserwerke stillegen, weil trübe Elbbrühe in die Brunnen sickert. Damit die Hanseaten nicht auf dem Trockenen sitzen, soll Wasser aus der Lüneburger Heide nach Hamburg rauschen. In München zapfen die Wasserwerke das Loisachtal nahe Garmisch-Partenkirchen an.

Daß der ungehemmte Zufluß das ökologische Gleichgewicht stört, kümmert die Städter wenig. Die Wasserwerke saugen den flüssigen Rohstoff dort ab, wo sie ihn kriegen können. Welch schlimme Folgen der Raubbau am Grundwasser für die letzten Feuchtgebiete hat, zeigt sich im Hessischen Ried, aus dem die Städte Frankfurt, Darmstadt und Wiesbaden das knappe Allgemeingut holen. Jahrhundertelang galt Naturfreunden die Vegetation in dem etwa 1000 Quadratkilometer großen Landstrich zwischen Rhein und Odenwald als „Perle in der Krone der deutschen Pflanzenwelt“. In den Sumpfniederungen des Rieds gediehen Schwertlilien und Enzian, Helmkraut und Ehrenpreis. Selbst nachdem der Reichsarbeitsdienst weite Teile des Rieds für die Landwirtschaft entwässert hatte, war in den

Auenwäldern noch immer eine Vielzahl seltener Gewächse anzutreffen. Doch seit Mitte der siebziger Jahre haben die hohen Wasserlieferungen das Ried in weiten Teilen zur Steppe gemacht. Munter plätschernde Bäche schrumpften zu Rinnsalen und versiegten schließlich ganz. Millionen Eichen und Buchen verdorrten. Ackerland, das über viele Jahre nahrhafte Frucht getragen hatte, verkarstete. „Verzweifelt graben die Bauern dem Wasser entgegen", berichtete die „Frankfurter Allgemeine Zeitung", als der Grundwasserspiegel im Ried um etwa acht Meter gefallen war.

Ähnliche Szenen wie im Süden spielten sich im Norden Frankfurts ab. In dem Städtchen Nidda am Fuße des Vogelsbergs, in dessen Umgebung die Oberhessischen Versorgungsbetriebe aus drei Tiefbrunnen für die Main-Metropole schöpfen, sank der Wasserspiegel ebenfalls um etwa acht Meter. Der Untergrund verschrumpelte so sehr, daß die Kreissporthalle, das Gymnasium und das Hallenbad absackten. Risse durchziehen Stuckdecke und Gemäuer der alten Stadtkirche. Der Bürgermeister bangt, daß die historische Altstadt, die auf hölzernen Pfählen errichtet ist, eines Tages abrutscht. Die Grundwasserabsenkungen am Ried und am Vogelsberg sind keine Einzelfälle. Auch in Krefeld und in Köln, in Mannheim und Hannover fällt der Pegel.

„Wir nähern uns einer Trinkwasserkrise", warnt das Freiburger Öko-Institut in einer Studie über den Wasser-Notstand in der Bundesrepublik.* „Schon in naher Zukunft", so die Öko-Forscher, sei mit „schwerwiegenden Problemen" zu rechnen , wenn nicht „umgehend" etwas passiere. Manche Ökologen verlangen bereits rigorose Sparmaßnahmen, die bislang nur in südlichen Dürregebieten Brauch sind. In Bremen forderte die grüne Bürgerschaftsfraktion, Trinkwasser künftig in Flaschen zu verkaufen. Sitzen wir tatsächlich bald auf dem Trockenen? Geht uns nach anderen Rohstoffen nun auch das Wasser, der

* Uwe Lahl, Barbara Zeschmar: „Wie krank ist unser Wasser?", Dreisam-Verlag, Freiburg, 1981; 130 Seiten; 7,80 DM.

letzte schier unerschöpflich scheinende Naturschutz aus? Wird Wasser bald so knapp wie Öl?

Es sieht so aus. „Süßwasser, einst eine reichlich vorkommende Naturressource in den meisten Ländern der Welt, wird in den nächsten Jahren immer knapper werden“, prophezeien die Verfasser des Umweltreports „Global 2000“, den der ehemalige US-Präsident Carter in Auftrag gab. Richard J. Barnet, Autor des amerikanischen Bestsellers „The Lean Years“ („Die mageren Jahre“) drückt dieselbe Erkenntnis noch drastischer aus: „Babylon, Persepolis, Gomorrah“, so Barnet, brauchten das Wasser auf, das sie hatten, und gingen unter. „Es gibt viele“, so Barnet weiter, „die überzeugt sind, daß Phoenix, Los Angeles und San Diego unweigerlich dasselbe Schicksal teilen.“

Nur auf den ersten Blick scheint es so, als sei Wasser auf der Welt im Überfluß vorhanden. Zwar sind zwei Drittel der Erdoberfläche mit Wasser bedeckt. Aber 97,2 Prozent der gesamten Menge sind salzhaltig, für die Menschen also ungenießbar. Selbst von den restlichen 2,8 Prozent Süßwasser steht nur ein Bruchteil zur Verfügung. Das meiste lagert an den Polen, thront als Gletscher auf den Hochgebirgen. Nur 0,6 Prozent des gesamten Welt-Wassers kommt in Seen und Flüssen oder als Grundwasser vor. Und auch davon liegt die Hälfte so tief unter der Erdoberfläche, daß letztlich nur etwa 0,3 Prozent für die Menschen erreichbar sind.

Das ist zwar immer noch eine unvorstellbare Menge – um so mehr, da nichts verlorengehen kann. Wie immer die Menschen das Wasser benutzen, ob zum Waschen oder Zähneputzen, für das Vieh oder die Feuerwehr, jeder Tropfen kehrt irgendwann einmal in den globalen Wasserkreislauf zwischen Meer, Himmel und Erde zurück. Aber der gigantische Zyklus funktioniert nicht so, wie es die Menschen gerne hätten. In vielen Regionen der Welt regnet es nur selten oder zur falschen Zeit. Und, wichtiger noch, in vielen Gebieten ist der Boden so ausgedörrt, daß selbst heftige Regenfälle nicht in das steinharte Erdreich eindringen. Anderenorts, vor allem in den Industriestaaten, sorgen die Bewohner selbst für zunehmende Wasserknappheit. Wo nahezu jede Nutzfläche zubetoniert wird, kann das Wasser nicht in den Boden einsickern und läuft statt dessen durch die Kanalisation in verdreckte Flüsse; wo Flußabläufe begradigt, Uferböschungen plattgewalzt und Wälder abgeholzt werden, findet das Wasser keinen Halt, fließt den Erdbewohnern davon.

Wo aber kein Wasser ist, da ist auch kein Wohlstand. Nichts sonst markiert den Unterschied zwischen arm und reich so sehr wie der Besitz der chemischen Verbindung aus zwei Teilen Wasserstoff und einem Teil Sauerstoff. Wasser, das ist nicht allein die Voraussetzung für alles Leben auf dieser Welt – es ist Grundlage von Macht und Urbanität, von Luxus und Kultur. Raffinierte Wassersysteme wie das Leitungsgeflecht auf der Akropolis, die Luxusbäder im antiken Rom, der Pont du Gard bei Nîmes oder die Wasserspiele von Versailles gelten als Sinnbilder abendländischen Schaffensdranges und Wohlstandes.

Armut und Elend dagegen herrschen überall, wo zuwenig Wasser ist: in der Sahel-Zone und am Nordost-Rand Afrikas, in weiten Teilen Südasiens und Lateinamerikas. Hunderte von Millionen Menschen bangen um ihre Existenz, wenn am Nil, Ganges oder Jangtsekiang der Wasserpegel absinkt. Etwa 1,2 Milliarden Menschen, errechnete die Weltgesundheitsorganisation (WHO), leiden unter Trinkwassermangel. Anders ausgedrückt: Fast jeder dritte Erdbewohner trinkt öfter verdrecktes Wasser, das von krankheitserregenden Bakterien wimmelt. Die Folgen: Allein 250 Millionen Menschen, beinahe sieben Prozent der Weltbevölkerung, sind von einer heimtückischen Wurmkrankheit in Magen und Darm, der Bilharziose, befallen. Weitere 250 Millionen Menschen werden zu Krüppeln, weil sie an Elephantiasis erkrankt sind – einer krankhaften Organvergrößerung, die durch verseuchtes Wasser übertragen wird.

Besserung ist nicht in Sicht. Denn gerade in den Ländern, in denen die Wassernot am größten ist, wird sie weiter zunehmen. Einerseits führen riesige Kahlschläge der Wälder zu noch mehr Trockenheit; andererseits steigt der Bedarf, weil die Bevölkerung wächst. „Die Probleme der Wasserversorgung in den Entwicklungsländern“, analysieren die „Global 2000“-Forscher, seien so gravierend, daß sie „für Millionen Menschen zu einer Überlebensfrage“ werden. Der Kampf um das Lebenselement Wasser wird die Konflikte zwischen jenen Ländern verschärfen, die von der gleichen Quelle zapfen. Warnend weisen die Global-Autoren darauf hin, daß 148 der insgesamt 200 großen Flüsse, die es auf der Erde gibt, von jeweils zwei Ländern genutzt werden. Erzfeinde wie Juden und Jordanier siedeln am Jordan, Indien und Bangladesch werden durch den Ganges begrenzt, der um die Jahrhundertwende mehr als 500 Millionen Menschen als Quelle dienen muß.

Der Naturstoff Wasser bestimmt aber nicht nur über die Zukunft der Dürrezonen. Auch in vielen Industrieregionen, so die Global-Prognose, werde „das ökonomische, wenn nicht gar das menschliche Überleben“ davon abhängen, ob genug und genug sauberes Wasser fließt. Die Überfluß-Nation Amerika hat als erste erkannt, wie ernst die Lage ist. „Trockenheit, Verschwendung und Verschmutzung“, warnt das US-Magazin „Newsweek“, könnten eine Wasserknappheit auslösen, die „genauso schlimm werden könnte wie die Energiekrise“.

Daß dieser Vergleich keineswegs übertrieben ist, erfuhren die Amerikaner zu Beginn des Jahres 1981. Die Achtmillionenstadt New York mußte den Wassernotstand ausrufen, weil die Reserven beinahe aufgebraucht waren. Bürgermeister Edward Koch ordnete drastische Sparmaßnahmen an und erteilte den Schulkindern den Auftrag, ihre Eltern zum Wassersparen anzuhalten. Koch: „Sonst bricht die Katastrophe aus.“ Im benachbarten Bundesstaat Connecticut hatten die Behörden für den Notfall bereits Latrinen in den öffentlichen Parkanlagen geplant. Im südlichen Arizona pumpten Farmer für die Bewässerung ihrer Plantagen soviel Grundwasser ab, daß im Erdreich bis zu acht Meter breite Risse klafften. In Georgia wurde ein unterirdischer Speicher so leer gesaugt, daß von der 80 Kilometer entfernten Küste nun Meerwasser nachsickert. „Hunderte regionale Wasserprobleme", resümiert die Zeitschrift „US News & World Report", „münden in eine nationale Wasserkrise."

Nur in Amerika?

Die Bundesrepublik, so meinen viele, sei vor ähnlichem gefeit. Verregnete Sommer, Überschwemmungen zu allen Jahreszeiten, saftige Wiesen und sprudelnde Bäche, erwekken eher den Anschein, es gäbe zuviel Wasser. Doch der Eindruck täuscht. Zwar fallen in Westdeutschland pro Jahr etwa 200 Milliarden Kubikmeter Niederschlag – ungefähr soviel wie die vierfache Füllung des Bodensees. Aber mehr als die Hälfte davon verdunstet wieder, das meiste durch Bäume und Pflanzen. Von den restlichen 91 Milliarden Kubikmetern fließen mehr als zwei Drittel über Bäche und Flüsse in die Meere zurück. Nur etwa 28 Milliarden Kubikmeter, ein Siebtel der gesamten Niederschläge, sikkern in den Boden und füllen das Grundwasser auf.

Das reicht, rein theoretisch, den Wasserdurst der Bundesrepublik zu stillen. In Wirklichkeit aber droht, so prophezeit Dietrich Sperling, Parlamentarischer Staatssekretär im Bonner Bauministerium, „nach dem Ölschock ein Wasserschock". Das Wasser nämlich, von dem die Deutschen nach der Statistik genügend besitzen, ist nicht immer da, wo es gebraucht wird. Sprudelnde Grundwasserquellen im Bayerischen Wald oder im Weserbergland sind nutzlos für den steigenden Wasserkonsum in den städtischen Ballungsgebieten an Rhein/Ruhr oder Rhein/Main. Und dort, wo das Wasser fließen müßte, lagert in weiten Landstrichen eine vergiftete Brühe unter der Erdoberfläche.

Knapp ist Wasser vor allem dort, wo die Industrie mit an der Pumpe sitzt. Chemieunternehmen und Stahlschmelzen, Automobilfabriken und Lebensmittelhersteller verbrauchen insgesamt etwa zweieinhalbmal soviel Wasser wie die

TRINKWASSER FÜR DIE INDUSTRIE

Wassergewinnung (öffentliche Wasserwerke und Industrie) und Wasserverbrauch in der Bundesrepublik

privaten Haushalte und das Kleingewerbe. Mehr als ein Drittel des gesamten Industriewassers schlucken die Chemieunternehmen. Aber auch Zellstoff- und Textilhersteller gehören zu den Großverbrauchern. So verschlingt zum Beispiel die Produktion von einem Kilogramm holzfreiem Papier etwa 300 Liter Wasser, für ein Kilogramm Garn sind 2500 Liter nötig. Für die Herstellung von einer Tonne Stahl rauschen gar bis zu 50 000 Liter durch den Hahn.

Zwar brauchen die Industriebetriebe vor allem Kühlwasser, und das nehmen sie meistens aus Flüssen und Seen. Trotzdem pumpen sie zusätzlich etwa soviel Grundwasser aus dem Boden wie die öffentlichen Wasserwerke für die Versorgung der privaten Haushalte und des Kleingewerbes. In vielen Regionen zapfen die Unternehmen sogar mehr als

die kommunalen Betriebe aus dem Untergrund. In Nordrhein-Westfalen zum Beispiel werden 77 Prozent des Grundwassers von der Industrie gefördert. Die Bundesregierung schreibt vor, daß Grundwasser in erster Linie als Trinkwasser verwendet werden soll. Doch die Industrieunternehmen pochen meist auf althergebrachte Wasserrechte. Und die erlauben ihnen, aus den eigenen Brunnen kräftig abzuschöpfen – egal, ob noch genügend Trinkwasser übrigbleibt.

So fördern die Industrieunternehmen vor den Toren Frankfurts pro Jahr etwa 13 Millionen Kubikmeter Wasser aus dem Grund. Die Stadtwerke Frankfurt dagegen müssen einen Teil des Trinkwassers, das sie in die öffentlichen Leitungen drücken, aus dem Main abpumpen. Der Main gilt als eine der größten Kloaken Europas, er ist noch schmutziger als der Rhein. Ähnlich ist die Lage in Köln: Während die Kölner Wasserwerke (Werbeslogan: Dat Wasser von Kölle is jot), etwa ein Drittel ihres Bedarfs aus dem Rhein herausfiltern, pumpen die Industriebetriebe am Rand der Stadt täglich 1,3 Millionen Kubikmeter Grundwasser hoch – mehr als zur Versorgung von neun Millionen Einwohnern ausreichen würde. Die Folge: Im Westteil der Kölner Bucht ist der Grundwasserspiegel um vier bis zehn Meter abgesunken. Die amtlichen Wasserversorger müssen befürchten, daß die Stadtbrunnen schon bald kein Grundwasser mehr sammeln. Noch schlimmer sieht es im Industrierevier zwischen Mannheim und Ludwigshafen aus. Dort sackte der Grundwasserspiegel in manchen Gegenden um 15 Meter ab. Im stadtnahen Erholungsgebiet Maudacher Bruch, einer ehemaligen Rheinschlinge, gingen Tausende von Bäumen ein.

Wenn die Weissagungen forscher Wachstumspropheten eintreffen, wird sich der Wassermangel drastisch verschärfen. In 20 Jahren, behauptet das Frankfurter Battelle-Institut, würden die Deutschen doppelt soviel Wasser benötigen wie heute. 1950 noch benötigte jeder im Schnitt 85 Liter Wasser pro Tag, heute sind es rund 140 Liter. Je mehr Bäder und Duschen eingebaut, je mehr Geschirrspül- und Waschmaschinen angeschlossen werden, um so flotter rauschen die Wassermassen aus den Hähnen.

Für zusätzlichen Abfluß sorgen die bevorzugten Hobbys der Bundesbürger. Scheint ein paar Tage die Sonne, werden in ungezählten Vorgärten die Gartenschläuche in Position gebracht: Nach der Devise „Viel hilft viel“ schwemmen die Amateurgärtner ihre Pflanzungen meist schon tagsüber, obwohl ein Großteil des Wassers auf der warmen Erde rasch verdunstet. Mit ebenso gründlicher Hingabe nehmen sich viele Westdeutsche zum Wochenende der Reinigung ihres Autos an: „Wir haben es ja“, beschreibt der Bonner Staatssekretär Sperling die Bewußtseinslage der Bürger.

Es wäre ja vielleicht so, wenn die unermüdliche Wachstumsgesellschaft nicht andererseits den reibungslosen Wassernachschub behindern würde: Mit ihrer Zuneigung zum Beton graben sich die Deutschen, wie viele andere Industrievölker das Wasser ab. Ungefähr ein Zehntel des Raumes zwischen Flensburg und Freilassing ist mit Wohnsiedlungen und Fabriken, Straßen und Autobahnen überbaut. Jeden Tag werden weitere 100 Hektar Naturfläche zubetoniert. Die Folge: Der Regen sickert nicht mehr in das Erdreich ein, sondern gluckert durch die Gullys in die Kanalisation.

Zusätzlich bringt die Buddelei im Untergrund, in Bergwerken und Kiesgruben, der Bau von Straßentunneln und Untergrundbahnen den Wasserhaushalt durcheinander. Einer der gewaltigsten Eingriffe, mit dem Menschen je die Natur seziert haben, wird zur Zeit im Braunkohlenrevier bei Köln vorbereitet. Um die dort liegenden Flöze abzubauen, muß der Grundwasserspiegel bis zu einer Tiefe von 500 Metern sinken. Schon heute werden in diesem Gebiet pro Jahr etwa eine Milliarde Kubikmeter Wasser abgepumpt und in den Rhein geleitet – etwa ein Drittel des Grundwassers, das sämtliche öffentlichen Wasserwerke der Bundesrepublik in der gleichen Zeit überhaupt zutage fördern. Die Schädigungen der Natur sind nicht zu übersehen. Bäche trocknen aus, Bruchwälder sterben ab, Wiesen und Kleingetier verkümmern. „Die besorgniserregende Situation", klagt der örtliche Regierungspräsident, „verschärft sich von Jahr zu Jahr." Ähnliche Folgen zeigen sich dort, wo Flüsse rücksichtslos begradigt wurden. Der Oberrhein, der sich einstmals in vielen Schlingen durch die Landschaft wand, kerbte sich nach seiner Begradigung bis zu sieben Meter tiefer in den Untergrund. Aus den feuchten Tal-Auen rieselte das Wasser in das tiefe Flußbett nach – das einst fruchtbare Uferland versteppte.

Weniger spektakulär, aber noch gründlicher graben die Landwirte der Natur das Wasser ab. Wo immer ein Bach begradigt oder ein Graben vertieft, eine feuchte Wiese oder ein Moor entsumpft wird, fließt das Wasser schneller ab, sickert weniger in den Boden ein. Daß so bachauf, bachab die Landschaft austrocknet, beweist eine Untersuchung des Bayerischen Umweltministeriums. Die Hälfte der in amtlichen Landkarten noch verzeichneten Bäche, Tümpel oder Teiche sind ausgetrocknet. Von den Quellen und Quellmooren sind gar 90 Prozent nicht mehr da.

Es ist freilich nicht nur der gedankenlose und verschwenderische Umgang, der den Naturstoff Wasser landesweit zu einer Mangelware macht. Mehr noch gefährdet die zunehmende Verschmutzung das „Lebensmittel Nummer eins" (Vereinigung Deutscher Gewässerschutz). Immer bedrohlicher wird die Verseuchung des Wassers durch jene Chemikalien, mit denen die Bauern das Unkraut vernichten und die Erträge ihrer Kohlfelder und Obstplantagen steigern. Den üblichen Kunstdüngern des Nährstands sind hohe

Wolter

„Warum der lange Umweg über Auspuffrohr und Leitungswasser, über Kopfsalat und Kabeljau?"

Mengen Nitrate beigemischt. Nitrat ist ein Stoff, der vor allem bei Kleinkindern zu innerer Erstickung führen kann. Experten schätzen, daß in der Bundesrepublik etwa zwei Millionen Menschen Wasser mit einem zu hohen Nitratgehalt trinken. Vor allem in Gegenden, in denen ein intensiver Obst-, Gemüse- oder Weinanbau betrieben wird, überschreitet der Nitratgehalt häufig die Gefahrengrenze.

Von 54 Trinkwasserbrunnen im Weinbaugebiet an der Mosel, so ermittelte die Rheinland-Pfälzische Landesanstalt für Gewässerkunde, hatten 39 einen zu hohen Nitratgehalt. Bei drei Brunnen fanden die Rechercheure sogar das Sechsfache der zugelassenen Werte. In dem Gemüse- und Obstanbaugebiet Handschuheimer Feld bei Heidelberg mußten die Stadtwerke ihre Brunnen aufgeben, weil die Düngemittelrückstände sogar das Wasser in 100 Meter Tiefe völlig verseucht hatten. Einer Reihe von Wasserwerken könnte es in Zukunft ähnlich gehen: Denn von der Düngung mit Nitraten bis zu ihrem Auftauchen im Trinkwasser vergehen oft viele Jahre. Wann und wo die Zeitbombe hochgeht, die da im Untergrund tickt, weiß niemand zu sagen.

Brunnenvergiftung betreibt nicht nur der Bauernstand. Mehr noch ist es die Industrie, die nach den Flüssen und Meeren nun auch das Grundwasser verpestet. Zunehmend tauchen Industriechemikalien, vor allem organische Chlorverbindungen, im Wasser auf. In etwa 50 Wasserwerken ermittelten kürzlich Fachleute eine zu hohe Konzentration von krebsfördernden Substanzen. In Mannheim etwa mußten einige städtische Brunnen für ein halbes Jahr stillgelegt werden. Das Wasser enthielt doppelt so viele organische Chlorverbindungen wie amtlich erlaubt. Bei der Suche nach den Ursachen stellte sich heraus, daß mehrere Unternehmen die giftigen Chemikalien in die Kanalisation gekippt oder auf das Werksgelände geschüttet hatten.

Daß mit giftigen Industrie-Abfällen derart lax umgegangen wird, ist keine Mannheimer Spezialität. Fachleute schätzen, daß bundesweit jährlich 300 000 Tonnen Salze, dazu riesige Mengen krebsfördernde Industrie-Chemikalien, Schwefeloxide, Schwermetalle und Stickstoff-Verbindungen aus undichten Müll-Deponien in den Untergrund eindringen. Es kann Jahrzehnte dauern, bis diese Schadstoffe im Trinkwasser auftauchen. In Trier etwa kamen Gifte, die bei einem Unfall in den Boden eingesickert waren, erst 30 Jahre später wieder zum Vorschein. „Grundwasser“, sagt der Darmstädter Wasserchemiker Norbert Wolters, „hat ein Gedächtnis wie ein Elefant.“

Die schleichende Unerbittlichkeit, mit der sich die Verseuchung des Wassers vollzieht, belegt ein Beispiel aus Köln, wo in einem Krankenhaus plötzlich Heizöl aus der Leitung kam. Der klebrige Stoff stammte aus einer Kölner Raffinerie, in der Jahre zuvor 1,8 Millionen Liter Öl ins Grundwasser eingesickert waren. Abgase und Emission in der Luft werden inzwischen argwöhnisch gemessen. Doch um das, was unter der Erde passiert, kümmern sich die Aufsichtsbehörden nur höchst mangelhaft. Über Jahre tropften am Frankfurter Flughafen drei Millionen Liter Flugbenzin in den Boden: Die Beamten der Umweltbehörde wußten und verschwiegen es.

Jedes Jahr ereignen sich in der Bundesrepublik 400 bis 500 Ölunfälle, bei denen insgesamt rund 30 000 Tonnen Öl in den Boden sickern. Schon ein Liter des schwarzen Saftes kann eine Millionen Liter Wasser ungenießbar machen. Noch mehr Schadstoffe sickern aus den verdreckten Flüssen in das Grundwasser. Das Grundwasser-Reservoir zwischen Basel und Bingen, mit 300 Kilometer Länge und 40 Kilometer Breite das größte in Europa, gleicht durch Abfälle der Elsässischen Kali-Minen eher dem Toten Meer: Mancherorts liegt der Salzgehalt dreimal höher als in der Nordsee.

Wasserexperten fordern, daß zumindest rund um die Wasserwerke Schutzzonen angelegt werden, in deren Bereich alles verboten ist, was das Grundwasser verschmutzen könnte. Doch die meisten der insgesamt 7000 Wasserwerke haben keinen Schongürtel. Häufig kümmern sich die

Behörden nicht genügend um diese Aufgabe, häufig werden ihre Aktivitäten abgeblockt. Viele Stadtväter und Gemeinderäte fürchten nämlich, durch allzu großzügig angelegte Schutzzonen Industriebetriebe zu vergraulen.

Da sauberes Grundwasser in den Ballungsräumen kaum noch zu holen ist, müssen die Versorgungsunternehmen immer häufiger Flußwasser in die Wasserleitungen pumpen. In Nordrhein-Westfalen zum Beispiel holen die Wasserwerke vier Fünftel des Wassers, das sie in die Leitungsnetze drücken, aus Flüssen und Seen. Etwa zehn Millionen Bundesbürger beziehen ihr Leitungswasser aus dem Rhein – obwohl der deutsche Strom als einer der dreckigsten in Europa gilt. Zwar ist der Rhein in den vergangenen Jahren etwas sauberer geworden. Aber ein Rückgang ist nur bei jenen Schadstoffen festzustellen, die sich leicht herausfiltern lassen. Die Belastung durch schwer abzubauende Substanzen stieg dagegen weiter. Experten schätzen, daß täglich bis zu 30 000 Tonnen Salz, 3 Tonnen Arsen, 450 Kilogramm Quecksilber und etwa 100 Tonnen organische, zum Teil krebserregende Chlorverbindungen in den Rhein geschwemmt werden.

Am übelsten verschmutzen Chemie-Konzerne und Zellstoffindustrie den kranken Fluß. Ein Viertel der gesamten organischen Abfälle stammt aus zwei Papierfabriken in Mannheim und Karlsruhe. Die beiden Werke lassen mehr Dreck ab, als wenn täglich sechs Millionen Einwohner ihre Notdurft in den Rhein verrichten würden – Meter für Meter aneinandergereiht reichte die Menschenschlange, an jedem Ufer, von Basel bis Rotterdam.

Selbst ein neues Gesetz, das seit Anfang 1981 gilt, wird daran kaum etwas ändern. Sinn dieses Abwasser-Abgabengesetzes war eigentlich, die Einleitung von Abwässern in die Flüsse mit so hohen Kosten zu belegen, daß es für die Firmen billiger wäre, ihre Schmutzbrühe zu klären. Aber die Industrie und ihre Freunde verwässerten das Gesetz. Die Gebühren, die für abgeleitetes Dreckwasser zu zahlen sind, wurden so niedrig angesetzt, daß es meist wirtschaftlicher ist, die Abwässer ungeklärt abzulassen. Allenfalls lohnt es, jene Schadstoffe herauszufiltern, die sich leicht und schnell entfernen lassen. Das Gesetz, behauptet etwa der Darmstädter Wasserchemiker Wolters, sei nichts anderes als „ein Fahrschein-Automat für die Verschmutzung der Gewässer". Etliche Unternehmen möchten sogar ohne Fahrschein fahren. Zehn Branchen beantragten, von der Abgabe gänzlich befreit zu werden. Unter den Bittstellern befindet sich die Zellstoffindustrie, die zum Teil hohe Subventionen für die Entwicklung moderner Klärverfahren kassierte.

Für die einzelnen Unternehmen ist es zwar billiger, wenn sie ihre Schmutzflut ungeklärt in die Flüsse leiten. Für die Volkswirtschaft aber entstehen höhere Kosten. Denn es ist einfacher, Schmutzstoffe schon bei der Entstehung zurückzuhalten, als sie später aus den Gewässern herauszufiltern. Je dreckiger die Flüsse, desto raffiniertere Techniken müssen die Wasserwerke anwenden, um aus dem Dreck Trinkwasser zu zaubern.

Der mehrstufige Prozeß beginnt damit, daß die Wasserwerke den Rohstoff meist nicht direkt aus den Flüssen ableiten, sondern in Ufernähe aus dem Boden pumpen. Der Grund ist simpel: Der Ufersand dient als natürlicher Filter, eine Menge Dreck bleibt so bereits hängen. Anschließend werden dem Wasser Flockungsmittel zugesetzt, damit sich die Schadstoffe zusammenballen und am Boden absetzen. In einer dritten Stufe wird das Wasser dann meist durch sogenannte Aktivkohlefilter geschickt, die vor allem die gesundheitsschädlichen Chlorverbindungen entfernen sollen. Danach mischen die Wasserwerker fast immer echtes Grundwasser zu, um den Geschmack des Wassers zu verbessern. Zum Schluß wird noch gechlort, um Keime in der Leitung zu töten.

So kompliziert schon dieses Verfahren ist – damit ist nur der Grundwaschgang geschafft. Oft müssen die Wasserwerke noch ein paar Filterstufen mehr einschalten. An der Ruhr zum Beispiel zapfen die Wasserunternehmen das Flußgemisch direkt ab und leiten es dann in riesige sandgefüllte Becken. Erst wenn es durch den Filtersand nach unten gesickert ist, wird es zur weiteren Behandlung wieder hochgepumpt. Die Frankfurter Stadtwerke, die eine besonders eklige Brühe aufbereiten müssen, wenden noch einen anderen Säuberungs-Trick an. Das Mainwasser wird zunächst im nahegelegenen Stadtwald in die Erde gelassen, ehe es einige Kilometer entfernt wieder hochgepumpt und aufbereitet wird. „Flußbrieh“ nennen die Frankfurter den stadteigenen Saft.

Doch wie erfindungsreich und aufwendig auch immer die Waschgänge ablaufen: Es gelingt den Wasserwerken keineswegs, die Giftwerte im Trinkwasser stets unter das zulässige Maß zu drücken. Schuld daran ist vor allem die ständige Zunahme der Chlorverbindungen, die in den meisten Fällen aus chemischen Reinigungs- und Lösungsmitteln stammen. Proben des Bremer Wissenschaftlers Uwe Lahl haben ergeben, daß diese Substanzen im Trinkwasser aus Rhein und Main häufig in hohen Konzentrationen vorkamen. Kein Wasserwerk konnte die von der EG empfohlenen Mindestwerte einhalten. Die höchste Konzentration entdeckte der Bremer Wasserprüfer im Frankfurter Trinkwasser. „Die Main-Metropole“, behauptet Lahl, habe das „mit Abstand schlechteste Trinkwasser in der Bundesrepublik“.

Frankfurts Wasserwerker wie die Kollegen in anderen Landstrichen der Bundesrepublik stehen vor einem kaum lösbaren Dilemma: Der Dreck nimmt so schnell zu, daß die herkömmlichen Reinigungstechniken kaum noch ausreichen oder, schlimmer noch, neues Unheil verursachen. Der holländische Wasserchemiker Johannes Rook entdeckte, daß durch die Chlorung des Wassers ein anderer Schadstoff, nämlich Chloroform, entsteht. Dieser Stoff steht im Verdacht, Darm- und Blasenkrebs hervorzurufen. Als daraufhin etliche Wasserwerke Chlordioxid statt Chlor verwendeten, wurde es nicht besser. Statt Chloroform bildete sich Chlorit, eine Chemikalie, die verdächtig ist, das Leben von Säuglingen zu gefährden.

Besonders die kleineren Wasserwerke sind oft hoffnungslos überfordert, wenn es darum geht, sämtliche Schadstoffe aus dem Wasser zu entfernen. Oft reicht weder die technische Ausrüstung noch das Personal, um einwandfreies Trinkwasser zu liefern. Immer mehr Gemeinden verkaufen daher ihre Wasserwerke oder verbinden sich mit größeren Versorgungsunternehmen. Die Großen machen dann häufig die kleineren Wasserwerke dicht, um ihr eigenes Wasser loszuschlagen. Nachteil: Kleinere Wasservorkommen, die durchaus noch genutzt werden könnten, liegen brach – die größeren Reservoirs werden noch hemmungsloser ausgebeutet.

Obwohl die Wasserversorgung eine gemeinwirtschaftliche Aufgabe ist, handeln manche Wasserunternehmen wie Profit-Betriebe. Die Hamburger beispielsweise feuern ihre Kundschaft geradezu an, möglichst tüchtig Wasser zu verbrauchen: Wer in der Hansestadt jährlich mindestens 40 Kubikmeter zur Gartenbewässerung verbraucht, bekommt die darauf entfallenden Sielgebühren erlassen. Industrieunternehmen, die viel Wasser verbrauchen, erhalten von den Wasserwerken ohnehin einen Mengenrabatt. Das Geschäft mit dem Wasser lohnt sich. Die Gelsenwasser AG etwa, die sich überwiegend in Privatbesitz befindet, zahlt ihren Aktionären seit Jahren eine Dividende von zwölf Prozent.

Damit die einträgliche Mangelware nicht versiegt, sorgen die Wasserwerker emsig für die Zukunft vor: Bohrtrupps drängen in die letzten noch unzerstörten Feuchtgebiete der Bundesrepublik. Was die Wassergier für die betroffenen Regionen bedeutet, kann am Beispiel des hessischen Rieds studiert werden. Dort soll das abgesaugte Grundwasser mühsam aufgefüllt werden. Bei Biebesheim am Rhein ist für diesen Zweck ein 150 Millionen Mark teures Wasserwerk geplant, das dreckiges Rheinwasser aufbereiten soll. Alsdann, so die Idee paradox, soll das gereinigte Wasser dort wieder ausgegossen werden, wo die Wasserwerke das Ried gerade vom Grundwasser leergesogen haben. Die Bewohner des Rieds bezweifeln, daß der Wassertausch Sinn macht. Sie argwöhnen, das einsickernde Rheinwasser könnte – trotz der Vorreinigung – den Untergrund verseuchen.

Die Skepsis der Ried-Bewohner ist verständlich. Denn allzuoft schon wurden die Thesen und Prognosen der Wasserexperten von der Wirklichkeit widerlegt. So behaupteten die Geologen vor fünfzehn Jahren, bevor im Ried neue Tiefbrunnen in Betrieb genommen wurden, die Wasserwerke würden nur das Grundwasser abpumpen, das ungenutzt zum Rhein abfließe. Der Untergrund im Ried, so tönten die Experten damals, sei durch undurchlässige Tonschichten in mehrere Stockwerke unterteilt. So werde verhindert, daß in der oberen Etage das Wasser sinke, wenn es den unteren Speichern entnommen werde. Einige Jahre später mußten die Wissenschaftler ihren Irrtum eingestehen. Ihnen war entgangen, daß die verschiedenen Stockwerke untereinander verbunden waren.

Vor so großen Irrtümern, wie sie den Experten im Ried unterliefen, fürchten sich nun auch die Bewohner der Lüneburger Heide und des Loisachtales nahe Garmisch-Partenkirchen. In der Lüneburger Heide marschierten besorgte Bürger zum Regierungspräsidenten in Lüneburg, um gegen den Wasserentzug durch Hamburg zu demonstrieren. Protestparolen auf dem Wassermarsch: „Lüneburger Wüste? – Nein danke“ oder: „Jeder gute Heidebauer wehrt sich gegen Wasserklauer“. Im idyllischen Loisachtal, aus dem München zwei Eibsee-Füllungen pro Jahr abzapfen will, wehrten sich die Einheimischen noch direkter. Mal ging eine Bauhütte der Brunnenbohrer in Flammen auf, mal wurde Dieselöl in die Leitungen geschüttet. Die Münchner Wasserwerke behaupten zwar, daß die geplante Entnahme dem Loisachtal nicht schaden würde. Als aber ein erster Pumpversuch gestartet wurde, trockneten innerhalb von wenigen Tagen Bäche und Nebenflüsse der Loisach aus. „Münchens Wasserprojekt zerstört unser Erholungsgebiet“, glaubt Michael Lidl, Bürgermeister der Loisachtal-Gemeinde Farchant.

Noch mehr steht in der Lüneburger Heide auf dem Spiel. Die Anrainer fürchten, daß hier eines der größten und schönsten Naturschutzgebiete Europas zerstört werden könnte. Ungerührt loben demgegenüber die Manager der Hamburger Wasserwerke, daß durch ihre „Schatzsuche in der Lüneburger Heide“ das Grundwasser kaum absinken werde. Wie im hessischen Ried behaupten die Wasserförderer, das Wasser lagere in verschiedenen Stockwerken, und die seien durch undurchlässige Schichten getrennt. Da sie nur Wasser aus Etagen von 90 bis 300 Meter Tiefe abpumpen, blieben die oberen Erdschichten, aus denen Bäume und Pflanzen ihr Wasser ziehen, weitgehend unbeeinflußt.

Landschaftspfleger und Naturschützer halten von der Stockwerk-Theorie, die schon einmal so gründlich danebenlag, überhaupt nichts mehr: Sie befürchten, daß sieben der insgesamt acht einzigartigen Feuchtgebiete im Heidepark austrocknen. Vom Absterben bedroht seien seltene Pflanzenarten, die in den Bachtälern und Tümpeln bisher noch geeignete Lebensbedingungen finden. Kostbarkeiten wie Sumpfschlangenwurz und Lungenenzian, Fieberklee und Gagelstrauch würden eingehen. Mit der Zerstörung der Pflanzenwelt, so die Landschaftskundler, werde auch der Lebensraum seltener Tiere wie Lurche und Libellen, Nattern und Molche vernichtet. Und als nächstes gingen dann wahrscheinlich Vogelarten ein, die ohnehin gefährdet seien: Brachvogel und Wiesenpieper, Goldregenpfeifer und Sumpfohreule. Mit der „europäischen Bedeutung“ der Lüneburger Heide, warnen die Naturschützer, sei es vorbei, wenn das Wasser nach Hamburg abgesaugt werde.

Zweifel, ob derart gigantische Bohrprojekte wirklich die allerletzte Weisheit sind, ob nicht vielleicht ein sparsamerer Umgang mit dem Wasser einfacher und umweltverträglicher wäre, beschleichen inzwischen auch manchen Politiker in Bonn. „Wir müssen Wasser sparen“, antwortete Ex-Bundesforschungsminister Volker Hauff, als er gefragt wurde, welche neuen Probleme in den achtziger Jahren zu erwarten seien. „Das Prinzip, Wasser als freies Gut zu betrachten“, formulierte die SPD-Kommission für Umweltfragen, „muß neu überdacht werden.“

Tatsächlich gibt es viele Möglichkeiten, mit weniger Wasser auszukommen. Zahlreiche Industrieunternehmen verplempern kostbares Grundwasser, obwohl sie genausogut aufbereitetes Flußwasser benutzen könnten. Für den Metall- und Fahrzeugbau etwa muß Wasser durchaus nicht dieselbe Qualität aufweisen wie zum Zähneputzen. In Amerika liefern viele Versorgungsunternehmen schon seit langem weniger gereinigtes, sogenanntes Brauchwasser an die Industrie. Hierzulande drücken nur wenige Wasserlieferanten – wie die Stuttgarter Wasserwerke oder ein paar Unternehmen im Rheinland – ihr weniger wertvolles Wasser in ein zweites Netz.

Mehr als bisher könnte zudem die Industrie in geschlossenen Wasserkreisläufen produzieren, also benutztes Wasser nach einer Reinigung erneut verwenden. Riesige Wassermengen ließen sich bei der Papierherstellung sparen. Während etwa für eine Tonne Feinpapier bis zu 400 000 Liter Wasser benötigt werden, erfordert die Produktion von Umweltschutzpapier lediglich rund 2000 Liter Wasser. Mehr noch als der Abschied von Hochglanzpapier würde den Deutschen ein sinnvollerer Umgang mit dem Wasser in den häuslichen vier Wänden bringen. Nur rund fünf der insgesamt 140 Liter, die jeder Bundesbürger im Schnitt am Tag verbraucht, werden zum Kochen oder Trinken verwendet. Etwa 50 Liter bestes Trinkwasser rauschen durch die Toilettenspülung, mehr als ein Drittel geht zum Putzen oder Wäschewaschen drauf.

Würde dagegen das Wasser aus der Badewanne, dem Waschbecken oder der Waschmaschine für die Toilettenspülung benutzt, wären schon 50 Liter eingespart. Würden die Deutschen überdies nach Vorvätersitte das Regenwasser auffangen und zum Wäschewaschen benutzen, ließe sich der Gesamtverbrauch im Haushalt sogar um die Hälfte reduzieren. Findige Tüftler haben den Trend inzwischen erkannt und machen gute Geschäfte mit sparsamen Geräten. Der Installateur Heinrich Schäfer aus Irrel in der Eifel hat bereits 300 Eigenheime mit einer Wassersparanlage ausgerüstet. Die Anlage speichert in zwei 1000-Liter-Tanks Regenwasser. Ein dritter Behälter fängt den Abfluß aus der Badewanne für die Toilettenspülung auf.

Die besten Ideen, wie dem heraufziehenden Wassermangel zu begegnen ist, lassen sich dort abgucken, wo Wasser traditionell knapp ist. In Israel wird eine Fabrik nur dann errichtet, wenn ein nationaler Wasserkommissar den Recycling-Plan genehmigt hat. Rigoros zwingen die israelischen Behörden ihre Bürger zu sparen. Jeder Haushalt, der mehr als 16 000 Liter je Monat verbraucht, zahlt für jeden Zusatz-Liter den doppelten Preis.

Für die Bundesbürger wären solche Notverordnungen nichts als eine Form staatlicher Willkür. Die Gefahren, die von verdrecktem, vergiftetem und verschwendetem Wasser drohen, sind bislang nur einer Minderheit bewußt. Für die Mehrheit ist Wasser noch immer ein Gut, das im Überfluß vorhanden ist – so, wie für die meisten bis zum ersten Ölschock die Energiereserven unbegrenzt verfügbar schienen. Daß sauberes Wasser zunehmend zur Mangelware wird, daß mit Wasser in einer übervölkerten und überindustrialisierten Region wie der Bundesrepublik ähnlich sparsam wie mit anderen Rohstoffen umgegangen werden muß – dies dürfte wohl erst ins Bewußtsein dringen, wenn der einen oder anderen Großstadt das Wasser einmal ausgegangen ist. Lange wird dies wohl nicht mehr dauern. „Die Vorstellung, Wasser sei ein frei verfügbares Gut“, schreiben die Autoren des Umweltreports „Global 2000“ über die Lebensverhältnisse in neunzehn Jahren, „wird nirgends in der Welt mehr anzutreffen sein.“

5

Jochen Bölsche, Hans-Dieter Degler,
Dieter Uentzelmann

Erst stirbt der Seehund, dann der Mensch

Nordsee in Not: Ölpest, Chemiemüll, Wattzerstörung

„Nach den Flüssen und Seen“, warnt der Bremer Umweltsenator Herbert Brückner, „droht jetzt auch das Leben im Meer umzukippen.“ Wissenschaftler haben nachgewiesen, daß die Selbstreinigungskraft der Nordsee bisher überschätzt worden ist: Durch Chemiemüll, Tankerkatastrophen, Überfischung und Deichbauprojekte ist die Deutsche Bucht nach dem Urteil von Sachverständigen „als Ganzes erheblich gefährdet“.

Sie schippen Strandburgen und schippern zu den Seehundsbänken, pulen Krabben und sammeln Muscheln – in fünfzig Kurorten, von der holländischen bis zur dänischen Grenze, erwarten Millionen Badegäste, was die Fremdenverkehrsverbände jeden Sommer verheißen: „Gesundheit und Vergnügen“ an der deutschen Nordseeküste. Um „weit weg von schlechter Luft und unreinem Wasser“ (Sylt-Reklame) zu urlauben, nehmen viele der deutschen Nordsee-Touristen selbst widriges Wetter gern in Kauf. Inflation und Infektgefahr in Europas Süden haben manch einem die sonnigeren Gestade verleidet. „Die Leute wissen schließlich, wie es an den Mittelmeerstränden aussieht“, frohlockt Gerd Kramer, Geschäftsführer des Fremdenverkehrsverbandes Schleswig-Holstein.

Den Seebädern zwischen Borkum und Keitum kommt zugute, daß rund um die rot-weißen Leuchttürme „die Welt noch in Ordnung“ scheint, wie das Damenblatt „Brigitte“ meint: kaum Betonburgen wie an der Ostsee; nirgendwo zentimeterdicker Ölschlamm wie in der Bretagne; im Badewasser offenbar kaum Kot wie an der Côte. In den Werbeschriften ist die Nordsee noch so klar, so blank wie in jenen uralten Märchen, in denen Nixen – „ei ei leilei, ei ei lulu“ – ihr „kristallnes Gemach“ besingen, „Perlmutter das Dach“, und in denen der Meermann Ekke Nekkepenn verrät, was auf dem Meeresboden lagert: „Gold und Silber.“

In das sagenhafte Bild paßt, was „Bild“ meldete: Beim Test von 27 westdeutschen Badegewässern habe die Nordsee bestens abgeschnitten – „überhaupt keine gefährlichen Keime“. Ein Prüfer: „Das Wasser kann man trinken.“ Daß Badegäste immer mal wieder zur Terpentinflasche greifen müssen, um sich vom angeschwemmten Teer zu reinigen; daß im Spülsaum, zwischen Seesternen und Tang, vielerorts Plastikmüll, Glasscherben und ölverschmierte Möwenkadaver lagern – solche Schönheitsfehler haben es jahrelang nicht vermocht, das saubere Image der großen Klaren im Norden einzutrüben. Daß ganze Strandabschnitte – einer auf Föhr, zwei an der Eider, drei auf Amrum, vier auf Sylt – 1980 wegen Wasserverschmutzung für Badende gesperrt werden mußten, steht schließlich in keinem Glanzpapierprospekt. Und daß auch an der Nordsee Salmonellen und Kolibakterien „unmittelbar mit Kot oder Urin an den Strand“ gelangen oder „mit Abwassereinleitungen ins Meer eingebracht“ werden, ist in wissenschaftlichen Abhandlungen bislang mehr zwischen den Zeilen versteckt als veröffentlicht worden.

Der gängige Glaube, Meeresluft sei „gesund“, Meerwasser aber „am allergesündesten“ (Helgoland-Werbung), allerdings ist in den letzten Jahren ins Wanken geraten. In Bonn präsentierte der „Rat von Sachverständigen für Umweltfragen“ im Sommer 1980 ein 508-Seiten-Gutachten mit der Warnung, „täglich“ könne eine Ölpest mit „katastrophalen“ Folgen die Deutsche Bucht heimsuchen, die ohnehin durch eine Vielzahl anderer Faktoren „als Ganzes erheblich gefährdet“ sei. In Hamburg und Cuxhaven protestierten, im Frühjahr 1981, Elbfischer und zehntausende Bürger gegen die Bundesregierung, die es zuläßt, daß in der Nordsee Klärschlamm und giftiger Chemiemüll versenkt werden. Und im September 1981 debattierte der Deutsche Bundestag, wenn auch vor fast leeren Bänken, die Schreckensbilanz der Sachverständigen und warnte vor einer weiteren „Vergiftung der Nordsee" (SPD-Abgeordneter Freimut Duve).

Die Bundesforschungsanstalt für Fischerei meldete, in Nordseezonen mit hoher Abfallbelastung seien Plattfische „massenhaft mit Geschwulsten" behaftet, eine „Reduzierung der Schadstofflasten" sei „dringend erforderlich"; Zoologen berichteten über Seehunde mit tellergroßen, offenen Bauchgeschwüren, offenbar Folge giftiger Einleitungen; Meeresforscher registrierten im Sommer 1981 erstmals ein großes Fischsterben in der Nordsee vor Helgoland, weil der Sauerstoffgehalt des Wassers kritische Werte unterschritten hatte. In Schleswig-Holstein machen Naturschützer Front gegen gigantische Deichbauprojekte; Zehntausende von Einwendern fürchten, durch derlei Landgewinnung werde das „Weltwunder Wattenmeer" vernichtet und das gesamte „Ökosystem Nordsee" gestört.

„Nach den Flüssen und Seen", warnt Bremens Umweltsenator Herbert Brückner, „droht jetzt auch das Leben im Meer umzukippen." Der Kieler Meereszoologe Eberhard Drescher hört unter Wasser eine „biologische Zeitbombe" ticken. Doch so schrill der jähe „Alarm für die Nordsee" („Hamburger Abendblatt") auch klingt – die Vorstellungskraft von Laien scheint noch immer überfordert durch die Vision, ausgerechnet die unbändige „Mordsee", die jahrtausendelang Menschen verschlang, könne nun, umgekehrt, durch Menschenhand zum toten Meer werden.

„Kannst du di dat vörstellen", markiert der Hamburger Heimatschriftsteller Wilhelm Mohr diese Mentalität, „dat uns feine grote Nurdsee mit dat veele Woter nu ok sogoar al krank warrt un ehr Woter jo al so schlecht un giftig is? Nee, wat? Mann, wat'n Woter, dinkst du!" Ist denn nicht in der

GESCHUNDENE NORDSEE

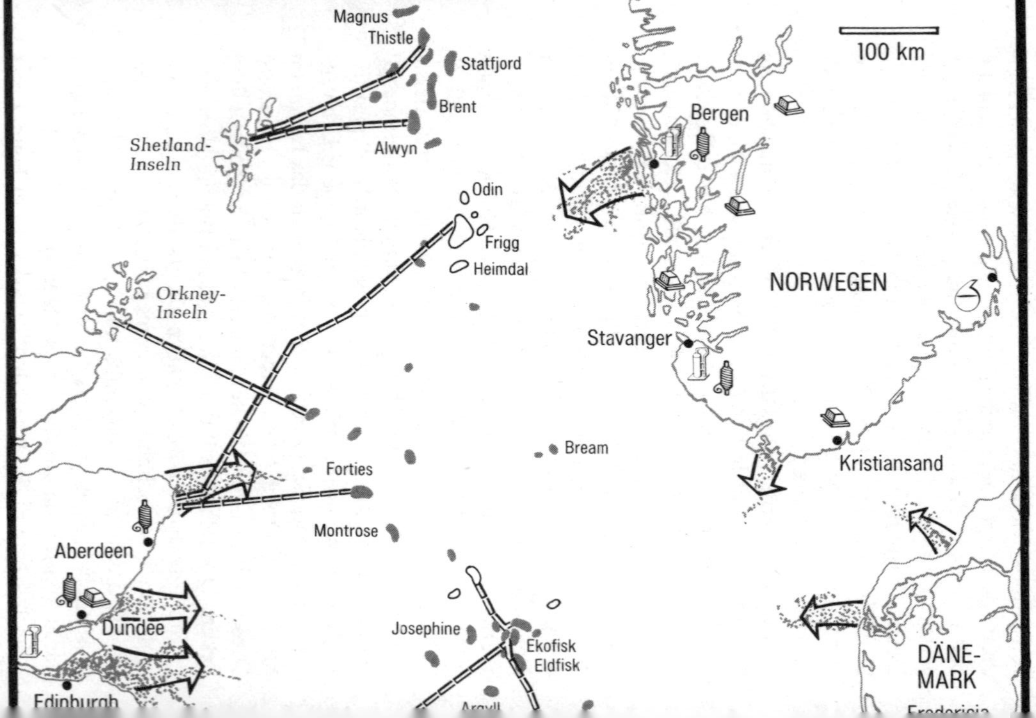

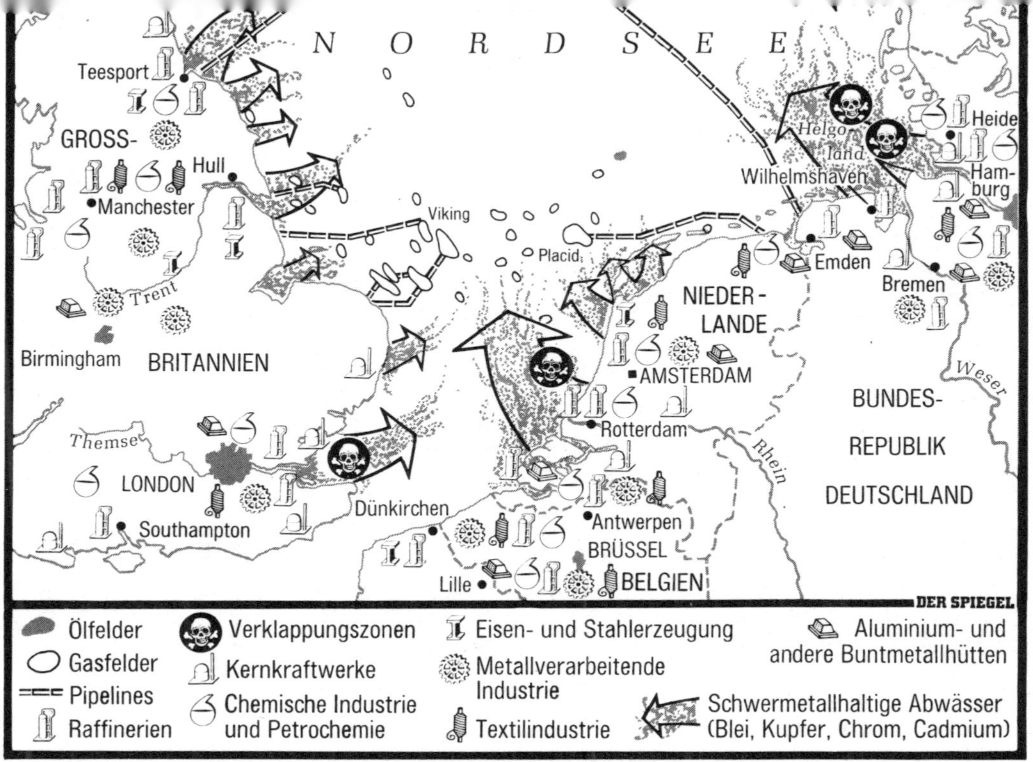

NORDSEE
Teesport
GROSS-
BRITANNIEN
Hull
Manchester
Trent
Birmingham
Themse
LONDON
Southampton
Dünkirchen
Viking
Placid
Helgoland
Heide
Wilhelmshaven
Hamburg
Emden
Bremen
NIEDERLANDE
AMSTERDAM
Rotterdam
Antwerpen
BRÜSSEL
BELGIEN
Lille
Rhein
Weser
BUNDESREPUBLIK DEUTSCHLAND
DER SPIEGEL
Ölfelder
Gasfelder
Pipelines
Raffinerien
Verklappungszonen
Kernkraftwerke
Chemische Industrie und Petrochemie
Eisen- und Stahlerzeugung
Metallverarbeitende Industrie
Textilindustrie
Aluminium- und andere Buntmetallhütten
Schwermetallhaltige Abwässer (Blei, Kupfer, Chrom, Cadmium)

Tat die riesige See zwischen Kanal und Kattegat, Cuxhaven und Shetland-Inseln – mit 525 000 Quadratkilometern mehr als doppelt so groß wie das Bundesgebiet – nach wie vor das fischreichste Gewässer der Welt? Vor allem aber: Werden die 54 Billionen Tonnen Salzwasser nicht immer wieder von Stürmen aufgemischt und, zweimal täglich, durch die Flut aufgefrischt, die so viel Ozeanwasser in die Deutsche Bucht drückt, daß Gifte rasch bis zur Unkenntlichkeit verdünnt werden?

Meereskundler wissen es besser: Die Selbstreinigungskraft der Nordsee wird in allen Anliegerstaaten, Deutschland, Holland, Belgien, Frankreich, England, Norwegen und Dänemark, erheblich überschätzt. Denn das Schelfmeer – Durchschnittstiefe 80 Meter, über der Doggerbank nur 20 Meter – wirkt, verglichen mit dem Atlantik (3500 Meter), flach wie ein Suppenteller. Die Zuflüsse, ob Rhein oder Weser, Elbe oder Themse, speisen die Nordsee längst nicht mehr mit sauberem Süßwasser, sondern stündlich mit tonnenschwerer Schmutzfracht. Und auch Frischwasser aus dem Ozean kann den hochgiftigen Dreck, von Arsen bis Zyankali, kaum kompensieren.

Zwar wird der Wasserspiegel an der Nordseeküste durch Ebbe und Flut ungleich stärker bewegt als an der Ostsee. Aber auch wenn hohe Nordseewellen trecken an den Strand, werden die Wassermassen kaum ausgetauscht. Meeresforscher vergleichen den Vorgang mit Windspiel im Weizen: Die Wogen laufen weiter, die Halme bleiben stehen. Zudem ist das EG-Meer gespickt mit so vielen Bohrinseln, befahren von so vielen Großtankern und Chemiegift-Transportern wie kaum ein anderes Gewässer der Erde. Die südliche Nordsee säumen Welthäfen wie London, Antwerpen, Amsterdam, Rotterdam, Bremen und Hamburg, umgeben von Kraftwerken und von Industriegebieten, die allein an Westdeutschlands Küste in wenigen Jahren soviel Quadratkilometer einnehmen sollen wie das Ruhrrevier.

Die Nordsee mitsamt ihrem sensiblen, bis zu fünfzig

Kilometer breiten Wattensaum ist denn auch, folgert der Wilhelmshavener Meeresbiologe Dieter Dörries, entgegen landläufiger Meinung ein „überaus empfindliches System", in dem bereits minimale Eingriffe enorme Folgen zeitigen können: „Jede Störung einzeln genommen mag sie noch verkraften, aber alles zusammen ist zuviel." Selten freilich waren in den letzten Jahren die Warnsignale der Natur so dramatisch, daß sich die Politiker der Anrainerstaaten zu drastischen Reaktionen gezwungen sahen. Oft sind Veränderungen von Flora und Fauna allenfalls unter dem Elektronenmikroskop oder mit dem Gaschromatographen erkennbar.

Nur Experten wissen, daß radioaktive Stoffe aus den Abwässern französischer und britischer Wiederaufarbeitungsanlagen (La Hague am Kanal, Dounreay in Nordschottland und Windscale an der Irischen See) sich längst auch vor der Elbmündung nachweisen lassen. Cäsium und Strontium werden binnen 15 Monaten von der Bretagne bis zur deutschen Küste verdriftet; strahlende Partikel gelangen durch das Skagerrak sogar in die Ostsee. Höchstens Meereskundler horchen auf, wenn etwa Wattwürmer in der Wesermündung hohe Konzentrationen irgendeines Industriegifts aufweisen. Nur von Ökologen werden derlei Beobachtungen als Vorboten kommenden Unheils gewertet. Denn wenn dieser Wattwurm Teil einer zum Menschen führenden Nahrungskette ist, in der sich von Glied zu Glied der Schadstoffgehalt erhöht, sind Katastrophen möglich wie in den fünfziger Jahren im japanischen Minamata: Dutzende starben, Tausende erkrankten nach dem Verzehr von Fisch, in dessen Organen sich Quecksilber zu tödlichen Dosen angereichert hatte.

Wo die Warnzeichen augenfälliger sind als beim Kleingetier, bemühen sich die Verursacher seit Jahren um Verharmlosung und Vertuschung. Da lassen europäische Chemieunternehmen giftige Rückstände angeblich nach Singapur verschiffen, wo sie niemals eintreffen. Da werden

Reporter, die im Morgengrauen auslaufende Müllschiffe ablichten wollen, beharrlich an der Arbeit gehindert. Und da lassen Kapitäne verbotswidrig in Küstennähe den Bilgenschlamm aus dem Schiffsbauch pumpen oder Tagebücher fälschen, um zu verbergen, daß sie Öl- und Chemikalienreste tonnenweise auf offener See ablassen.

Mit Verniedlichung und Geheimnistuerei behandeln Politiker aus Bund und Land noch immer militärische Giftstoffe, die seit dem Ende des Zweiten Weltkriegs in rostenden Wracks auf dem Meeresgrund liegen. Allein in der Nordsee sind wenigstens zwanzig Kampfstoff-Frachter mit insgesamt 65 000 Bruttoregistertonnen versenkt worden. Die Regierenden, die offenbar auch eine „Beunruhigung des Fremdenverkehrs" („Die Welt") fürchten, deklarieren die verrottenden Phosgen- und Tabun-Behälter als harmlos, scheuen sich aber zugleich, „die mit einer Bergung – soweit dies überhaupt technisch möglich ist – verbundenen Risiken in Kauf zu nehmen", wie 1979 die Bundesregierung erklärte.

Die seekranken Fische, die deutschen Fischern immer häufiger ins Netz gehen, bekommt ohnehin kaum ein Kunde zu sehen: Schollen mit roten Geschwüren („Himbeerkrankheit") und Aale mit kopfgroßen Tumoren („Blumenkohlkrankheit"), Stinte mit Flossenfäule oder Makrelen mit Löchern im Leib. „Manchmal", sagt der Hamburger Fischer Heinz Oestmann, „müssen wir dreißig Prozent aussortieren." Hinreichend Aufschluß über Ausmaß, Ursachen und Folgen der Meeresverschmutzung vermögen nicht einmal Fachwissenschaftler zu geben. Der Umwelt-Sachverständigenrat, der sich „höchst komplexen Vorgängen und Faktoren" konfrontiert sieht, ist weitgehend „auf Schätzungen und Hochrechnungen angewiesen". Weil es an großangelegten internationalen Meß- und Überwachungsprogrammen mangelt, fehlen den Forschern vielfach „zuverlässige und aussagekräftige Zahlen".

Weitgehend unerforscht sind die Auswirkungen der allermeisten Chemikalien auf das maritime Leben, vollends unbekannt ist oft ihr Zusammenwirken. „Bei 40 000 chemischen Stoffen, die unsere Umwelt belasten, können wir", sagt der Kieler Zoologe Drescher, „nie sicher sein, wie die einzelnen Substanzen miteinander reagieren." Deshalb konnte Bonns Agrar-Staatssekretär Georg Gallus noch Anfang 1980 auf eine Abgeordnetenanfrage – ebenso scheinheilig wie wahrheitsgemäß – mitteilen: „Ein unmittelbarer Zusammenhang von Abfallstoffen und der Zunahme von Fischerkrankungen konnte bisher wissenschaftlich noch nicht zweifelsfrei bewiesen werden."

Dabei wissen auch Bonner Politiker wie Innenminister Gerhart Baum spätestens seit dem Nordsee-Gutachten, „daß unsere natürlichen Lebensgrundlagen auf einem vernetzten ökologischen System beruhen. Es ist also so, daß scheinbar geringe Eingriffe die Ursache für schwerwiegende Probleme werden können, weil sich die Folgen von Wirkungsketten eben nicht nur addieren, sondern in Einzelpunkten sogar potenzieren können". Doch Forschungsdefizite und Naturgesetzlichkeiten fügen sich, so scheint es, zu einem wissenschaftlich-politischen Dilemma. „Solange katastrophale Ereignisse und alarmierende ökologische Funktionsstörungen noch nicht aufgetreten sind", warnen die Umwelt-Gutachter, „fehlt es möglicherweise an dem notwendigen Problemdruck, um geeignete umweltpolitische Maßnahmen rechtzeitig in die Wege zu leiten." Liegen Beweise für die Gefährdung des Meeres aber erst einmal vor, die ins öffentliche Bewußtsein durchschlagen, könne es schon zu spät sein. „Schädigungen, die das Ökosystem Nordsee im ganzen verändern", wären, so die Gutachter, „weitgehend irreversibel."

Die Katastrophe kann sich stündlich ereignen. Purer Zufall, daß der größte anzunehmende Unfall auf See, die Explosion eines Supertankers vor der deutschen Küste, noch nicht passiert ist, daß Watt und Wasser nicht längst unter einem tödlichen Ölteppich erstickt oder durch Chemiegifte verseucht sind. Zwar versprach die Bundesregierung noch

1978, nach dem Öldesaster vor der Bretagne, an der deutschen Nordseeküste könne „eine Katastrophe des Ausmaßes des ‚Amoco Cadiz'-Unfalls... nicht eintreten". Die Umweltgutachter aber scheinen da der Wirklichkeit näherzukommen: Ein „Unfall eines Öltankers oder eines Chemikalientransporters" könne sich „täglich ereignen"; das Ausbleiben des maritimen GAU ist für die Sachverständigen „außerordentliches Glück". Der liberianische Tanker „Afran Zenith" (96716 Ladetonnen) schrammte am 25. Juli 1981 in der Elbmündung bei Hamburg knapp an so einem GAU vorbei. Nach dem Ausfall der Maschinen lief der Koloß auf Grund, 300 Tonnen Öl strömten aus. Als 14 Schlepper das Schiff wieder in tieferes Wasser zerrten, waren 15 Kilometer Wasser und Strand verpestet, ungezählte Vögel, verölt oder durch verseuchte Nahrung vergiftet, verendeten qualvoll.

Nirgendwo auf der Erde ist das Risiko einer Ölhavarie so hoch wie zwischen Elbe und Themse. Auf der Nordsee, dem Gewässer mit der weltweit stärksten Frachter-Frequenz, werden jedes Jahr rund eine halbe Milliarde Tonnen Rohöl und Erdölprodukte transportiert und ereignen sich 50 Prozent aller Kollisionen von Schiffen über 500 Bruttoregistertonnen. Tausende Kilometer Pipelines machen zudem das Meer unsicher. Ölpest droht auch von Bohrinseln, die schon mal kentern, wie im März 1980 vor Norwegen (123 Tote), oder das Öl nicht halten können, wie drei Jahre zuvor die Ekofisk-Plattform „Bravo".

Welche Folgen der Ernstfall an der deutschen Nordseeküste haben könnte, beschrieben Bonns Umweltsachverständige anhand der „Torrey Canyon", eines 60000-Tonnen-Tankers, der am 18. März 1967 vor der Felsenküste von Cornwall auf- und ausgelaufen war. 119000 Tonnen kuwaitisches Rohöl wurden mit sogenannten Dispergatoren, Chemikalien zur Ölverdünnung, im Wasser verteilt. Kleinlebewesen wie Napfschnecken und Seepocken starben ab, Tausende Möwen fanden mit verklebtem Gefieder den Öltod. Zwei Jahre dauerte es, bis sich Tier- und Pflanzenwelt an jenen Küstenstrichen, an denen schieres Öl an Land geschwappt war, halbwegs von der schwarzen Pest erholt hatten. Wo überdies Chemikalien eingesetzt worden waren, verging gar ein Jahrzehnt – das Gegenmittel hatte den Schaden noch erhöht.

Ungleich schlimmer wären die Folgen, wenn Ölschlamm das Wattenmeer im Südosten der Nordsee überziehen würde. Denn diese Region zwischen dem dänischen Esbjerg und dem holländischen Den Helder ist weltweit einmalig: In Schlick und Prielen, wo es nur so krebst und krabbelt, sind Rast- und Nistplätze für Millionen bedrohter Vögel, Brutstätten und Kinderstuben für ungezählte Nordseefische. Öl wäre das Ende. Zwar wird der Schmierstoff, ganz natürlich, durch Bakterien abgebaut, tragen Verdunstung, Verdriftung und Lösung des Öls zur mählichen Reinigung bei. Doch bis auch die letzten Teerklümpchen („Asphaltene“) zersetzt sind, vergehen Jahre, in denen ganze Gattungen von Lebenwesen dezimiert oder ausgerottet werden.

Gegen den Öltod gibt es noch immer kein Mittel. Neben dem Einsatz giftiger Chemikalien, wie sie in sieben deutschen Nordseehäfen für den Alarmfall gelagert werden, könnte nur das Abschöpfen des Öls helfen. An geeigneten Schiffen aber fehlt es den Wasserschützern vom „Ölunfallausschuß See/Küste“, einer Bund-Länder-Arbeitsgruppe, die bei Ölflut einspringen soll. Bislang verfügen die Wasserwächter über äußerst bescheidene Mittel, die bestenfalls für einen Schönwettereinsatz geeignet sind: schwimmende Ölsperren, Eimer, Schlepper, kleine Tanker mit Ölsaugern und den motorgetriebenen Katamaran ÖSK I, der allenfalls fünfzig Kubikmeter Öl pro Stunde absaugen kann und der bei hoher See ganz passen muß.

Ein neuer Saugschifftyp, die im Januar 1982 auf den Namen „Thor“ getaufte „Ölsau“ (Werftjargon), die am Tag 15 000 Kubikmeter schlucken soll, befindet sich einstweilen in der Erprobung. Das 34 Meter lange Ölauffangschiff ist der Länge nach teilbar, beide Hälften sind am Heck mit einem Gelenk verbunden. Bei Tankerunfällen kann das

Schiff seine beiden Rumpfhälften scherenartig aufklappen, den Ölteppich einfangen und aufsaugen. Weitere vom Ölunfallausschuß geplante Anschaffungen: acht Saugschiffe für die hohe See und acht weitere für flache Gewässer. Vorerst aber sind die Küstenschützer, wenn irgendwo auch nur 20 000 Tonnen Öl auslaufen, so Karl-Otto Zacher, Leiter des Wasser- und Schiffahrtsamtes Cuxhaven und Chef des Ölunfall-Meldedienstes, „hilflos: Dann können wir nur noch beten."

Darin müßten die amtlichen Aufpasser Übung haben: Im Schnitt alle sechs Monate schrammen Supertanker vor Wilhelmshaven knapp an der Katastrophe vorbei. Vollbeladen rammte etwa 1974 der 200 000-Tonner „Al Fountas" aus Kuweit die Pier in Wilhelmshaven. Ein Ölunfall wurde in letzter Minute durch Alarmeinsatz von Schleppern vermieden. Sie zogen das angeschlagene Schiff in tieferes Wasser, bevor sich der Öljumbo bei Einsetzen der Ebbe an den Trümmern des Löschkopfes den Rumpf aufreißen konnte.

Vor Wilhelmshaven bei Tonne Q schob sich 1977 der liberianische 200 000-Tonnen-Tanker „Energy Vitality" auf eine Sandbank, nachdem der chinesische Rudergänger eigenmächtig ein falsches Manöver gefahren war. Glück gehabt: Nur weil das Hindernis an dieser Stelle platt war, blieb der Tanker heil, auf einem Buckel wäre er geborsten – ähnlich wie die „Energy Concentration", die im Juli 1980 im Rotterdamer Hafen durch einen Löschfehler in der Mitte auseinanderknickte und sank; nur Zufällen war es zu verdanken, daß lediglich zehn Tonnen Öl ausliefen.

So flach ist das Fahrwasser vor Wilhelmshaven, daß Großtanker nur exakt auf dem Höhepunkt der Flut genügend Wasser unter Kiel haben, um zur Pier gelotst werden zu können. Und so eng ist die Rinne (300 Meter), daß ein Öljumbo (Länge: 350 Meter und mehr), der aufläuft und sich querlegt, zerbrechen muß. Doch selbst wenn vorerst schlagzeilenträchtige Havarien wie vor der Bretagne ausblieben, wird die Nordsee stetig weiter in die Ölkrise treiben: Jedes Jahr strömen rund eine Million Tonnen Öl von Bohrinseln und aus lecken Pipelines, aus Häfen, Industriebetrieben und Flüssen ins Meer. „Der größte Teil der Ölverschmutzung", meldet Bonns Innenministerium, „entsteht nicht durch die großen Tankerkatastrophen."

Allein beim Auswaschen von Tankertanks geraten nach Experten-Schätzungen alljährlich Hunderttausende von Tonnen Restöl und Chemikalien, insgesamt mehr als tausend giftige Substanzen, ins Wasser. Zwar stehen in Nordseehäfen Entsorgungsanlagen für derlei Rückstände bereit, doch mancher Schiffsführer erspart sich die Gebühr fürs Abpumpen. „Praktiker sagen uns", berichtete im September 1981 der niedersächsische CDU-Bundestagsabgeordnete Wolfgang von Geldern dem Parlament, „daß die Tankerkapitäne heute nach dem Prinzip verfahren: Es lohnt sich mehr, nicht das vorgesehene Verfahren der Reinigung ... durchzuführen, sondern statt dessen das Bußgeld zu zahlen, wenn man die Reste auf See abgelassen und damit die Nordsee verschmutzt hat." Doch wer seinen Dreck verbotswidrig auf See – wo Tankreinigung nur in bestimmten Zonen gestattet ist – abläßt und durch Manipulation im Öltagebuch ordnungsgemäße Beseitigung vortäuscht, wird selten erwischt. Das Deutsche Hydrographische Institut (DHI) in Hamburg, zuständig für die Ahndung von Ölvergehen auf hoher See, hat bislang noch nie eine Buße verhängt. „Nur wenn ein besoffener Seemann auspackt", sagt ein DHI-Fahnder, „erfahren wir mal was."

Wachsamer sind die Niederländer, die in Umweltfragen durchweg sensibler reagieren als ihre östlichen Nachbarn. Ein staatliches Überwachungssystem, dem auch die Königliche Luftwaffe angehört, liefert jährlich zwei- bis dreihundert Meldungen. Rund hundert der Ölsünder können von den fliegenden Holländern überführt und bestraft werden. Machtlos sind Meeresschützer hingegen, wenn sie Nordsee-Verschmutzern anderer Art begegnen: Schiffen, die mit behördlicher Erlaubnis Schadstoffe auf See verbrennen oder versenken („verklappen"). Pro Jahr werden mehr als

50 Millionen Tonnen Chemieabfälle, Klärrückstände und teils giftige Baggerschlämme in die Nordsee gekippt – eine gewaltige Masse Dreck, die einen Güterzug füllen würde, der länger ist als der Äquator.

Zu den tückischsten Stoffen zählen Experten das Seveso-Gift TCDD, das schon in unvorstellbar geringen Konzentrationen extrem gefährlich ist. Dieses sogenannte Ultragift sowie jährlich 80 000 Tonnen halogenierte Kohlenwasserstoffe (chemische Verbindungen mit den Elementen Fluor, Chlor, Brom, Jod) allein aus der Bundesrepublik werden auf der Nordsee auf fünf in Belgien und Holland stationierten Spezialschiffen wie dem Singapur-Pott „Vulcanus" verbrannt, angeblich schadlos.

Für diese Abfallbeseitigung gibt es keinerlei Abgasreinigungsvorschriften, so daß die Verbrennungsgase unverändert in die Luft gehen können. Rund 0,1 Prozent der bei hohen Temperaturen verbrannten Abfälle gelangen, wie das Umweltbundesamt anmerkt, „mehr oder weniger unzerstört in die Atmosphäre beziehungsweise in die See, die als Spuren vorhandenen Schwermetalle gelangen vollständig in die Atmosphäre".

Mitunter wohl noch mehr. Gelegentlich wurden auf der „Vulcanus", wie ein abgemusterter Techniker 1981 berichtete, mit Ballastwasser auch Chemikalien direkt ins Meer gepumpt: „Jedesmal schillerte das giftige Zeug hinter dem Heck auf den Wogen." Auch die Verbrennungstemperatur, so der Seemann, sei nicht immer eingehalten worden. Folge: Die Chemikalien wurden nicht zerstört, die Umweltgifte gelangten konzentriert ins Meer.

Sollte ein TCDD-Transport jemals etwa in einem Hafen verunglücken, warnt Fritz Vahrenholt, langjähriger Fachgebietsleiter im Berliner Umweltbundesamt und seit April 1981 Abteilungsleiter im hessischen Umweltministerium, dann „hätten wir unser eigenes Seveso".

Als gefährlich werten Wasserkundler aber auch das Geschäft der Schmutzschiffe „Midgard" und „Titan", die frühmorgens am Kai der „Kronos-Titan"-Werke im niedersächsischen Nordenham in See stechen, um 14 Meilen nordwestlich von Helgoland eine 60 Grad heiße, gelbliche Brühe abzulassen – jährlich 750 000 Tonnen Rückstände aus der Produktion des Weißmachers Titandioxid, der zur Herstellung von Zahnpasta, Wandfarben und Waschmitteln verwendet wird.

Darüber hinaus läßt die Kronos-Titan, eine Tochter des US-Konzerns „National Lead", jährlich 450 000 Tonnen Chemieabfall vor der holländischen Küste verklappen – ähnlich wie Bayer-Leverkusen, das allein 1980 vor dem holländischen Seebad Scheveningen 280 000 Tonnen Rückstände aus der Lackproduktion verquirlen ließ; weitere 500 000 Tonnen kippte die Duisburger „Pigmentchemie" vor Holland ins Meer. Aber auch westdeutsche Kommunalpolitiker bedienten sich jahrzehntelang der „Kloake Nordsee" (Fischereiverband). Fünfmal in der Woche pumpten Hamburger „Ködeldamper", wie der Volksmund sie nennt, mehr als 1000 Tonnen Schlamm aus den Faultürmen des Klärwerks Köhlbrandhöft in die Nordsee, vornehmlich in ein Gebiet in der Elbmündung, später auch auf einer Linie nahe Helgoland. „Manchmal", berichtet Elbfischer Oestmann, „zogen wir unsere Netze nur noch durch Scheiße."

Oestmann und seine Kollegen stießen sich weniger an den erkennbaren Bestandteilen ihres schwarzen, stinkenden Fangguts als an den unsichtbaren Ingredienzen des Hamburger Schlamms, der seit April 1981 für zunächst zwei Jahre im Atlantik, zwischen Irland und Spanien, verklappt werden darf: diverse Schwermetalle, darunter Quecksilber und Kadmium. Über die Folgen der Klärschlamm-Verklappung gutachteten die Umwelt-Sachverständigen: „Zunehmender Sauerstoffmangel im Sediment, Verarmung der Bodentierwelt, Anreicherung schwer abbaubarer Stoffe." Auch das „gehäufte Auftreten von Fischkrankheiten in diesem Gebiet" könne darauf zurückgeführt werden.

Ähnliches scheinen bei Helgoland die Titanabfälle aus Nordenham zu bewirken. Fischer berichten jedenfalls, daß das Meer nach der Abfalleinleitung schäumt und sich über

Hamburger Abendblatt, K. H. Schoenfeld

„Keine Angst, es ist kein Elbwasser!“

viele Stunden hinweg kilometerweit gelb verfärbt. Die erhitzte Säure töte binnen Sekunden im Oberwasser schwimmende Fische und Plankton, Eisenflocken trübten die Fluten und setzten sich fest in den Kiemen. Schaden stiftet bei der Verklappung weniger der Hauptbestandteil der Flüssigkeit, die verdünnte Schwefelsäure (Sachverständigenrat: „Keine wesentlichen Beeinträchtigungen der Meeresökologie“), als das, was die Soße an sonstigen Substanzen enthält: Gefährlich seien „die in der Dünnsäure als Beimengung jeweils enthaltenen Schadstoffe“, häufig Eisensulfat, organische Chlorverbindungen sowie Schwermetalle, die sich in Meeresorganismen anreichern und über die Nahrungskette Menschen gefährden können.

Bonns Gutachter fordern, jegliche Abfall-Verklappung in der Deutschen Bucht solle „unterbleiben“; auch der grenzüberschreitende „Sondermülltourismus“ sei zu „unterbinden“. Verboten gehöre, meinen die Wissenschaftler, die Versenkung von Chemie- und Klärmüll schon dann, wenn „eine schädliche Wirkung zu befürchten ist, ein konkreter Nachweis jedoch noch aussteht“. Nur so könne dem Umstand Rechnung getragen werden, „daß immer wieder neue Erkenntnisse über Schadstoffwirkungsbeziehungen im Meer gewonnen werden“.

Die Chancen, daß die Wissenschaftler-Wünsche Wirklichkeit werden, haben sich, so scheint es, seit Sommer 1980 verbessert. Als Naturschützer in Holland wie in Westdeutschland Prozesse und Proteste gegen die Nordseeverschmutzung anzettelten, wurde das Thema zum Politikum. Am spektakulärsten engagierte sich die internationale Umweltschutzorganisation „Greenpeace“. Im Mai 1980 hinderten die Greenpeaceler im Rotterdamer Hafen sechzig Stunden lang die Bayer-Müllschiffe „Käthe H.“ und „Rosemarie S.“ am Auslaufen. Erst als der Leverkusener Konzern die Umweltschützer verklagte und ein Gericht ein Strafgeld von 20000 Mark pro Tag androhte, gaben die Protestler auf. Die pazifistischen „Regenbogen-Krieger“ (Eigenbezeichnung) hatten ohnehin erreicht, was sie wollten: Öffentlichkeit. Im Oktober 1981 versuchte eine Greenpeace-Crew mit eigenem Boot und unter Lebensgefahr, den Dünnsäure-Tanker „Kronos“ an der Verklappung auf hoher See zu hindern. „Ist es nicht pervers“, fragt Greenpeace-Sprecher Gerd Renker, „daß ausgerechnet bei der Produktion eines ‚Weißmachers‘ so viel gefährlicher Dreck produziert wird?“ Renker: „Die Meere haben keine Lobby. Wasser stirbt lautlos.“

Dagegen wehrte sich auch der Hamburger Fischer Oestmann mit seinem Versuch, auf dem Rechtsweg ein generelles Verklappungsverbot zu erzwingen: „Wi wüllt keen Schiet in de Nordsee.“ Mit demselben Ziel prozessierten in Holland zwei Naturschutzorganisationen, die staatlich subventionierte „Stiftung Natur und Umwelt“ und die „Werkgruppe Nordsee“, gegen das niederländische Verkehrsministerium. Im Sommer 1980 reagierte Bayer-Leverkusen auf Aktionen und Widerstand von Wissenschaftlern und

Umweltschützern und versprach einen Verklappungsverzicht von März 1982 an – der Chemiekonzern hat ein Recycling-Verfahren für Dünnsäure entwickelt. Die Nordenhamer Kronos-Titan dagegen erwirkte zwar eine erneute Verlängerung der Genehmigung zur Giftverklappung, will aber ab 1983 mit dem Flüssigmüll keine wasserunlöslichen Feststoffe mehr versenken.

Deutsche Fischer und niederländische Umweltschützer, die das Umdenken mitbewirkt haben, beriefen sich bei ihren Protesten gegen Gift- und Abfallbeseitigung im Meer auf eine internationale Vereinbarung, die 1972 in Oslo getroffen wurde. Das Versenken von Abfällen („Dumping") ist nach dieser „Oslo-Konvention" in der Nordsee nur gestattet, wenn die Stoffe „nicht ohne Beeinträchtigung des Wohls der Allgemeinheit" oder „nur mit unverhältnismäßig hohem Aufwand an Land beseitigt werden können" oder „zwingende öffentliche Interessen" die Abfall-Einleitung „erfordern" und „keine nachteilige Veränderung der Beschaffenheit des Meerwassers zu besorgen ist".

Mit dem Hinweis auf angeblich „unverhältnismäßig" hohe Kosten einer Müllbeseitigung an Land hatte Bonn jahrelang Ausnahmegenehmigungen zur Verklappung erteilt. Erst unter dem Eindruck der Proteste räumte Innenminister Baum ein, daß die „Einleitung und Einbringung chemischer Abfälle und Schlämme" einen Umfang erreicht habe, „der nicht länger hinnehmbar ist". Baum und die protestierenden Fischer setzten durch, daß Hamburg seinen Klärschlamm nicht mehr in der Nordsee, sondern im Atlantik verklappt. Mit seinen Kollegen Hauff (damals Forschung), Gscheidle (damals Verkehr) und Ertl (Fischerei) wurde der Umweltminister einig, daß die Versenkung von Titanrückständen zunächst „schrittweise verringert" und „spätestens bis 1987 beendet" werden soll.

Technisch, wissen Experten, ist es kein Problem, den Klärschlamm an Land unschädlich zu machen und auch die Chemie-Abfälle zu entgiften. Titanhersteller in Frankreich und Italien etwa arbeiten längst mit einem umweltfreundlichen Verfahren zur Rückgewinnung der überschüssigen Schwefelsäure, das nur einen Nachteil hat: Es ist rund 15 Prozent teurer als das Verklappen im Meer. Kronos-Titan hat sich, wie Oestmanns Anwälte herausfanden, schon 1976 ein Verfahren zur Abfall-Aufarbeitung an Land patentieren lassen. Und 1979 bereits bewilligte der damalige Forschungsminister Hauff einen Antrag, die Entwicklung umweltfreundlicher Methoden mit einem staatlichen 2,5-Millionen-Mark-Zuschuß an die Kronos-Titan zu fördern. Die Firma jedoch entschied plötzlich anders: Sie verweigerte die Annahme des Geldes – offenbar weil, wie Bonner Beamte vermuteten, der Mutterkonzern in den USA die deutsche Tochter aus Kostengründen zurückgepfiffen hatte.

Ob es Bonn gelingen wird, alle geplanten Verklappungsverbote durchzusetzen, steht dahin. Bislang haben die Unternehmen Forderungen nach einschlägigen Auflagen mit einem allzeit wirksamen Argument abzuwehren verstanden: Solange Ersatzverfahren nicht einsatzbereit seien, bedeute Verklappungsstopp sofortigen Produktionsstopp – 1400 Arbeitslose bei Kronos-Titan, 4000 bei Bayer-Leverkusen. Zwar bemühten sich Nordrhein-Westfalens Offizielle, auf die Bayer-Drohung gelassen zu reagieren. „Das ist ja nichts Neues", ließ Kölns Regierungspräsident Franz Josef Antwerpes verlautbaren, „daß bei Umwelt-Auflagen immer gleich mit Entlassungen gedroht wird." Und selbst zehn Bayer-Betriebsratsmitglieder verurteilten 1980 öffentlich den „erpresserischen Versuch der Bayer AG, mit der Gefährdung oder Vernichtung von 4000 Arbeitsplätzen zu drohen, um ungehindert weiter Umweltverschmutzung betreiben zu können". Die Betriebsratsmehrheit aber machte sich in einer Gegenerklärung die Unternehmensversion zu eigen, daß „eine Neutralisierung der Dünnsäure technisch natürlich möglich" sei, Bayer aber dafür „noch keine Lösung gefunden" habe. Aus diesem Grund, appellierten die Betriebsräte an Kanzler Schmidt, möge die Bundesregierung gegenüber Holland auf eine Verlängerung der Verklappungserlaubnis hinwirken.

Um Druck auf die holländischen Richter bemühten sich damals die Bayer-Chefs mit der Ankündigung, ihre Gifte gegebenenfalls – wie bis 1969 geschehen – bei Leverkusen in den Rhein zu leiten und damit quer durch die Gemüseanbaugebiete der Niederlande zu schwemmen. Einen entsprechenden Antrag legte die Bayer AG vorsorglich auch der Düsseldorfer Landesregierung vor – was prompt Proteste von Wasserwirtschaftlern und Umweltschützern auslöste. Stoffe, die sogar in der weiten Nordsee Schäden verursachten, seien „im Rhein um ein Vielfaches gefährlicher", warnte Hansgeorg Winter, Präsident der internationalen Dachorganisation der Rhein-Wasserwerke. Eine Gefährdung der Trinkwasserversorgung sei nicht auszuschließen. Auch für NRW-Landwirtschaftsminister Hans-Otto Bäumer hatte „die Gesundheit des Menschen Vorrang"; Bayers Dünnsäure dürfe daher, entschied er, „auf keinen Fall in den Rhein" abgelassen werden.

Auch ohne zusätzliche Giftfracht ist Deutschlands stärkster Strom derart verseucht, daß Fachleute in ihm einen der Hauptverursacher der Nordsee-Verschmutzung sehen. Laut Bonns Landwirtschaftsministerium ist die Gefährdung dieses Meeres sogar „hauptsächlich" auf den „Schadstoffeintrag durch Flüsse" zurückzuführen, „insbesondere durch Elbe, Weser, Rhein und Themse". „Die Sanierung der Binnengewässer", folgern die Sachverständigen, „ist eine unabdingbare Voraussetzung für den Schutz der Nordsee." Daher müßten „an der Quelle" der Meeresverschmutzung alle Umweltgesetze „schnell und strikt" genutzt und „gezielt weitergehende Reinigungsmaßnahmen" durchgesetzt werden.

Keine einfache Sache. Die Weser etwa fördert täglich bis zu 40 000 Tonnen Salzlauge aus DDR-Betrieben zu Tal. In der Elbe, in der nach dem Ersten Weltkrieg noch Lachse schwammen und in der sich die Zahl der Nutzfischarten mittlerweile von 23 auf drei verringert hat, nimmt die Zahl der Industriebetriebe stetig zu. Der Rhein spült rund 60 000 chemische Stoffe und Verbindungen aus Fabriken zwischen Basel und Krefeld ins Meer, unter anderem, aufs Jahr gerechnet, 3150 Tonnen Chrom, 1520 Tonnen Kupfer, 12 300 Tonnen Zink und 350 Tonnen Arsen. Obendrein werden in die Nordsee jährlich insgesamt 800 000 Tonnen chemisch gebundenen Stickstoffs und 60 000 Tonnen Phosphor geschwemmt – großenteils ausgewaschene Mineraldünger sowie verflüssigte Fäkalien aus der Landwirtschaft und aus Städten wie Hamburg und Bremen, die ihre Abwässer teils gar nicht oder nur mechanisch klären. In den Gewässern regt die Überdüngung mit Phosphor und Stickstoff das Wachsen von Plankton und Algen an, die beim Absterben Sauerstoff binden. Massenhaftes Fischsterben ist vor allem in den Sommermonaten die Folge.

„Besondere Gefährdungspotentiale“ sieht der Sachverständigenrat in den Schwermetallen und insbesondere in den Chlorkohlenwasserstoffen aus Lösungs-, Reinigungs-, Holzschutz- und Pflanzenschutzmitteln, die durch Regen oder durch die Kanalisation in die Flüsse und schließlich ins Meer gelangen. So finden sich in Nordseefischen Anreicherungen der Pflanzenschutzmittel Hexachlorcyclohexan (HCH) und Hexachlorbenzol. Ringelrobben und Seevögel sind sogar mit dem in Europa kaum noch verwendeten Insektenkiller DDT und dem Kunststoff-Weichmacher PCB verseucht. Bei Möwen machten Helgoländer Forscher Giftkonzentrationen aus, die „um das Zehnfache“ die bei Lebensmitteln zulässigen Höchstmengen übersteigen. Bei Eissturmvögeln waren die Grenzwerte sogar „um das Hundertfache“ überschritten.

Industriegifte machen Forscher auch für den vom Sachverständigenrat notierten „Rückgang der Bestände des Seehundes“ verantwortlich. Im holländischen Teil des Nordseewatts sank die Zahl der Seehunde von 3000 im Jahre 1956 auf rund 400. Der Biologe Peter Reijnders vom Staatlichen Institut für Naturforschung auf der Insel Texel sieht die Hauptursache im giftigen PCB (polychlorierte

Biphenyle). Von diesem Stoff haben niederländische Seehunde zehnmal soviel im Körper gespeichert wie ihre deutschen und dänischen Artgenossen, deren Geburtenziffer (30 Prozent) noch weit über der in Holland registrierten liegt (16 bis 19 Prozent). „Bei hohen Konzentrationen von chlorierten Kohlenwasserstoffen", hat Professor Sebastian Gerlach, Direktor des Bremerhavener Instituts für Meeresforschung, festgestellt, „gerät der Fortpflanzungszyklus in Unordnung."

PCB, das unter anderem in Transformatoren verwendet wird, unterliegt in den Niederlanden bereits einem Produktionsverbot, wird von den Holländern aber weiterhin aus der Bundesrepublik (Bayer-Leverkusen) und aus Frankreich importiert und verarbeitet. Der Rhein entleert ins Wattenmeer weit höhere Mengen von PCB als Ems, Weser und Elbe. „Ein Verbot von Produktion *und* Verarbeitung von PCB, wie es auch in den USA und Schweden bereits erlassen wurde, ist dringend erforderlich", sagt Forscher Reijnders, „sonst ist der Seehund 1984 bei uns ausgestorben."

„Wenn der Seehund stirbt", erinnerten holländische Zeitungen an ein friesisches Sprichwort, „ist es auch um den Menschen geschehen." Apokalyptische Ahnungen befielen auch die Redaktion der linken Berliner „Tageszeitung": Wenn sich nichts ändere, würden bald „auch die Menschen wie tumorgeschädigte Makrelen und Aale herumlaufen". Panikmache? In den Niederlanden beispielsweise ist PCB auch in der Muttermilch nachgewiesen worden: Nach einer Untersuchung des staatlichen Zentralbüros für Statistik nehmen Babys täglich 13 Milligramm PCB auf; eine Norm der Weltgesundheitsorganisation (WHO) läßt als Höchstdosis ein Milligramm zu.

Nicht nur Chemiegifte, Rohöl und Faulschlamm machen Fischen, Vögeln und Säugern das Überleben schwer. Auch durch andere Eingriffe wird die Artenvielfalt im Lebensraum Nordsee dezimiert. Die nationalen Fangflotten der Nordsee-Anrainer ziehen jährlich rund drei Millionen

Tonnen Fisch aus dem Wasser – doppelt soviel wie noch vor vierzig Jahren und mehr, als manche Arten durchs Laichen ausgleichen können. Längst ist der Hering rar, die Seezunge selten. Immer weiter und immer tiefer müssen Fischer ihre Fanggründe ausdehnen, immer perfekter werden die hochtechnisierten Fangmethoden.

Was zum Raubbau im Meer führt, ist weniger der gestiegene Appetit auf Rotbarschfilets und Rollmöpse. Seit dreißig Jahren steigert die Industriefischerei beständig ihre Fangquoten. 1979 wurden zwei Drittel der Fänge (1950: zwei Prozent) zu Fischmehl und Fischöl für die Viehfutter- und Margarineproduktion verarbeitet. Bei ihrem Unterwasser-Kahlschlag rottet die Fischwirtschaft ganze Populationen aus. „Besonders spektakulär", fanden die Umweltgutachter, „ist der relative wie absolute Rückgang der Heringsfänge, deren Anteil am Gesamtfang von über 50 Prozent ... auf knapp zehn Prozent im Jahre 1974 und nahezu null im Jahre 1977 absank."

Schon vor fünfzehn Jahren verschwand die Laichpopulation der Doggerbank-Heringe als „Folge von Überfischung" (Gutachter). Der Fischereiausschuß der EG-Kommission ermittelte: „Von den elf wichtigsten Beständen sind zwei (Hering und Makrele) in Gefahr des Zusammenbruchs des Nachwuchses." Wohl gibt es nun, nach mehrjährigem Fangverbot für den Hering in der Nordsee, den liebsten Fisch der Deutschen wieder vermehrt in dem Euro-Meer, wurde erstmals 1981 wieder eine Fangquote von 20 000 Tonnen zugelassen. Doch von alten Zeiten, sagt Professor Albrecht Schumacher von der Bundesforschungsanstalt für Fischerei in Hamburg, „sind wir noch weit entfernt. Zu normalen Zeiten lag der gesamte Fang für die Nordsee zwischen 600 000 und 700 000 Tonnen. Ob wir da jemals wieder hinkommen, ist die Frage".

Zu den Gefahren für den Fischnachwuchs gehört auch, daß Laich- und Aufzuchtplätze an der Küste gefährlich verschmutzt und eingeengt werden. Denn der meiste Dreck landet in einem Gebiet von „herausragender ökologischer

Bedeutung“ (Umweltsachverständige): im Watt, wo nun, bei Friedrichskoog, sogar Öl gefördert wird und, wie bei St. Peter Ording, Yachthäfen entstehen sollen.

Schadstoffe, besonders Chemikalien, sind in den Küstengewässern und auch in den darin lebenden Tieren nachweisbar, gutachtete im Dezember 1981 das GKSS-Forschungszentrum in Geesthacht im Auftrag der Kieler Landesregierung. Gefunden wurden, wenn auch in geringeren Mengen als befürchtet, im Wasser, in Sedimenten und in Muscheln unter anderem Spurenelemente von Chrom, Nickel, Kupfer, Zink, Arsen, Cadmium und Quecksilber, dazu eine Reihe von sogenannten Organohalogenen. Kiels Landwirtschaftsminister Günter Flessner zu dem Befund: „Zur Entwarnung besteht kein Anlaß ... Wir müssen alle Risiken beachten, zum Beispiel auch die Verschmutzung durch Erdölfelder ... Die Verklappung giftiger Chemikalien sollte beendet werden.“

Durch Landgewinnungs- und Deichbauprogramme droht dem Salzwasserwatt entlang der Küsten, was dem Süßwasserwatt an der Unterelbe durch Flutschutz- und Wasserbaumaßnahmen in den letzten Jahrzehnten bereits widerfahren ist: Vernichtung. Nachdem immer mehr Seiten- und Altarme von der Elbe abgeschnitten, Flußteile begradigt und schilfbewachsene Uferstreifen zerstört worden sind, finden Fische dort nur selten noch jene Laich- und Futterplätze, die sich ihnen einst boten.

So wie die Wattzerstörung an der Elbe zum Verschwinden der meisten Flußfischarten beigetragen hat, rechnen Naturkundler mit katastrophalen ökologischen Folgen, wenn stärker noch als bislang in jene einzigartigen Zonen eingegriffen wird, in denen zu Urzeiten das Leben vom Wasser aufs Land gestiegen ist. Was Küstenbewohner, um den blanken Hans zu trutzen („De nich will dieken, mutt wieken“), jahrhundertelang unternommen haben, kann nun die ganze Region unheilbar schädigen. Seit rund vierzig Jahren nehmen in den Niederlanden, seit 25 Jahren auch in der Bundesrepublik Eindeichungen „gigantische Ausmaße“ (Umweltgutachter) an. Im Ijsselmeerbereich wurden bis heute 166 000 Hektar Neuland gewonnen, weitere 60 000 Hektar sollen folgen. Im Bereich der Lauwerszee wurden 9000 Hektar vom Wattenmeer abgeschnitten.

An der bundesdeutschen Küste sind, ohne Rücksicht auf internationale Übereinkommen und deutsche Naturschutzgesetze, einige folgenschwere Großprojekte geplant oder schon im Bau. Vom dänischen Emmerleff-Kliff bis zum Hindenburg-Damm zwischen Sylt und dem Festland sollen 2000 Hektar Schlickwatten und Salzwiesen hinter einem neuen zwölf Kilometer langen Deich verschwinden. Im Norden der Insel Nordstrand sollen mit sechs Kilometer Seedeich rund 3300 Hektar Neuland gewonnen werden. Betroffen sind 1500 im Watt heimische Tierarten, dazu Millionen Vögel seltener Spezies, denen das Watt als Brut- und Rastplatz dient; im Frühjahr und Herbst sind die Wattenmeere die vogelreichsten Gebiete der Erde. Für Pfeifenten und Austernfischer, Kleinspinnen und Flohkrebse, Jungschollen und Robbenbabys ist der Lebensraum zwischen Land und Wasser unersetzbar.

Vom Aussterben bedroht sind Dutzende von Pflanzengattungen und für den Nahrungskreislauf unersetzliche Kleinstlebewesen. Binsenquecken und Strandroggen, Silber- und Borstgras hätten kaum eine Überlebenschance hinterm Deich. Und allein das Verschwinden einer Salzpflanzenart, so ermittelten die Umweltsachverständigen, „zieht im Durchschnitt den Ausfall von 8 bis 16 Tierarten nach sich, die auf diese eine Pflanzenart spezialisiert sind“. Obgleich Umweltgutachter vor dem „schwersten Eingriff in das Ökosystem des Wattenmeeres“ warnen und fordern, „bestehende Planungen für großflächige Vordeichungen rückgängig“ zu machen, ist der „Mord am Watt“ (Protest-Parole) zumindest nördlich von Sylt nicht mehr zu verhindern.

Im September 1981 bejahte die CDU-Mehrheit im schleswig-holsteinischen Landtag auch die Eindeichung der

Nordstrander Bucht und damit den Plan, so der Bund für Umwelt und Naturschutz, „Deutschlands größtes Naturschutzgebiet zu verstümmeln“. Wenig später, im Januar 1982, überraschte dann der Kieler Landwirtschaftsminister Flessner die Öffentlichkeit mit der Ankündigung, das Wattenmeer zum Nordsee-Nationalpark zu erheben, freilich ohne Verzicht auf die gewaltigen Eindeichungsvorhaben. Flessners Vorstoß, fürchten denn auch die Wattverteidiger, diene nur dem Zweck, von den Eindeichungsprojekten abzulenken.

Die Auseinandersetzung um das deutsch-dänische Deichbauwerk demonstrierte augenfällig, daß der „German Ocean“, wie die Briten die Nordsee nennen, allenfalls in internationaler Kooperation zu retten wäre. Bislang jedoch haben die Nordseeanrainer nur wenig Bereitschaft gezeigt, Abkommen zum Schutz des Meeres zu ratifizieren, auszuführen und einzuhalten. Eine „nicht zu verantwortende Regelungslücke“, rügt der Sachverständigenrat, klaffe etwa in den Vorschriften über Chemikalientransporte zur See:

Haitzinger

Die Verhandlungen würden „in eine ungewisse Zukunft hinein fortgeschleppt". Richtlinien, mit denen die Verklappung von Titan-Abfällen bis 1985 um 95 Prozent reduziert werden sollten, seien „am Widerstand der Bundesrepublik Deutschland und Großbritanniens gescheitert".

Ein 1973 ausgehandeltes internationales Übereinkommen zur „Verhütung der Meeresverschmutzung durch Schiffe" ist, so das Gutachten, „völkerrechtlich noch nicht in Kraft getreten". Auch Bonn hat es bislang nicht ratifiziert, ebensowenig wie eine 1974 formulierte Konvention gegen die Meeresverschmutzung vom Land aus. „Schleppender, als dies dem Schutz der Nordsee dienlich ist", verlaufe auch die Entwicklung entsprechender EG-Richtlinien. Wo hingegen präzise Regelungen bestehen, sind vielfach „die Strafen unzureichend, wie auch die Überwachungsmöglichkeiten nach wie vor unzulänglich sind". Derlei „Vollzugsdefizite" machten die Sachverständigen unter anderem bei einer international vereinbarten „Schwarzen Liste" von Giften wie DDT und Quecksilber aus, die grundsätzlich nicht mehr ins Meer abgegeben werden sollen. Die Einhaltung dieser Liste sei vor allem „in Großbritannien auf strikte Ablehnung gestoßen". Andere Länder hätten sich der englischen Haltung angeschlossen, weil ihrer Industrie sonst „Wettbewerbsverzerrungen" gedroht hätten.

„Die kleinen Umweltsünder hängt man, die großen läßt man laufen" – zu diesem Fazit kamen deutsche Meeresforscher und Umweltjuristen, die 1980 erstmals, in Bremerhaven, ein gemeinsames Kolloquium abhielten. Staatsanwälte, berichteten die Teilnehmer, ließen sich häufig von Großbetrieben hinters Licht führen, Strafanzeigen gegen Wasserverschmutzer würden nur selten gestellt. „Dann lieber gar kein Umweltrecht als dieses", zürnte der Bremer Rechtsprofessor Otto Backes. Abhilfe sei allenfalls möglich, wenn der Staat „auf Kontrollen spezialisierte Behörden" schaffe oder „die Beamten selbst unter Strafe stelle, wenn sie strafbares Verhalten nicht anzeigen".

Anderenfalls könnte sich wohl ereignen, was der Hamburger Läster-Barde Hans Scheibner in seinem Lied „De Fischer un sin Fru“ voraussagt, einer modernen Fassung des alten Grimmschen Märchens. So wie sich die habgierige Fischersfrau Ilsebill von einem sprechenden Butt erst eine Hütte und dann ein Schloß schenken läßt, verlangt im Scheibner-Song ein plattdeutscher Bürgermeister vom Zauberfisch ein Kernkraftwerk und einen Containerhafen, einen Autobahnzubringer und eine stinkende Aluminiumhütte. Sein allerletzter Wunsch – das Rad dieses Fortschritts wieder zurückdrehen zu können – indes wird dem Küstenpolitiker nicht mehr erfüllt: Das Wasser ist inzwischen umgekippt, der märchenhafte Fisch, der menschliches Schicksal zu wenden vermochte, auf einmal „sehr tot und grau“.

Dichtung beiseite – schon ist jeder fünfte Butt, den der Hamburger Fischer Oestmann fängt, von krebsartigen Wucherungen befallen. Vor der Elbmündung, wo jahrelang der schwarze Klärschlamm im Meer versank, „stinken die Fische fürchterlich, wenn man das Netz an Bord holt, man ist kurz vorm Kotzen“. Vor zehn Jahren, erinnert sich Oestmann, „mußte man suchen, wenn man ‘n kranken Fisch finden wollte. Da war unterm Zentner einer krank“. Heute ist für den Fischer der Tag abzusehen, „da ist hier der letzte Butt kaputt“.

Oestmann zieht die Konsequenz: Er will, wie er im Frühjahr 1981 ankündigte, nach Irland auswandern.

6

Hubert Seipel

Wo die Natur den Bach runtergeht

Wasserbauer rotten Tier- und Pflanzenarten aus

Seit Kriegsende haben Wasserbau-Ingenieure in der Bundesrepublik rund 40 000 Kilometer Flüsse und Bäche – insgesamt so lang wie der Äquator – mit deutscher Gründlichkeit kanalisiert, betoniert und reguliert. Ein Ende ist nicht abzusehen, obgleich die Begradigungswut längst mehr ökologischen Schaden als ökonomischen Nutzen stiftet.

Christdemokrat Gerhard Glup, Bauer und Agrarminister im Kabinett des hannoverschen Landesherrn Ernst Albrecht, lobte das eigene Werk: Das neue Niedersächsische Naturschutzgesetz, seit Juli 1981 in Kraft, trage der „gestiegenen Belastung von Natur und Landschaft Rechnung". Zugleich aber sei das Paragraphenwerk, rühmte Glup, ein gutes Beispiel demokratischen Umgangs miteinander, weil es berechtigte Interessen anderer nicht „über Gebühr" strapaziere, die „Leistungsfähigkeit des Naturhaushaltes" und ein „harmonisches Landschaftsbild" geglückt miteinander verbinde. Das Gesetz regelt auch, wann die Natur gebührend zurückzustehen hat – immer dann, wenn es um die Landwirtschaft geht: „Ordnungsgemäße landwirtschaftliche Bodennutzung", das setzte Landwirt Glup im Landtag mit Hilfe seiner Partei durch, sei „nicht als Eingriff" in die Natur anzusehen.

Dieses „Landwirtschaftsprivileg" – von Niedersachsens Sozialdemokraten als „verhängnisvoll" abgelehnt – nimmt Glup privat schon des längeren für sich in Anspruch. Der Großbauer und Schweinezüchter, der im Landkreis Cloppenburg einen 70 Jahre alten Hof bewirtschaftet, hatte 1977 auf einem neuerworbenen, rund 25 Hektar großen Wald- und Buschgelände Bäume fällen lassen, um seine Äcker zu mehren. Daß die Fläche bereits seit 1950 als Landschaftsschutzgebiet ausgewiesen war, habe er nicht gewußt, beteuerte Glup, nachdem die Abholzaktion ruchbar geworden und Niedersachsens höchster Umweltschützer öffentlich als „Ab-Forstminister" („Die Welt") und „Umweltsünder" („Hamburger Abendblatt") tituliert worden war.

Seinem Ruf, Landschaftsschutz am liebsten nach Gutsherrenart zu betreiben, scheint der Minister auch künftig gerecht werden zu wollen. Was er unter „ordnungsgemäßer landwirtschaftlicher Bodennutzung" versteht, demonstrierte Glup just an jenem Fluß, an den seine eigenen Ländereien grenzen. Weil die Soeste, einer der letzten naturnahen Flußläufe im Nordwesten der Bundesrepublik, gelegentlich die Wiesen des Politikers samt seiner Nachbarn unter Wasser setzt, wollte Glup den Fluß auf einer Strecke von zehn Kilometern für runde anderthalb Millionen Mark regulieren lassen – großenteils auf Kosten des Steuerzahlers und gegen den Widerstand von Naturschützern, aber auch von hannoverschen Regierungsexperten.

Der Plan, den Wasserspiegel des Flusses durch Begradigung und Ausbau um 40 bis 60 Zentimeter zu senken, um eine „bessere Bewirtschaftung des Soestetales" zu ermöglichen, wurde vom Niedersächsischen Landesverwaltungsamt, verantwortlich für Naturschutz, Landschaftspflege und Vogelschutz, zunächst entschieden abgelehnt. Das Vorhaben, urteilten die Naturschutzbeamten wider den Naturschutzminister, führe zur „Zerstörung seltener und gefährdeter Lebensräume". Das Soestetal sei „ein für den Naturschutz wertvolles und gleichzeitig schutzwürdiges Feuchtgebiet".

Zwar lasse, so die Behörde, die Regulierung der Soeste eine „Produktionsverbesserung" zugunsten der Anlieger, also auch des Glupschen Betriebes, erwarten. Dennoch hielten die Gutachter eine Entwässerung dieser Flächen „aus landespflegerischer Sicht weder ökonomisch noch ökologisch" für vertretbar, weil dem „relativ geringen Vorteil von Einzelinteressen ... erhebliche Nachteile für Natur und Landschaft" gegenüberstünden. Statt der störenden „Pauschalaussage", die Soeste sei „besonders wertvoll", hat das Amt im Herbst 1981 neue, auf „Teilflächen" abgestellte Aussagen vorgelegt – die den Schluß zulassen, der Ausbau einer Teilstrecke sei doch akzeptabel.

Der Streit um den Hausbach des Ministers markiert ein Umwelt-Problem, das von der Öffentlichkeit bislang nur wenig beachtet wurde, obwohl es wie kaum ein anderes zur Naturverarmung beiträgt: Ähnlich wie die Straßenbauer, die das Bundesgebiet schon mit einem allzu dichten Netz von Autobahnen überzogen haben, betreiben auch Wasserbauer und Flurbereiniger in großem Stil die Denaturierung der Republik – oft, wie das Fachblatt „Umweltforum" argwöhnt, nur, weil sich „eine Behörde selbst erhalten" will oder sich „jemand an seine Planstelle klammert". Kaum ein Landstrich, in dem nicht die letzten Flüßchen reguliert, Sumpfwiesen entwässert, Tümpel zugeschüttet und Quellen ins Rohr gesteckt werden. Allein nach dem Zweiten Weltkrieg wurden in der Bundesrepublik für rund vier Milliarden Mark schätzungsweise 40 000 Kilometer Wasserläufe ausgebaut, insgesamt so lang wie der Äquator.

Ob es um die uniforme Ausrichtung von Isar, Iller oder Wümme, Donau, Nidda oder Main geht – begründet werden die Wasserbau-Projekte durchweg mit Interessen der Schiffahrt, des Hochwasserschutzes oder, zumeist, der Landwirtschaft, gerade so, als habe sich auf dem Agrarmarkt in den letzten Jahrzehnten nichts geändert, als hätten die Bauern, wie ehedem der Reichsnährstand, den Auftrag, mit allen Mitteln für Autarkie zu sorgen.

Zwar sind die Verdienste unbestritten, die Wasserbauingenieure einst errungen haben, als es galt, durch „innere Kolonisation" Feuchtgebiete trockenzulegen und Ackerflächen zu schaffen, um den Hunger aus Mitteleuropa zu verbannen. Geradezu absurd aber mutet es an, in einer Zeit

Die Zeit, Vladimir Renčin

wachsender EG-Agrarüberschüsse weiterhin durch Entwässerung nach der überkommenen Devise „Nutzung des letzten Quadratmeters“ neue Produktionsreserven für die Landwirtschaft zu erschließen – zumal Bodenverbesserung und Gewässerbegradigung zu katastrophalen Konsequenzen für Flora und Fauna führen.

Denn der deutsche Bach stirbt nicht für sich allein. Die rar gewordenen Feuchtgebiete entlang naturbelassener Gewässer beherbergen fast die Hälfte der 649 höheren Tierarten, 140 von 300 Vogelarten, alle 19 Lurcharten und 150

Fischarten, dazu eine Fülle vielfältiger Pflanzenformen. Die zwar ebenfalls grünen, aber kaum mehr naturnahen Monokulturen der Land- und Forstwirtschaft dagegen, die rund 85 Prozent der Fläche Westdeutschlands bedecken, sind arm an Arten.

Wie rasch die ökologisch so bedeutsamen Feuchtgebiete schwinden, dokumentieren Statistiken aus den Bundesländern. In Nordrhein-Westfalen etwa sind nur noch 25 Prozent jener Kleingewässer auffindbar, die dort vor zwanzig Jahren registriert wurden. In Bayern gar sind, wie das Münchner Umweltministerium feststellte, 90 Prozent der in Landkarten noch verzeichneten Quellen und Quellmoore verschwunden.

Der Anteil des Auenwaldes, der auf periodische Düngung durch Überschwemmung sowie auf hohen Grundwasserspiegel angewiesen ist und einst Biber und Fischotter, Störche und Seeadler zuhauf beherbergte, schrumpfte durch Regulierung und Urbarmachung auf zwei Prozent der Waldfläche. In Niedersachsen ist von ehemals 330 000 Hektar Hochmooren aufgrund jahrhundertelanger Austorfung nur weniger als ein Zwanzigstel übriggeblieben.

So ist es nicht verwunderlich, daß Trockenlegung von Feuchtgebieten nach Untersuchungen der Bonner Bundesforschungsanstalt für Naturschutz und Landschaftsökologie eine der Hauptursachen des rapiden Artenrückgangs in der Bundesrepublik ist. Ob das Adonisröschen, das Nixenkraut oder die Eselsdistel, ob Orchideen- oder Hahnenfußgewächse – nicht weniger als 339 Pflanzenarten sind aufgrund von Flurbereinigung und Wasserbaumaßnahmen gefährdet. Einige der bedrohten Moor- und Wasserpflanzen, Wassernuß und Seekanne, Sumpfgladiole und Schlangenwurz, werden bald womöglich nur noch im Briefmarkenalbum zu betrachten sein; die Bundespost hat 1981 eine Sondermarken-Serie mit gefährdeten Wildkräutern ausgegeben.

Um die Tierwelt steht es nicht besser. Die auf pflegeleicht genormten Gewässer vom Reißbrett bedrohen Eisvogel,

Graureiher und Fischotter ebenso wie gut 40 Prozent der Brutvögel. Schmetterlinge wie der Waldportier und der Moorgelbling fliegen nicht mehr. Und schon zwei von drei Süßwasserfisch-Arten in der Bundesrepublik stehen auf den „Roten Listen".

Solche Entwicklungen treffen nicht nur Naturnarren, die sich mit Feldstecher und Botanisiertrommel im Grünen erfreuen. „Wer über Rotschenkel, Brachvogel und Schwertlilien spottet", sagt Hubert Weinzierl, Vorsitzender des Bundes Naturschutz in Bayern, „ist entweder ein Dummkopf oder ein Verbrecher." Tatsächlich wird, wie Ökologen an einer Fülle von Beispielen nachgewiesen haben, die Gesundheit einer Landschaft vor allem vom Vorkommen mannigfacher Tier- und Pflanzenarten bestimmt. Nur aufgrund dieser Vielfalt ist die menschliche Umwelt gegen die wachsende Belastung durch Eingriffe und Schadstoffe biologisch abgepuffert.

So hängt die Selbstreinigungsfähigkeit der Flüsse vor allem davon ab, wie weit und artenreich die Watten, Marschen und Weiden sind, die von ihnen regelmäßig überflutet werden. Wie viele Lebewesen im intakten Süßwasserwatt gleichsam als biologische Kläranlage wirken können, zählten Zoologen an der Elbe aus: Sie fanden auf einem einzigen Quadratmeter „18 800 Strudelwürmer, 48 200 Fadenwürmer, 61 200 Rädertierchen, 164 000 Ringelwürmer, 129 000 Schlammröhrenwürmer, 29 800 Kleinkrebse, 3600 Zuckmückenlarven, 2400 Gnitzenlarven". Der Ausbau der Elbe, die Betonierung ihrer Ufer und die Eindeichung von Watten und Weiden haben in den letzten Jahrzehnten, wie der Naturschützer Horst Stern registriert, „Europas größte naturnahe Stromlandschaft erdrosselt" und den Fluß zum stinkenden Abwasser- und Schiffahrtskanal verkommen lassen – ein Geschick, das mittlerweile fast alle großen Fließgewässer teilen.

Aber auch an Bächen machen sich die Wasserbauer mehr und mehr zu schaffen, seit an den großen Flüssen kaum ein Stromkilometer mehr natürlich ist. Mit deutscher Gründlichkeit entwarf etwa das Frankfurter Stadtentwässerungsamt ein 5,1-Millionen-Mark-Programm zur Regulierung des Steinbachs, einer Rinne, die laut landschaftsplanerischem Gutachten seit Jahren „meist ohne Wasser“ ist. Das Vorhaben, das Bächlein mit einem 100 und einem 300 Meter langen Staudamm einzudeichen und es obendrein mit zwei Rückhaltebecken für 35 000 und 150 000 Kubikmeter Wasser auszustatten, mußte allerdings um zwei Millionen Mark reduziert werden: Der Ortsbeirat des Stadtteils Praunheim hatte gegen das Ansinnen protestiert, „einen der letzten naturbelassenen Landschaftsteile im Frankfurter Stadtgebiet technischem Perfektionismus zu opfern“.

Anderswo aber, wo Kommunalpolitiker weniger wachsam und umweltbewußt sind, wüten weiterhin die Wasserbauer. Sogar der Wümme bei Bremen, die bislang noch in sanften Windungen durch eine der schönsten niedersächsischen Landschaften fließt, soll es nach dem Willen von Planern an die Krümmungen gehen, obwohl der Fluß zu den letzten deutschen Refugien des Fischotters zählt. Wenn sich dort die betriebswirtschaftlichen Interessen der Landwirtschaft durchsetzen, warnt der Braunschweiger Biologe Norverg Prauser, „sterben die Fischotter aus“.

Obgleich es für viele Feuchtgebiete „zwei Minuten vor zwölf“ ist, so der Bremer Seenkundler Michael Schirmer, werden weiterhin unablässig Kleingewässer wie der Zipfelbach im Baden-Württembergischen und die Kahl im Fränkischen vertieft, gelegentlich betoniert und ihre Ufer abgeböscht. Zumeist gilt die Faustregel: Böschungslänge gleich Länge des Mähbalkens eines Traktors, der Pflege wegen. Die Folge: Das kahle, schutzlose Ufer kann nicht länger als biologischer Filter dienen, der Jauche und Dünger vom Wasser fernhält; das traktorgerechte Profil bietet keine stillen Nischen mehr für Lurche oder Nistplätze für Enten und Uferschwalben; erhöhte Fließgeschwindigkeit zerstört den Lebensraum von Würmern, Schnecken, Insektenlarven oder Bachflohkrebsen, die wiederum als Beutetiere von Fischen zum biologischen Gleichgewicht beitragen.

„Die Satzungen vieler Entwässerungsverbände", beklagt der konservative Niedersächsische Heimatbund, verbieten Anpflanzungen" beiderseits der Entwässerungsgräben, daher komme es oft zum „Kahlschlag an den Wasserläufen". So werden mancherorts Schwarzerlen oder Weiden wahllos gefällt – obgleich ihr Laub das Nahrungsangebot für die im Wasser lebenden Kleintierorganismen anreichert und obwohl die Bäume den Wärmehaushalt der Gewässer regeln, weil ihr Schatten den Bach im Sommer vor übermäßiger Hitze schützt.

Wird eine der vielen Nahrungsketten im Bach oder Fluß unterbrochen, ist der Rückgang von Flora und Fauna unausweichlich. In der durch Oberammergau fließenden alten Ammer beispielsweise fanden Wissenschaftler einst 148 Wasserinsekten, in der neuen, regulierten Ammer sind es nur noch 55. Und seit die Nidda bei Frankfurt umgemodelt wurde, gibt es dort kaum einen Frosch mehr. Weißstörche, im nahen Bonames früher Dauergäste, sind nicht zurückgekehrt. In Wertheim befürchten Fischer bei Ausbaggerung des Mains den Verlust von Fischlaichplätzen. In der schwäbischen Iller, früher eines der artenreichsten Gewässer, leben fast nur noch Weißfische, seit der Fluß in einen Kanal gezwängt worden ist.

Zwar schreiben Gesetze und Verordnungen in allen Bundesländern vor, daß bei Bach- und Flußregulierungen Naturschutz-Gesichtspunkte zu berücksichtigen seien. So „ist bei der Unterhaltung und Pflege der Gewässer" auf die „Verbesserung der biologischen Wirksamkeit" besonderer Wert zu legen, wie das Wasserhaushaltsgesetz verfügt. Und „Natur und Landschaft" sind auch nach Ländergesetzen „so zu schützen, daß die Pflanzen- und Tierwelt nachhaltig gesichert sind" (so das Bremische Naturschutzgesetz). Solche Vorschriften allerdings haben bislang ebensowenig bewirkt wie ein Leitfaden für naturnahen Wasserbau des Landes Nordrhein-Westfalen, der seit 1980 für die amtlichen Wasserbauer verbindlich ist.

„Zweihundert Jahre lang", erklärt der Niedersächsische Heimatbund, „haben wir systematisch alle Arten von Feuchtgebieten entwässert. Jetzt sollten wir Belohnungen für Landwirte aussetzen, die Feuchtgebiete bewirtschaften." Denn „während es früher hieß, das Wasser so schnell wie möglich über Entwässerungssysteme abzuführen", sei heute, wie auch der Deutsche Naturschutzring fordert, exakt das Gegenteil vonnöten: „Wasser so lange wie möglich und so sauber wie möglich in unserer Landschaft zurückzuhalten."

Auf diese Weise ließe sich auch verhindern, daß immer häufiger schon gewöhnliche Frühjahrsniederschläge Hochwasser auslösen. So überschwemmten 1981 Werra und Leine mehrere Orte in der Gegend von Göttingen, Northeim und Eschwege. Bäche und kleinere Flüsse wie die Aschaff im Landkreis Aschaffenburg oder die Nidda bei Frankfurt setzten im Sommer Straßen und Keller unter Wasser. Die Hauptursache sieht Detlef Meyer, Vorsitzender der Arbeitsgemeinschaft für Limnologie und Gewässerschutz in Hannover, darin, daß fast „jeder nennenswerte Bach" begradigt wurde, so daß „die Landschaft als Stauraum fehlt und das Wasser stärker abfließt". Meyer: „Dann wundern sich die Leute, wenn sich woanders plötzlich der Pegelstand erhöht."

Solche Einsichten sind nicht neu. Vor unüberlegten Wasserbaumaßnahmen hatte schon um die Jahrhundertwende vor dem Reichstag der nationalliberale Abgeordnete Heine gewarnt: „Durch manche Kulturmaßnahmen wie Trockenlegen von Sümpfen und Weihern, Begradigungen kleiner Wasserläufe, namentlich aber durch das Anlegen von Gräben bei den Verkoppelungen werden jetzt die Gewässer aus den Bergen sehr rasch zu Tal geführt. Früher wurden sie überall viel länger zurückgehalten." Nach Berechnungen des Bundes für Umwelt und Naturschutz Deutschland (BUND) erhöht sich die Hochwasserspitze überdies bereits dann um hundert Prozent, wenn ein Fünftel der Einzugsfläche bebaut oder auf sonstige Weise mit Beton versiegelt ist: Die Niederschläge können dann nicht versikkern, sondern werden im Eiltempo durch Gully und Kanalisation in die überlasteten Bäche geleitet.

Frankfurter Rundschau, Reinhold Löffler

Dennoch halten, wie es scheint, die Politiker an ihren oft jahrzehntealten Planungen fest. Eine Ausnahme, daß Bundesverkehrsminister Volker Hauff mit seinem französischen Amtskollegen den Verzicht auf den Bau einer Rhein-Staustufe bei Neuburg-Weier vereinbarte, um massive Umwelt- und Landschaftsschutzgefahren zu vermeiden. Meist wird vielmehr in Kauf genommen, was das saarländische Ministerium für Umwelt, Raumordnung und Bauwesen so beschreibt: „Die schiffahrtsgerechte Begradigung des Flußlaufes der Saar und die Auswirkung neuer Industrie- und Gewerbegebiete wird unvermeidlich den Verlust an biologisch wertvollen Teilflächen verursachen. So gehen beispielsweise wertvolle Riedbestände bei Dreisach und im Bereich der Saarschleife verloren. Im Engtal muß gewässernaher Auenwald teilweise beseitigt werden; flußbegleitende Weiden, Erlen, Gebüsche und Pappeln müssen dem Ausbau weichen."

Welche Schäden Gewässerbegradigung und Entwässerung von Feuchtzonen bewirken, läßt sich seit langem auch an der niedersächsischen Ems ausmachen. Noch in den fünfziger Jahren, als Biologen das Gelände erstmals auf seine vegetative Vielfalt untersuchten, säumte Knickfuchsschwanz-Rasen die Ufer, zierten Dotterblume und Schafgarbe die nassen Wiesen und hundert Pflanzenarten die Weiden. Zwanzig Jahre später war die Flur bereinigt – und die Natur gleich mit. Was blieb, war, so die Forschungsanstalt für Naturschutz und Landschaftsökologie, „eine nivellierte, biologisch verarmte, wegemäßig gut erschlossene Wirtschaftslandschaft". Den Bach runtergegangen waren rund 40 Pflanzenarten.

Derart verstandener Flurbereinigung ist in den letzten Jahrzehnten rund die Hälfte aller landwirtschaftlichen Flächen in der Bundesrepublik zum Opfer gefallen. Wo die Landbauingenieure Tümpel in Rübenäcker verwandelten, Bäche wie mit dem Lineal geradezogen, Wiesen dränten und Wallhecken wie Feldgehölze abrasierten, bestimmen nun Monokulturen und Monotonie die Landschaft. Der Biologe Heinrich Weber, Professor an der Universität Osnabrück, wies 1979 in einer Untersuchung nach, daß jede fünfte einstmals im Landkreis Osnabrück nachgewiesene Pflanzenart „als ausgestorben oder nahezu ausgestorben zu betrachten" ist. Weber: „Mehr als die Hälfte ... geht allein auf das Konto der Landwirtschaft."

Naturschützer müssen oft machtlos zuschauen. In vielen Bundesländern fällt, wie eine bayrische Verwaltungsvorschrift formuliert, die „Bodenentwässerung landwirtschaftlich, forstwirtschaftlich oder gärtnerisch genutzter Grundstücke" nicht unter amtliche Auflagen. Sie ist in das Belieben des Besitzers gestellt, wenn „die Entwässerungsfläche unter 10 Hektar liegt". Wo Tümpel und Teiche, vor allem in Siedlungsnähe, nicht der Flurbereinigung weichen, verschwinden sie, wie der Deutsche Naturschutzring feststellte, oft nach der „Drei-Schritt-Methode": Zuerst wird illegal Müll hineingekippt, dann werden angeblich zwecks

Beseitigung des Schandflecks Bauschutt und Aushub angefahren, bis das Gelände schließlich als Bauerwartungsland gilt.

An den letzten noch halbwegs natürlichen Seen und Flüssen drängeln sich zunehmend Angler und Wassersportler, darunter die schätzungsweise halbe Million westdeutscher Surfer. Schleswig-Holsteins Landwirtschaftsminister Günter Flessner fällt nur das Wort „Seuche" ein, wenn er an die Surfer-Pulks auf Binnenseen denkt. Wie auch viele ehemalige Kiesgruben sind diese Gewässer zumeist von Uferzonen umgeben, in denen Haubentaucher, Graureiher und seltene Entenarten nisten. Oft grenzen die Gestade an naturgeschützte Regionen und Feuchtgebiete, die wegen ihrer Artenvielfalt ökologisch wichtig sind.

Dabei muß es nicht einmal geschehen, daß Windsurfer ins Röhricht rauschen oder verbotenerweise mitten im Naturschutzgebiet kreuzen, wie es nach Beobachtungen von Gert Ziegler, Sachverständiger für Naturschutz im westfälischen Kreis Minden-Lübbecke, zum Beispiel immer mal wieder auf vier früheren Kiesgruben im Feuchtgebiet Häverner Marsch an der Mittelweser geschieht. Aufgrund von „Störungen, an denen Surfer vermutlich die größte Schuld haben, gab es dort 1981 keine erfolgreiche Brut von Graugans, Brandgans, Austernfischer und Haubentaucher" – allesamt Vögel, die auf der „Roten Liste" der gefährdeten Arten aufgeführt sind.

Auch auf offener Seefläche können die „segelnden Vogelscheuchen", so Georg M. Fruck, ehemaliger Naturschutz-Kreisbeauftragter im niedersächsischen Landkreis Harburg, reichlich Schaden anrichten. Ein im Uferschilf brütender Haubentaucher kann unter Umständen schon durch eine 150 Meter entfernte Störquelle veranlaßt werden, sein Gehege zu verlassen. Ein zusätzliches „Problem" sieht Hartmut Heckenroth, Leiter der staatlichen Vogelschutzwarte Niedersachsen, darin, daß „Surfer jetzt auch verstärkt in der kalten Jahreszeit auftreten", dann nämlich, wenn Wintergastvögel, südwärts ziehende nordische Gänse und Säger, deutsche Seen als Rast- und Futterplätze nutzen. Bei Störungen am „angestammten Ruheplatz" könne so eine „ganze Population geschwächt" werden.

Schon zwei Angler auf einem Kilometer Uferstrecke können durch ihre bloße Anwesenheit bewirken, daß bis zu 60 Prozent aller Wasservögel vertrieben werden. Die Annäherung eines einzigen Wassersportlers an eine Reiherkolonie läßt alle Altvögel von ihrem Gelege auffliegen – mit der Folge, daß Eichelhäher und Krähen ungefährdet die Reiher-Eier plündern können.

Den bundesdeutschen Sportfischern zuliebe, deren Zahl alljährlich um rund 10 000 zunimmt, werden zudem vielerorts Zuchtfische in unnatürlicher Dichte ausgesetzt, die den Lebensraum von Lurchen und heimischen Fischen zunehmend einengen. An Teichen, die noch vor Jahrzehnten von einem einzigen Berufsfischer bewirtschaftet wurden, haben nun oft 200 und mehr Mitglieder eines Vereins das Recht zu fischen. „Wenn der Ausverkauf der Gewässer an die Angler so weitergeht", prophezeit der Bund für Umwelt und Naturschutz, „sind in wenigen Jahren die Wasservogelbestände vernichtet."

An den niedersächsischen Flüssen Este und Seeve entdeckten Naturschützer, daß Anlieger den geschützten Eisvogel mit Kleinkalibergewehren jagen und die Eingänge seiner Bruthöhlen mit Lehm verschmieren. Einige Landesregierungen gaben sogar die ebenfalls geschützten Graureiher, die häufig Teichanlagen als Beutegebiet wählen, auf Druck der Fischwirte einstweilen zum Abschuß frei – obgleich der Bund Naturschutz in Bayern gegen die „brutale Tötungsverordnung" protestierte und Zoologen warnten, schon befristete Bejagung könne den imposanten Vogel an den Rand der Ausrottung bringen, wenn ein „Kältewinter" folge.

Den Fremdenverkehrsverbänden, immerhin, scheint noch an ursprünglichen Gewässern gelegen zu sein, die sich idyllisch durch die Landschaft winden. Die Touristik-

Propagandisten jedenfalls werben bisweilen selbst dann noch mit Naturbächen und -flüssen, wenn sie längst begradigt worden sind – etwa im niedersächsischen Landkreis Cloppenburg, der Heimat des Grünpolitikers und Großbauern Glup. Dort tut der regionale Fremdenverkehrsverband so, als habe er nicht mitbekommen, daß der Landwirtschaftsminister schon vor Jahren, gegen den Widerstand von Biologen der Universität Osnabrück, den Calhorner Mühlenbach und das Flüßchen Marka hat ausbauen lassen. „Verlassen Sie sich einfach auf den gewundenen Flußlauf", empfiehlt noch immer der Fremdenverkehrsprospekt. Denn der führe dorthin, „wo es am schönsten ist".

7

Jochen Bölsche

Laßt das Unkraut wuchern

Tier- und Pflanzenschutz durch Wildwuchs im Garten

Westdeutschlands Umweltpolitiker haben die 13 Millionen Gartenbesitzer der Bundesrepublik als Zielgruppe naturschützerischen Wirkens entdeckt: Die 7000 Quadratkilometer Privat-Gartenland, insgesamt halb so groß wie Schleswig-Holstein, sollen, so die Ratschläge grüner Strategen, zu einem Netz von Ökozellen verknüpft werden, die gefährdeter Flora und Fauna Schutz bieten. Naturschützer raten, im Garten auf Giftspritze und Einheitsrasen zu verzichten, und empfehlen „Mut zur Wildnis".

Seit ein paar Jahren ist für den Kölner Frührentner Herbert Will das Glück im Schrebergarten getrübt, manchmal gar machte ihm alles „keinen Spaß mehr": Aus der benachbarten verwilderten Parzelle Nummer 80 wuchs immer was rüber, auf seinen Johannisbeersträuchern lag Mehltau, bisweilen war sogar das braune Dach seiner Laube „richtig grün" vor lauter Blattläusen. Schrebergärtner Josef Kratzel, auch er ein Nachbar der verflixten Parzelle 80, mußte immer mal wieder über den Zaun wuchernde Äste kappen. Ehefrau Käthe rückte ihren Gartenstuhl gewöhnlich so, daß sie „das große Unkrautfeld" nebenan „gar nicht erst begucken" mußte.

Pächter der Nummer 80, der in der Kölner Kleingarten-Kolonie Butzweiler Straße für jede Schädlingsplage verantwortlich gemacht wurde und der die Gartenfreunde verdroß, weil er einfach alles in den Himmel wachsen ließ, war Bundesinnenminister Gerhart Rudolf Baum. Kaum je sahen die Schreber den Politiker mal säubern oder schnippeln, so daß rund um die Kinderschaukel in seinem Garten auch der Schierling und der Scharfe Ampfer, Klee und Löwenzahn wucherten. Im Sommer 1981 wurde „Baums wilder Baumwuchs" („Kölner Stadt-Anzeiger") bundesweit publik: Der Kleingärtner-Kreisverband verklagte den Freidemokraten auf Herausgabe der Parzelle 80. „Bild" war der Fall eine sechsspaltige Schlagzeile wert: „Minister Baum ließ seinen Schrebergarten verwildern."

In der Tat hatte der höchste Umweltschützer der Bundesrepublik jahrelang demonstriert, daß ihm die Vereinssatzung nicht viel galt, nach der die Hecke nicht höher als 60 Zentimeter sein darf, das Pflanzen von „Park- und Waldbäumen" nicht erlaubt und eine Dreiteilung der Scholle – je ein Drittel Nutz-, Zier- und Erholungsgarten – zwingend vorgeschrieben ist. „Schandfleck der Kolonie", schimpften die Gartennachbarn des Spitzenliberalen. „Der Baum", ärgerte sich Schreber Herbert Will, „plädiert für die Umwelt und läßt das alles verkommen."

Daß Baum womöglich deshalb alles verwildern ließ, *weil* er für die Umwelt plädiert – dieser Gedanke kam seinen Nachbarn nicht in den Sinn. Der Umweltminister indes hatte für seine Versäumnisse durchaus eine umweltpolitische Begründung parat. Er sei, beteuerte er schon vor Jahren gegenüber dem Verbandsvorstand, zwar aus dienstlichen Gründen „nicht in der Lage", sein Flurstück „in sehr intensiver Weise zu pflegen". Darüber hinaus aber sei er dazu auch „gar nicht gewillt". Baum: „Wir haben versucht, einen alternativen Garten zu machen. Das hat vielen von Anfang an nicht gepaßt." Auch Ehefrau Inge verhehlte nicht, daß sie von der üblichen deutschen Kleingartenordnung wenig hält. Einem Rentner, der mit der Giftspritze auf Baums Blattläuse losging, erklärte sie: „Die Tierchen kann man doch mit der Hand wegnehmen." Inge Baum: „Ich will keinen Friedhof, sondern einen richtigen Garten", einen „Naturgarten".

Diese programmatischen Worte machten aus dem Kölner Kleingarten-Konflikt eine Sache mit tieferer Bedeutung.

Denn mit ihrem Bekenntnis zu ungestriegeltem Grün reihte die Familie Baum sich ein in die rapide wachsende Anhängerschaft der bundesweit grassierenden Idee vom Naturgarten: Statt rasierten Rasen mit Keramikzwergen und Koniferen zu pflegen, statt schnurgerade Beete mit Polyantha-Rosen und Stangenbohnen zu bestücken, lassen die Wildgärtner lieber die Natur ins Kraut schießen. Und wo die Nachbarn ihr Grünzeug mit lärmenden Mähmaschinen, Gift und deutscher Gründlichkeit tipptopp halten, lassen Baums Gesinnungsfreunde Malven und auch Disteln blühen oder Frösche und Libellen sich an Tümpeln tummeln.

Angerollt war die neue grüne Welle 1975, als der holländische Pionier unter den Alternativ-Gärtnern, Louis Le Roy, sein Buch „Natur ausschalten – Natur einschalten" veröffentlichte. Als 1980 der Schweizer Biologe Urs Schwarz den Bestseller „Der Naturgarten" nachschob, wurde das Konzept weithin populär, nicht nur unter Umweltschützern. Die Hamburger „Zeit" verkündete schon, in Westdeutschlands Gärten stehe „ein Umsturz" bevor, das Monatsblatt „Schöner Wohnen" schrieb, eine „grüne Revolution" sei im Kommen.

Schon möglich. Denn nicht mehr nur Einzelgänger wie der jahrelang verlachte Kunstdozent Le Roy predigen nunmehr den Wildwuchs im Hausgarten. Fast alle bundesdeutschen Umweltverbände und -politiker haben mittlerweile die 13 Millionen Gartenbesitzer der Republik als Zielgruppe naturschützerischen Wirkens entdeckt. „Mut zur Wildnis" empfiehlt Bayerns Umwelt-Staatssekretär Max Fischer (CSU) den Schrebergärtnern des Freistaats; eine kleine Portion „natürlich-kreatives Chaos" mit Wildkräutern tue jedem Garten gut. „Umweltschutz im Garten" ist der Titel einer Gratis-Broschüre, in der Hamburgs Umweltsenator Wolfgang Curilla (SPD) dazu aufforderte, auf der Parzelle „vordergründigen Ordnungssinn einmal zu unterdrücken"; die erste Auflage der Curilla-Schrift, 15 000 Exemplare, war binnen drei Wochen vergriffen. Auch der

„Bund für Umwelt- und Naturschutz“ startete 1981 eine „Aktion Wildpflanze“ und eine „Kampagne ‚Garten als Lebensraum‘“. Kanzler-Gattin Loki Schmidt, Vorsitzende der „Stiftung zum Schutze gefährdeter Pflanzen“, appellierte an alle Hobby-Gärtner des Landes: „Laßt Unkraut wuchern.“

Beamtete wie private Naturschutz-Experten sorgen sich zunehmend über die in den „Roten Listen“ dokumentierte Naturverarmung, der mittlerweile auch Allerweltsarten zum Opfer fallen. Weil aber die Hauptursachen des fortschreitenden Artenschwunds – land- und forstwirtschaftliche Monokulturen, Flurbereinigung und wasserwirtschaftliche Eingriffe – schwer zu bremsen scheinen und Siedlungs- und Verkehrsflächen schnell, Naturschutzzonen aber nur langsam wachsen, richten Umweltschützer ihr Augenmerk mehr und mehr auf das einzige noch verbleibende Raum-Reservoir: die 7000 Quadratkilometer bundesdeutschen Privat-Gartenlandes. Wenn nur ein Teil dieser Fläche, die insgesamt halb so groß ist wie Schleswig-Holstein, naturnah bewirtschaftet würde, ließen sich – so das Kalkül grüner Strategen – die Bundesländer, vor allem die Ballungsgebiete, mit einem Netz von Ökozellen überziehen, kleinen Schonräumen für gefährdete Flora und Fauna.

Schmetterlinge beispielsweise, von denen in Nordrhein-Westfalen schon jede zweite Art auf den Aussterbelisten steht, sind auf jeweils wenige bestimmte Pflanzen angewiesen. Wenn etwa der Faulbaum nicht nur aus Forsten und Feldmarken, sondern obendrein auch noch aus den Gärten verschwindet, würde mit ihm der Zitronenfalter verdrängt werden, dessen Raupen auf eben dieses Gewächs spezialisiert sind. Wer Brennesseln mit Pflanzengift bekämpft, rottet zugleich Tagpfauenauge, Admiral und Fuchsfalter aus. Und ohne Reseda gäbe es keinen Resedafalter.

In den vergangenen Jahrzehnten ist die Naturverödung durch Prestigesucht und peniblen Ordnungssinn in Gärten und Parks noch vorangetrieben worden. Denn nicht nur trockengelegte Sümpfe, korrigierte Flußläufe und über-

Wolter

„Keine ökologische Gefühlsduselei – das Unkraut und Ungeziefer muß weg!“

düngte Wiesen lassen immer weniger Wildpflanzen aufkommen. Beschnitten wird der Lebensraum vieler Arten auch durch die gärtnerische Rasen- und Rabattenkultur sowie durch exotische Gehölze, die heimischen Gewächsen den Platz nehmen und Vögeln und Kleingetier keine Nahrung bieten. Und durch Zierrasen, aus dem alles Bunte mit Schädlingsbekämpfungsmitteln herausgegiftet wird, droht zugleich sogenannten Nützlingen wie Igeln und Marienkäfern der Garaus.

Die Chancen zur Umkehr freilich stehen nach Ansicht von Umweltschützern gar nicht schlecht. Denn die Zwänge der Nachkriegszeit, als Höchstmengen an Einweck-Gemüse aus den Parzellen herausgeschunden werden mußten, bestehen längst nicht mehr. Die wachsende Neigung aber, selbstangebaute, schadstoffarme Nahrung zu ernten, kommt zugleich den Zielvorstellungen der Artenschützer entgegen.

An praktischen Tips mangelt es nicht. Der Deutsche Naturschutzring empfiehlt, statt Zäune und Mauern zu ziehen lieber Hecken aus Haselnuß und Kornelkirsche anzupflanzen, die Gärten nicht mehr auszukehren („Laub ist als Bodendecker unentbehrlich") und die Fruchtstände von Blumen und Stauden keineswegs zu kappen, sondern als Vogelfutter stehenzulassen: „Vielleicht können Sie den Vögeln zuliebe Ihrem Ordnungssinn ein Schnippchen schlagen." Behörden, Verbraucherverbände und Umweltinitiativen haben zudem eine Flut von Schriften veröffentlicht, die Brennesselbrühe und Schachtelhalmsud, Maulwurf und Ohrwurm, Igel und Spinnen, aber auch Kräuter als Alternative zur chemischen Schädlingsbekämpfung propagieren. Der „Bund Naturschutz in Bayern", Herausgeber eines umfassenden Naturgarten-Kompendiums, etwa verrät: „Ringelblumen und Kapuzinerkresse helfen vielerlei Insekten abwehren."

Damit Unkraut nicht vergeht, damit Wegwarte und Flockenblume, Mäusegerste und Vogelknöterich erhalten bleiben, sind etliche Bundes-, Landes- und Kommunalpolitiker, die öffentliches Grün zu verwalten haben, als Umweltpioniere vorangegangen. Bundesverkehrsminister Volker Hauff etwa untersagte 1981 der Bundesbahn und der Bundesstraßenverwaltung, weiterhin durch Einsatz der Chemikalie „3,4,5-T" Todesstreifen für Wildkräuter entlang den Schienensträngen und Fahrbahnen zu schaffen. Der Landschaftsverband Westfalen-Lippe, der die Straßenränder mit der Sense statt mit der Giftspritze pflegen ließ, berichtete, nun blühten dort wieder Kornblumen und Lichtnelken.

In Bonn wie in Bremen, in Hamburg wie in Ravensburg beschlossen kommunale Gremien, zumindest auf ausgewählten Grünflächen den Wildpflanzen, also dem sogenannten Unkraut, eine Chance zu geben. Die Neue Heimat ließ in Trabantenstädten schon auf Tausenden von Quadratmetern den Rasen umpflügen und mit Feld- und Wildblumensamen einsäen. Auch die westdeutschen Friedhofsgärtner haben, bei einem Verbandssymposium in Mainz, die „ökologische Bedeutung" naturnaher Biotope erkannt;

„Totensilo oder humaner Grünraum?“ war Thema einer ihrer Tagungen.

Abzusehen sind schon handfeste Konsequenzen des neuen Trends: Wo in der Nachbarschaft Naturgarten-Gesinnung und Schrebergarten-Denken aufeinanderprallen, bleiben Konflikte nicht aus, auch juristischer Art. Allerorten fürchten Naturfreunde unter den Gartenliebhabern eine Welle von Prozessen um Blattläuseplagen und Unkrautaussaat. Denn Paragraph 906 des Bürgerlichen Gesetzbuchs bestimmt, daß jemand „einen angemessenen Ausgleich in Geld“ verlangen kann, wenn sein Grundstück über das „Ortsübliche“ hinaus durch „Fall von Blütenteilen und von Samen“ beeinträchtigt wird. Mancherorts gelten noch immer Bestimmungen, die vorschreiben, daß (zum Teil unter Schutz stehende) „Disteln“ sowie „Franzosenkraut, die Gelbe Wucherblume, Hederich und Ackersenf vor der Samenreife“ zu vernichten sind – so eine hamburgische „Verordnung zur Bekämpfung von Unkräutern“, die von 1957 bis Ende 1980 in Kraft war und für den Fall von Zuwiderhandlungen Bußen bis zu 500 Mark vorsah.

Während viele solcher Paragraphen nun den frischgewonnenen Öko-Einsichten von Ratsherren und Landtagsabgeordneten weichen sollen, drohen Naturgärtnern Mißhelligkeiten schlimmerer Art. Anders nämlich als in den grünen Broschüren angegeben, „nutzen manche Tiere die Fairneß des Menschen unfair aus“, wie ein Autor der „Süddeutschen Zeitung“ feststellte.

Gerade dann, wenn die Blattläuse über die Rosen herfallen, sei weit und breit kein Marienkäfer zu sehen. Amseln wiederum warten keineswegs ab, ob ihnen der Öko-Gärtner einige Reste von Obst an den Bäumen hängen läßt; sie entscheiden selbst darüber, ob sie dem Gärtner einen Rest lassen wollen. Eines immerhin tröstete den geplagten Naturgärtner: Wenn er mal keine Lust zur Arbeit habe, merke es keiner. Denn „noch niemals war es so leicht wie heute, einen Garten verwildern zu lassen und dennoch an der Spitze des Fortschritts zu stehen“.

Ratschläge der Hamburger Umweltbehörde zur Gestaltung naturnaher Haus- und Kleingärten / Von Professor Dr. Adolf Weber, Hamburg

Ein englischer Rasen mag für einige Gartenfreunde eine Augenweide sein, ökologisch ist er fast so unwirksam wie eine Kunststoffmatte. Eine buntblühende Wiese mit Gänseblümchen, Löwenzahn, Glockenblumen, Sauerampfer, Klatschmohn und Hahnenfuß bietet nicht nur einen farbenprächtigen Anblick, sondern zieht als Lebensraum eine Vielzahl von Tierarten an. Dazu zählen Insekten wie Schmetterlinge und Vögel wie Finken, Laubsänger und Rotkehlchen.

Naturschutzgebiete genügen nicht, um auszugleichen, was wir unserer Umwelt zumuten. Sie sind oft sehr klein, liegen weit auseinander oder viel zu dicht an Wohngebieten. Zwischen ihnen wird intensive Landwirtschaft betrieben, werden immer neue Straßen und Siedlungen errichtet, werden Knicks gerodet, steigt die Abgasbelastung und sinkt der Grundwasserspiegel durch immer neue Bachbegradigungen. Wen wundert es da, daß kaum noch Schmetterlinge fliegen, Käfer und Frösche immer seltener werden und bald nur noch wenige Vogelarten mit ihrem Gesang den Frühling ankündigen. Jeder, der einen Garten hat, kann einen Beitrag zum Umweltschutz leisten, denn hier besteht keine Notwendigkeit, „kostengünstig" zu produzieren.

Sie sollten überlegen, ob Sie nicht einen Teil Ihrer Sträucher und Bäume durch einheimische Gehölze ersetzen können, denn viele einheimische Tiere, vor allem Insekten, sind auf entsprechende Futterpflanzen angewiesen. Die Raupe des herrlichen Zitronenfalters kann sich zum Beispiel nur von den Blättern des Faulbaumes ernähren. Unsere einheimischen Gehölze sind außerdem bestens den hiesigen Witterungsverhältnissen angepaßt und deshalb weit weniger anfällig gegen Krankheiten. Eine Hecke aus einheimischen Sträuchern bietet darüber hinaus vielen Tieren (Vögeln, Insekten, Kleinsäugern) Schutz und Nahrung zu jeder Jahreszeit – und ist sie nicht auch zu jeder Jahreszeit schöner als eine Ansammlung von sterilen Nadelhölzern?

Vielleicht haben Sie Platz für eine kleine Wiese? Damit meinen wir nicht eine kurz geschorene Grünfläche, sondern ein kleines Stück Natur, mit Blumen und Kräutern; ein stilles Eckchen zum Ausruhen und Lebensraum für Schwebfliegen, Schmetterlinge und Käfer. So können Sie zu einer Wiese kommen: Sie düngen nicht mehr und mähen nur noch zweimal im Jahr. Das gemähte Gras bleibt nicht liegen, sondern kommt auf den Komposthaufen, und dann brauchen Sie nur noch zu warten. Sollten Sie aber ungeduldig sein und schon bald wieder Schmetterlinge um sich haben wollen, so graben Sie ein Stück Ihres Gartens um und säen ihn mit entsprechenden Wiesensamen ein. Zu beachten wäre noch, daß Ihre Wiese nicht in einer Mulde liegt. Sie können sonst nicht verhindern, daß immer wieder Dünger von anderen Teilen Ihres Gartens eingeschwemmt wird. Sollte Ihr Nachbar Sie belächeln, so lassen Sie sich davon nicht beeinflussen. Spätestens Ihre Enkel werden Ihnen für Ihr Handeln danken.

Komplett wäre Ihr Garten schließlich, wenn Sie Ihr eigenes „Feuchtgebiet“ hätten. Warum wollen Sie nicht einen kleinen Teich oder Tümpel einrichten? Wahrscheinlich sind schon im ersten Jahr Libellen Ihre Gäste und bald werden Frösche, Kröten und Wasserkäfer auftauchen – vorausgesetzt, Sie haben eine Bepflanzung gewählt, die derjenigen unserer heimischen Gewässer entspricht. Beim Anlegen eines Teiches sollten Sie darauf achten, daß ein nicht zu kleiner Ausschnitt höhengleich mit dem angrenzenden Teil des Gartens verläuft. Teiche mit einer erhöhten Umrandung können leicht zu Todesfallen für eine Reihe von Tieren werden. An das Ufer gehören einige größere Steine als Unterschlupf für Kröten und Frösche.

Auf Chemie sollten Sie in Ihrem Garten möglichst verzichten, und dafür gibt es viele Gründe: Die meisten Insektenbekämpfungsmittel (zum Beispiel solche gegen Blattläuse) wirken nicht spezifisch, sondern vernichten auch andere Insekten wie Schmetterlinge, Käfer und vor allem auch die Feinde der Blattläuse, die Florfliegen und die Marienkäfer. Hinzu kommt, daß die gut fettlöslichen unter den Schadstoffen sich im Körper der Insekten anreichern (so wie sich der rote Tomatenfarbstoff in den Fettaugen der Suppe anreichert). Vögel, vor allem Jungvögel, die diese „Leckerbissen" zu sich nehmen, können daran eingehen, und weil Sie dann in Ihrem Garten keine Vögel mehr haben, die Raupen vertilgen, müssen Sie noch mehr spritzen.

Wußten Sie eigentlich, daß ein Meisenpärchen mit seinen Nachkommen in einem einzigen Jahr über einen Zentner Raupen und Insekten vertilgt? Sollten Sie in Ihrem Gemüsegarten aber einen starken Raupenbefall haben, etwa von den Raupen des Kohlweißlings, so sammeln Sie die Raupen doch mit der Hand ab – warum wollen Sie selbst mit den Früchten aus Ihrem eigenen Garten noch Stoffe aufnehmen, deren Wirkung niemand ganz genau kennt? Was Sie aber bestimmt nicht machen sollten, ist: vorbeugend spritzen, weder gegen Pilz- noch Blattlaus- noch sonst einen Befall. Bedenken Sie, daß jeder Fremdstoff Ihrem Garten schaden kann – stören Sie nicht die bewährten Kreisläufe, nicht die labilen Gleichgewichte, denn niemals können Sie vor unbeabsichtigten Nebenwirkungen sicher sein. Bedenken Sie auch, daß viele der versprühten Stoffe im Gartenboden angereichert werden, weil sie nur langsam oder gar nicht abgebaut werden, und im Boden Störungen der Mikroflora auftreten können. Und wenn Sie schließlich doch fünf Rosenblüten im Jahr weniger pflücken, ist das wirklich so schlimm? Ist es nicht besser, wenn einige Tiere mehr in Ihrem Garten überleben? Für Sie und für die Menschen nach uns?

Lassen Sie uns auch noch etwas zur Düngung sagen: Hier sollten Sie nach Möglichkeit Kompost verwenden, der sich aus Garten- und Haushaltsabfällen leicht und in genügender Menge herstellen läßt. Im Gegensatz zu Mineraldüngern enthält er alle Spurenstoffe, die Ihr Gemüse braucht, nicht nur für einen gesunden Wuchs, sondern auch für die Ausbildung eines kräftigen Aromas. Außerdem reduziert der im Kompost enthaltene Humus die Aufnahme von giftigen Schwermetallen aus dem Boden.

Die Welt, Heinz Langer

Abschied vom Paradies

Zum Schluß sollten Sie noch etwas über „Unkraut“ erfahren. Haben Sie schon einmal über diesen Begriff nachgedacht? „Unkraut“, das klingt negativ wie „Unhold“ „Unding“, „unsauber“, „unordentlich“. Unkraut, das sind aber meist nur „Pflanzen am falschen Ort“, und am falschen Ort sollte man sie ausziehen, nicht mit Vernichtungsmitteln „wegspritzen“. Dort aber, wo Unkraut Ihre Nutzpflanzen nicht behindert, da lassen Sie es doch wachsen, erfreuen Sie sich an der Blüte der Ackerwinde – und bedenken Sie: Die schwarzen Raupen, die Sie sicherlich schon einmal auf Brennesseln gesehen haben, waren die des Tagpfauenauges

– wollen wir künftig wirklich ohne diese prachtvollen Tiere auskommen, nur weil wir Brennesseln zu Unkraut erklärt haben?

Und so wie auf die Brennessel sind viele unserer heimischen Tiere auf die Blätter, die Blüten und auch die Samen von Wildkräutern angewiesen. Wenn wir aber akzeptieren, daß die meisten „Unkräuter“ nützlich sind, dann sind wir vielleicht auch bereit, wenigstens die eine oder andere Ecke unseres Gartens der Natur zu überlassen und unseren vordergründigen Ordnungssinn einmal zu unterdrücken. Wenn Ihr Grundstück noch so klein ist, helfen Sie dem Leben zu überleben. Leisten Sie einen Beitrag dafür, daß nicht schon in zwanzig Jahren fünfzig Prozent aller Tiere und Pflanzen unserer Heimat ausgestorben sind.

Diese Pflanzen gehören in einen naturnahen Garten: Birke, Buche, Eberesche, Erle, Esche, Hainbuche, Obstbäume, Ulme, Vogelkirsche, Walnuß; Berberitze, Botanische Rosen, Buchsbaum, Faulbaum, Hasel, Schwarzer und Roter Holunder, Kornelkirsche, Pfaffenhütchen, Salweide, Sanddorn, Schlehe, Schmetterlingsstrauch, Schneeball, Traubenkirsche, Zier- (Schein)-Quitte; ferner folgende Wasserpflanzen: Hornblatt, Laichkraut, Tausendblatt, Blumenbinse, Fieberklee, Froschlöffel, Igelkolben, Pfeilkraut, Seerose, Schwertlilie, Teichrose.

Dokumentation

Auszüge aus Selbstdarstellungen ausgewählter Natur- und Umweltschutz-Organisationen

Bund für Umwelt und Naturschutz Deutschland e. V. (BUND)

Anschrift: O.-Walzel-Straße 17, 5300 Bonn 1
Vorsitzender: Dr. Gerhard Thielcke, Stellvertreter: Hubert Weinzierl, Prof. Dr. Dr. Bernhard Grzimek

Der BUND ist eine private Umweltschutzvereinigung. Er wurde 1975 gegründet und gliedert sich in Landes-, Kreis- und Ortsgruppen. Einzelne Landesverbände sind jedoch wesentlich älter als die nationale Vereinigung. Heute hat der BUND über 40 000 Mitglieder. Zentrales Bemühen des BUND ist es, sich für eine Synthese zwischen Ökonomie und Ökologie, also für eine Überlebenspolitik einzusetzen.

Der BUND vertritt kein Nullwachstum, sondern propagiert ein qualitatives Wachstum (zum Beispiel energiesparende Technologien, Luft- und Gewässersanierung, Wiederverwendung von Abfallstoffen). Darüber hinaus setzt sich der BUND für die Erhaltung von Ackerland, Wiesen-, Wald- und Naturlandschaften ein. In der Öffentlichkeitsarbeit will der BUND Politiker und Behörden mit Nachdruck auf geplante Umweltzerstörungen hinweisen und Alternativen anbieten. In der aktiven Arbeit erhält, gestaltet und betreut er Lebensräume für freilebende Tiere und bedrohte Pflanzenarten.

Umweltschutz wird täglich wichtiger, denn täglich werden mehr Lebensräume zerstört, werden mehr Pflanzen- und Tierarten ausgerottet. Deshalb sind wir alle aufgerufen zu handeln; schnell und durchgreifend. In einigen Bundesländern waren wir bereits erfolgreich wirksam: Naturschutzgebiete wurden geschaffen, Erholungsräume bewahrt, bäuerliche Kulturlandschaften geschützt, für die Umwelt wichtige Grundstücke, zum Beispiel für den Vogelschutz, erworben. Doch unsere wirklichen Erfolge sieht man nicht. Sie lagen in der Verhinderung von solchen Umweltsünden wie Bau unnötiger Straßen, Erstellung von landschaftszerstörenden Bauten, Verschmutzung von Gewässern, Vernichtung von Pflanzen- und Tierreservaten, Zerstörung von Erholungslandschaften.

Was wir wollen: Schutz und Pflege von Natur und Umwelt als Grundlage allen Lebens und damit auch des menschlichen Lebens. Wir wenden uns gegen die bedenkenlose Ausbeutung der Natur und der erschöpflichen Bodenschätze und machen uns deshalb zur Aufgabe, den Umweltschutzgedanken in Gesellschaft und Schule zu fördern; bei Planungen und Gesetzgebungsvorhaben, die für Natur, Landschaft oder Umwelt bedeutsam sind, mitzuwirken; Schädigungen der Natur und der Landschaft sowie natur-, landschafts- und umweltfeindliche Planungen mit allen gesetzlichen Mitteln zu bekämpfen; aktive Landschaftspflege zu fördern; Veröffentlichungen über Natur- und Umweltschutz herauszugeben sowie Vorträge, Führungen, Lehrgänge und Ausstellungen, insbesondere auch für die Jugend, zu veranstalten; die Grundlagen des Natur- und Umweltschutzes zu erforschen sowie Erkenntnisse und Erfahrungen zu vermitteln und auszutauschen.

Bundesverband Bürgerinitiativen Umweltschutz (BBU)

Anschrift: Hellbergstraße 6, 7500 Karlsruhe
Vorsitzende: Inge Ammon, Josef Leinen, Monika Zimmermann

Der Bundesverband Bürgerinitiativen Umweltschutz (BBU) ist ein Zusammenschluß von Bürgerinitiativen im gesamten Bundesgebiet. Der BBU wurde im Jahre 1972 mit dem Ziel gegründet, das erschreckende Ungleichgewicht zwischen Industrie und staatlichen Organen einerseits und den begrenzten Möglichkeiten der Bürger andererseits abzubauen.

Der BBU will den betroffenen Bürgern vor Ort organisatorisch, rechtlich, finanziell und wissenschaftlich helfen. Darüber hinaus vertritt er die Interessen des Umwelt- und Naturschutzes auf überregionaler Ebene. Die Erarbeitung von Stellungnahmen, die Teilnahme an Anhörungen, die Unterstützung von Aktionen und die Förderung der Zusammenarbeit von Bürgerinitiativen sind wesentliche Bereiche seines breiten Aufgabenfeldes. Der BBU hält engen Kontakt zu umweltwissenschaftlichen Instituten und anderen Umweltschutzverbänden.

Der BBU ist ein dezentral organisierter Verband. Jede Mitgliedsgruppe arbeitet im Rahmen der Zielsetzungen des BBU völlig selbständig und autonom. Zu verschiedenen Umweltproblemen gibt es innerhalb des BBU bundesweite Arbeitskreise. Der Bundesverband fördert auch den regionalen Zusammenschluß von Umweltschutzgruppen zu Landesverbänden Umweltschutz.

Die Erhaltung und Wiederherstellung der natürlichen Lebensgrundlagen wie Luft, Wasser, Boden, Pflanzen- und Tierwelt müssen in der

Politik oberste Priorität gewinnen. Diese Zielsetzungen können nicht allein durch punktuelle Einzelmaßnahmen erreicht werden, sondern nur dann, wenn die Erfordernisse der Ökologie zur Grundlage der gesamten Wirtschafts- und Gesellschaftspolitik werden. Der BBU drängt deshalb über Einzelforderungen hinaus immer stärker auf die Verwirklichung einer umfassenden ökologischen Politik. Diese Politik läßt sich auf Dauer jedoch nur durchsetzen, wenn noch mehr Bürger aktiv werden und sich in Umweltschutzgruppen zusammenschließen.

Durch vielfältige Aktionen und Veranstaltungen bemühen sich der BBU und seine Mitgliedsgruppen, diese Politik vorwärtszubringen. Im BBU gibt es zwei Arten der Mitgliedschaft: für Bürgerinitiativen und Umweltschutzgruppen, die bei den Mitgliederversammlungen Stimmrecht haben, und für umweltbewußte Bürger, die als förderndes Mitglied die Arbeit finanziell und ideell unterstützen.

Deutscher Naturschutzring e. V. (DNR)

Anschrift: Kalkuhlstraße 24, 5300 Bonn 3
Vorsitzender: Prof. Dr. Wolfgang Engelhardt

Die ersten Anfänge des privaten Naturschutzes in Deutschland reichen bis ins 19. Jahrhundert zurück. Während die staatlichen Naturschutzbehörden und Stellen aufgrund eines durch Gesetz erteilten Auftrages handeln, beruht der vereinsmäßig organisierte Naturschutz auf privater Initiative von Bürgern, die sich der Aufgabe des Natur- und Umweltschutzes angenommen haben. Die Naturschutzverbände widmen sich überwiegend der Förderung des Natur- und Umweltschutzgedankens durch Öffentlichkeitsarbeit, Pflege und Bewachung von Schutzgebieten sowie Gutachtertätigkeit im Rahmen von Raumordnungsverfahren und Mitwirkung bei der Gesetzgebung. In den letzten Jahren schlossen sich vielerorts Bürgerinitiativen zusammen, die meist örtlich und zeitlich begrenzte Ziele verfolgen. Die Naturschutzverbände in der Bundesrepublik befassen sich entweder auf Landes- oder regionaler Ebene mit dem Naturschutz in seiner Gesamtheit oder sind auf einzelne seiner Teilgebiete wie Tierschutz, Vogelschutz usw. spezialisiert.

Im Jahre 1950 schlossen sich zahlreiche Vereine, die sich mit Naturschutz befassen, zum Deutschen Naturschutzring zusammen. Ihm gehören heute mehr als 90 Verbände und Vereine mit über drei Millionen Einzelmitgliedern an. Der DNR hat sich zum Ziel gesetzt, der Zerstörung der Natur, ihrer Bestandteile und ihres Haushaltes Einhalt zu gebieten und einen Ausgleich zwischen der Sicherung der Funktionsfähigkeit des Naturhaushaltes und den Ansprüchen des Menschen herbeizuführen. Er wirkt Entwicklungen der Gesellschaft, die eine lebenswerte Umwelt in irgendeiner Weise beeinträchtigen, entgegen. Er versucht, in diesem Sinne die gesamte Umweltpolitik im Bundesgebiet zu beeinflussen. Die Verhandlungspartner des DNR sind in dieser Hinsicht die Bundesregierung und die obersten fachlich zuständigen Behörden der Bundesländer. Als bundesdeutsche Dachorganisation befaßt sich der DNR grundsätzlich nicht mit örtlichen Angelegenheiten des Natur- und Umweltschutzes, sondern nur mit Umweltschutzbelangen übergeordneter und überörtlicher Bedeutung. Er ist jedoch Anrufungsinstanz für die ihm angeschlossenen Mitgliedsverbände und -vereine in allen den Fällen, in denen diese selbst nicht zum Ziele kommen und offensichtlich Präzedenzfälle gegeben sind.

Mitgliedsverbände:

1. Aktion Saubere Landschaft e. V., Parkstraße 6, 8070 Ingolstadt
2. Arbeitsgemeinschaft Bodenfruchtbarkeit und Qualitätserzeugung e. V. (abq), Postfach 1112, 7900 Ulm
3. Arbeitsgemeinschaft Deutscher Beauftragter für Naturschutz und Landschaftspflege (ABN) e. V., Konstantinstraße 110, 5300 Bonn 2
4. Badischer Landesverein für Naturkunde und Naturschutz e. V., Gerberau 32, 7800 Freiburg i. Br.
5. Bayerisches Rotes Kreuz, Wasserwacht – Bezirk Schwaben, Fabrikstraße 2, 8900 Augsburg
6. Bremer Naturschutzgesellschaft e. V., Emil-Waldmann-Straße 4, Postfach 106 943, 2800 Bremen 1
7. Bund Deutscher Landschaftsarchitekten e. V. (BDLA), Colmantstraße 32, 5300 Bonn 1
8. Bund gegen den Mißbrauch der Tiere e. V., Viktor-Scheffel-Straße 15/o, 8000 München 40
9. Bund Naturschutz Alb-Neckar e. V., Lederstraße 86, 7410 Reutlingen 1
10. Bund Naturschutz in Bayern e. V., Schönfeldstraße 8, 8000 München 22
11. Bund für Naturschutz in Oberschwaben e. V., Oberweiler Straße 8, 7988 Wangen i. A.-Leupholz
12. Bund für Naturschutz und Landschaftspflege in Niedersachsen e. V., Oeltzenstraße 6, 3000 Hannover 1
13. Bund für Umwelt und Naturschutz Deutschland e. V., Oskar-Walzel-Straße 17, 5300 Bonn 1
14. Bund für Umwelt und Naturschutz Deutschland, Landesverband Bad.-Württ. e. V., Landesgeschäftsstelle, Kirchstraße 2, 7800 Freiburg
15. Bund der Tierfreunde in Wiesbaden und Umgebung e. V., Klopstockstraße 2, 6200 Wiesbaden

16. Dachverband Deutscher Avifaunisten, Michael Harengard, Auf der Horst 14, 4400 Münster
17. Deutsche Dendrologische Gesellschaft e. V., Hawstraße 28, 5500 Trier
18. Deutsche Gesellschaft für Gartenkunst und Landschaftspflege e. V. (DGGL), Markgrafenstraße 14, 7500 Karlsruhe 1
19. Deutsche Reiterliche Vereinigung e. V., Freiherr-von-Langen-Straße 13, 4410 Warendorf
20. Deutsche Umwelt-Aktion e. V., Kempener Allee 9, 4150 Krefeld
21. Deutscher Alpenverein, Hauptgeschäftsstelle, Praterinsel 5, 8000 München 22
22. Deutscher Bund für Lebensschutz, Weiherallee 29, 6229 Schlangenbad 5
23. Deutscher Bund für Vogelschutz e. V., Bundesgeschäftsstelle, Achalmstraße 33, 7014 Kornwestheim
24. Deutscher Falkenorden e. V., Paulinenstraße 49, 7107 Neckarsulm
25. Deutscher Fischerei-Verband e. V., Venusberg 36/IX, 2000 Hamburg 11
26. Deutscher Imkerbund e. V., Kalkuhlstraße 24, 5300 Bonn 3
27. Deutscher Jagdschutz-Verband e. V., Hauptgeschäftsstelle, Johannes-Henry-Straße 26, 5300 Bonn 1
28. Deutscher Jugendbund für Naturbeobachtung (DJN), Buchenstraße 18, 2000 Hamburg 60
29. Deutscher Kanu-Verband e. V., Berta-Allee 8, 4100 Duisburg 1
30. Deutscher Tierschutzbund e. V., Renate Praetorius, Irmenfriedstraße 27, 8032 Gräfelfing
31. Deutsches Jugendherbergswerk, Bülowstraße 26, Postfach 220, 4930 Detmold 1
32. Deutsches Rotes Kreuz, Bergwacht Hessen, Am Markt 7, 6450 Hanau
33. Floristisch-Soziologische Arbeitsgemeinschaft e. V., Untere Karspüle 2, 3400 Göttingen
34. Vogelschutzstation Braunschweig, Haus am Europa-Reservat in Weddel, Bauernstraße 13, 3302 Cremlingen 1
35. Gesellschaft Deutscher Tierfotografen e. V., Eleonore-Sterling-Straße 33, 6000 Frankfurt/M.
36. Gesellschaft für Natur- und Umweltschutz Cuxhaven – Land Hadeln e. V., Hamburg-Amerika-Straße 1, 2190 Cuxhaven
37. Gesellschaft für Rationale Verkehrspolitik e. V. (GRV), Brombergerstraße 5, 4000 Düsseldorf-Reisholz
38. Hamburger Tierschutzverein von 1841 e. V., Süderstraße 399, Postfach 260 566, 2000 Hamburg 26
39. Hannoverscher Verein für Naturkunde e. V., Grenzweg 39, 3014 Laatzen 1

40. Heimatverein „Die Boje“, Bremerstraße 117, 2940 Wilhelmshaven
41. Isartalverein e. V., Uhlandstraße 5, 8000 München 2
42. Landesbund für Vogelschutz in Bayern e. V., Maria-Dorothea-Straße 8, 8543 Hilpoltstein
43. Landesnaturschutzverband Schleswig-Holstein e. V., Rathausstraße 2, 2300 Kiel
44. Wilhelm-Münker-Stiftung, Sandstraße 1, 5900 Siegen
45. Nassauischer Verein für Naturkunde e. V., Rheinstraße 10, 6200 Wiesbaden
46. Naturschutzgesellschaft Schutzstation Wattenmeer e. V., Königstraße 11, 2370 Rendsburg
47. Naturwacht e. V. Hamburg, Platanenweg 26/II, 2000 Norderstedt 3
48. Naturwissenschaftlicher Verein in Hamburg e. V., Zoologisches Museum, Von-Melle-Park 10, 2000 Hamburg 13
49. Naturwissenschaftlicher Verein für Schleswig-Holstein in Kiel, Steinkämpe 4, 2300 Melsdorf Post Kiel 1
50. Naturwissenschaftlicher Verein Würzburg e. V., Scherenbergstraße 15, 8700 Würzburg
51. Niedersächsischer Heimatbund Hannover e. V., Sophienstraße 2/II, 3000 Hannover
52. Ornithologische Gesellschaft in Bayern e. V., Hirtenstraße 31, 8057 Eching
53. Ostfriesische Landschaft, Postfach 1580, Georgswall, 2960 Aurich
54. Pollichia – Verein für Naturforschung und Landespflege e. V., Hugenottenstraße 7, 6747 Annweiler am Trifels
55. Rheinischer Verein für Denkmalpflege und Landschaftsschutz, Deutzer Freiheit 49, 5000 Köln 21
56. Der Silberne Bruch, Landesgruppe Deutschland, Prof. Dr. Dr. h. c. J. Boch, Leopoldstraße 5, 8000 München 40
57. Schutzgemeinschaft Deutscher Wald, Bund zur Förderung der Landespflege – Bundesverband e. V., Meckenheimer Allee 79, 5300 Bonn 1
58. Schutzgemeinschaft Deutsches Wild e. V., Adenauerallee 160, Postfach 120 371, 5300 Bonn 1
59. Schutzgemeinschaft deutsche Nordseeküste e. V., Landschaftshaus, Postfach 1580, 2960 Aurich
60. Schwäbischer Albverein e. V., Hospitalstraße 21 B, Postfach 683, 7000 Stuttgart 1
61. Schwarzwaldverein e. V., Rathausgasse 33, 7800 Freiburg i. Br.
62. Touristenverein „Die Naturfreunde“, Bundesgruppe Deutschland e. V., Großglocknerstraße 28, Postfach 380, 7000 Stuttgart 60
63. Verband Deutscher Gebirgs- und Wandervereine e. V., Falkertstraße 70, 7000 Stuttgart 1

64. Verband Deutscher Sportfischer e. V., Bahnhofstraße 37, 6050 Offenbach
65. Verband Niedersächsischer Tierschutzvereine e. V., Jakobistraße 4, 3000 Hannover
66. Verein Erholungsgebiete Region Ingolstadt e. V., Parkstraße 6, 8070 Ingolstadt
67. Verein für Heimatschutz und Heimatgeschichte Leer/Ostfriesl. e. V., Neue Straße 14, 2950 Leer/Ostfriesl.
68. Verein Jordsand zum Schutze der Seevögel e. V., Schneider, Birkenstieg 1, 2000 Hamburg 67
69. Verein zur Sicherstellung überörtlicher Erholungsgebiete in den Landkreisen um München e. V.,
    Uhlandstraße 5/III, 8000 München 2
70. Verein zum Schutz der Bergwelt e. V., Praterinsel 5, 8000 München 22
71. Vereinigung Deutscher Gewässerschutz e. V., Matthias-Grünewald-Straße 1-3, 5300 Bonn 2
72. Vogelschutzstation Lüneburg-Kalkberg, Erbstorfer Landstraße 40, 2120 Lüneburg
73. Volksbund Naturschutz e. V., Treibjagdweg 46, Postfach 370 286, 1000 Berlin 37

    Arbeitsgemeinschaft 1:

74. Oldenburger Landesverein für Geschichte, Natur und Heimatkunde, Museum, Damm 40, 2900 Oldenburg
75. Oldenburgische Landschaft, Gartenstraße 7, 2900 Oldenburg
76. Arbeitsgemeinschaft Geobotanik in Schleswig-Holstein und Hamburg, Hospitalstraße 20, 2300 Kiel

    Arbeitsgemeinschaft 2:

77. Arbeitsgemeinschaft Deutscher Tierschutz e. V., Boschheidgenstraße 20, 4130 Moers
78. Naturwissenschaftlicher Verein zu Krefeld e. V., Dr. Quitzow, Kliedbruch 8, 4150 Krefeld
79. Deutsche Tierfreunde e. V., Ortlindestraße 6/VIII, 8000 München 81

    Arbeitsgemeinschaft 3:

80. Bayerische Botanische Gesellschaft e. V., Menzinger Straße 67, 8000 München 19
81. ISIS Gesellschaft f. biologische Aquarien- u. Terrarienkunde zu München e. V., Peter G. Stadik, Alte Allee 56, 8000 München 60
82. Naturwissenschaftlicher Verein für Schwaben e. V., Geschäftsstelle, Peutingerstraße 11, 8900 Augsburg
83. Verein f. Naturkunde e. V., München, Luisenstraße 14 (Zoolog. Institut), 8000 München 2, Geschäftsstelle: Dr. Wiesend, Karolingerallee 4, 8000 München 90

Arbeitsgemeinschaft 4:

84. Gesellschaft für Naturkunde in Württemberg e. V., Schloß Rosenstein, 7000 Stuttgart 1
85. Naturwissenschaftlicher Verein Karlsruhe e. V., Erbprinzenstraße 13, 7500 Karlsruhe 1
86. Verein f. Naturkunde Mannheim e. V., Leibnizstraße 21, 6800 Mannheim 1

Arbeitsgemeinschaft 5:

87. Deutsche Ornithologengesellschaft, Dr. D. S. Peters – Forschungsinstitut Senckenberg – Senckenberganlage 25, 6000 Frankfurt/Main
88. Münchener Entomologische Gesellschaft e. V., Schloß Nymphenburg, Maria-Ward-Straße 1 b, 8000 München 19

Sonstige Verbände:

89. Bayerisches Rotes Kreuz, Präsidium, Referat Bergwacht, Holbeinstraße 11 c, 8000 München 86
90. Arbeitsgemeinschaft der Vogelschutzwarten, Steinauer Straße 44, 6000 Frankfurt/Main 61

World Wildlife Fund (WWF) Deutschland

Anschrift: Bockenheimer Anlage 38, 6000 Frankfurt/Main
Vorsitzende: Prof. Dr. h. c. Kurt Lotz, Carl-Albrecht von Treuenfels

Mehr als dreißig Säugetier- und Vogelarten würden ohne die Hilfe der internationalen Naturschutz-Stiftung World Wildlife Fund (WWF) wahrscheinlich nicht mehr existieren. Über hundert Millionen Mark hat der WWF weltweit seit der Gründung 1961 für den Schutz wildlebender Tiere ausgegeben. Auf allen fünf Kontinenten wurden Nationalparks mit Beteiligung des WWF gegründet oder von ihm unterstützt – Nationalparks mit einer Fläche doppelt so groß wie Westeuropa. Der WWF wurde gegründet, um das Leben in der Natur zu schützen. Dabei verstehen wir den Naturschutz als eine umfassende Aufgabe: Schutz der Pflanzen, Fische, Vögel und Säugetiere, Schutz ihrer existenznotwendigen Umgebung – Land, Luft, Wasser.

Mit Hilfe von Spenden bewahren wir gefährdete Tierarten vor der Ausrottung, indem wir vorrangig dafür sorgen, daß der Tierwelt die natürlichen Lebensräume erhalten bleiben. Die bisher größte Kampagne des WWF begann 1976 unter dem Leitmotiv „Das Meer muß leben“. Die für die Erhaltung allen Lebens auf der Erde notwendigen Ozeane sind durch den Menschen aufs höchste gefährdet. Wenn die Meere sterben, stirbt das Leben. Raubbau durch den Menschen und Schäden durch industrielle Abwässer sind heute schon zu einer unübersehbaren Gefahr in aller Welt geworden. Korallenriffe, Seegrasfelder, Mangrovensümpfe, Marschen und weite Flußmündungen werden ausgebaggert, um anschließend „nutzbar" gemacht zu werden. Schon entsteht durch die absehbare Ausbeutung des Meeresbodens nach Mineralien eine neue Gefahr. Die Übernutzung der Meere hat tödliche Konsequenzen: Zehn Arten von Wal, Delphin und Tümmler sind vom Aussterben bedroht; Sechs Seehund-Arten stehen vor dem gleichen Schicksal; von der Ausrottung bedroht sind ferner alle Küstenkrokodile und dreißig Arten von See- und Küstenvögeln. Eines der wichtigsten Projekte der Kampagne für die Erhaltung des Meeres und seiner Bewohner ist der Plan, Schutzgebiete für Wale, Delphine und Seehunde zu schaffen. Die ausnahmslos bedrohten Schildkröten müssen in ihren Bruträumen geschützt werden: am kalifornischen Golf, auf den Seychellen, in Malaysia, Panama und anderen Brutorten.

Die Einschränkung seines Lebensraumes und Wilderer – bedenkenlos auf der Jagd nach dem „weißen Gold", dem Elfenbein – haben den Elefanten in den meisten seiner angestammten Gebiete an den Rand der Ausrottung gebracht. Niemand weiß, wie viele Elefanten heute in Afrika und Asien noch leben. Eine vom WWF finanzierte Drei-Jahres-Studie soll über diese und andere wichtige Fragen Auskunft geben. Es soll auch erforscht werden, welche Zusammenhänge zwischen menschlicher Besiedlung, der Veränderung von Lebensräumen und der Situation dort lebender Elefanten bestehen. Ein besonderes Kapitel der Forschungsarbeit ist die Untersuchung des illegalen Elfenbeinhandels, einer der Hauptgefahren für das größte Landsäugetier der Erde. Initiativen des WWF ist es mit zu verdanken, wenn heutzutage das Tragen der Pelze von Tigern, Leoparden, Geparden und anderen Wildkatzen nicht mehr als schick, sondern als unverantwortlich gilt. Um diese Einstellung zum Allgemeingut werden zu lassen, wurde eine großangelegte Kampagne mit Hilfe prominenter Persönlichkeiten durchgeführt.

In Österreich übernahm der WWF die Pacht im Gebiet des Neusiedler Sees, um dort ein Reservat zu errichten. Neue Tümpel und Riedgrasfelder bieten einen sicheren Ruhe- und Futterplatz für 100 000 Gänse und Zehntausende von Enten. Ein anderes wichtiges Reservat in Österreich kaufte der WWF: das Marchauen-Marchegg-Gebiet, ein Waldgebiet mit reicher Pflanzen- und Vogelwelt. Das Wattenmeer entlang der niederländischen, deutschen und dänischen Küste ist Brut-, Rast- und Futterplatz für Millionen Vögel, Heimat der Seehunde und „Kinderstube" der Nordseefische. Aber Flußabwässer, Urbarmachung, Industrialisierung, Eindeichungen und Fremdenverkehrsentwicklung bedrohen Tier- und Pflanzenwelt. In Zusammenarbeit mit anderen Organisationen hilft der WWF beim Schutz des Wattenmeeres.

Um auf die Schutzwürdigkeit von Mooren und Brüchen in einer intensiv genutzten Kulturlandschaft aufmerksam zu machen, wurde durch den WWF in der Bundesrepublik Deutschland das „Artenschutzprojekt Kranich" eingeleitet. Kraniche stehen bei uns auf der Roten Liste der im Bestand stark gefährdeten Brutvögel. Von 1973 bis jetzt konnte der Brutbestand auf 23 Paare annähernd verdoppelt werden. Ehemalige Moorgebiete wurden dafür renaturiert, ein umfassendes Biotopmanagement wurde eingeleitet. Die Bruten der Kraniche werden aus sicherer Entfernung gegen Störungen überwacht. Dadurch wird auch vielen anderen gefährdeten Tier- und Pflanzenarten in Feuchtgebieten geholfen.

Adler, Falken, Bussarde, Weihen und Kondore wurden vom Menschen bis an den Rand der Ausrottung getrieben. Man sah in ihnen lange Zeit Beutekonkurrenten und verkannte ihre wichtige Funktion im Naturhaushalt als Regulatoren und „Gesundheitspolizisten". Ihr Niedergang wurde beschleunigt durch die Zerstörung ihrer Bruträume und Ernährungsgrundlagen, durch Pestizide (Umweltgifte), die – über die Nahrungskette aufgenommen – zu Sterilität und Mißbildungen führen, sowie schließlich auch durch das Einfangen dieser Vögel und den Handel mit ihnen.

Der WWF engagiert sich für eine Schutzgesetzgebung in mehreren Ländern. Von den letzten Seeadlern in der Bundesrepublik Deutschland ausgehend, führt der WWF ein umfassendes Seeadlerschutzprogramm außer in Schleswig-Holstein auch in Schweden, Finnland, Norwegen und Dänemark (Grönland) durch. Die Mitarbeit qualifizierter Fachleute ist bei den Programmen des WWF unerläßlich. Denn die Voraussetzung für die Rettung bedrohter Arten liegt in der genauen Feststellung der Bestände und ihrer Lebensbedingungen. Erst danach kann ein Plan aufgestellt werden, der auf wissenschaftlicher Basis die Maßnahmen zum Überleben gefährdeter Arten festlegt. Die Arbeit des WWF wird ausschließlich aus Spenden finanziert.

Institut für angewandte Ökologie e. V. (Öko-Institut)

Anschrift: Schönauer Straße 3, 7800 Freiburg
Vorstand: Prof. Dr. Dr. G. Altner, Prof. Dr. A. Bechmann, Prof. Dr. H. Bossel, M. Harloff, H. Hatzfeldt, Dr. G. Michelsen, H. A. Siefritz

Täglich werden gegen unseren Willen Chemiefabriken, Kernkraftwerke, Autobahnen und andere umweltzerstörende Projekte gebaut. Die betroffenen Bürger haben es schwer, ob allein oder in Bürgerinitiativen, gegen das Bündnis von Staat, Industrie und Forschung den unkontrollierten Bau solcher Projekte zu verhindern. Wer gegen die Zerstörung unserer Umwelt aufbegehrt, wird mit wissenschaftlichen Gutachten, ökonomischen Zwängen und administrativer Autorität abgeschmettert. Um Bürgern und Bürgerinitiativen gegen die Allmacht in Staat und Wissenschaft die nötigen stichhaltigen und wissenschaftlich abgesicherten Informationen und Argumente zu vermitteln, wurde 1977 das Freiburger Öko-Institut gegründet. Das unabhängige und gemeinnützige Institut für angewandte Ökologie verfolgt drei Ziele:

1. Damit auch die kommenden Generationen noch ihre Überlebenschance bekommen können, wollen wir die Voraussetzungen für einen ökologisch ausgeglichenen Fortschritt erforschen helfen.
2. Auf den Gebieten des Umweltschutzes wollen wir für engagierte Bürger, Gruppen und Organisationen Gutachten erstellen sowie Gutachter und Sachverständige vermitteln.
3. Unsere Ergebnisse wollen wir derAllgemeinheit durch Veröffentlichung von Büchern, Herausgabe eines Informationsdienstes und durch Presseerklärungen zugänglich machen.

Die Beiträge und Spenden von derzeit über 2000 Mitgliedern haben uns bislang unter anderem folgende Arbeitsergebnisse ermöglicht: Entwicklung einer Energieversorgungsstrategie für die Bundesrepublik Deutschland ohne Kernenergie und Erdöl bis zum Jahre 2030; Untersuchungen über Fragen der Reaktorsicherheit, Wiederaufbereitung und Endlagerung; Analysen der Wirkungen von Umweltchemikalien und Chemikalien am Arbeitsplatz (zum Beispiel über die Bleiverseuchung im Raum Goslar); Mitwirkung in politischen Gremien (wie der Enquete-Kommission „Zukünftige Kernenergiepolitik des Deutschen Bundestages") und Gutachtertätigkeit für Bürgerinitiativen.

Weltbund zum Schutze des Lebens (WSL)

Bretthorststraße 221, 4973 Vlotho
Vorsitzender: Prof. Dr. Werner Georg Haverbeck

Der WSL ist eine internationale, überparteiliche, überkonfessionelle und gemeinnützige Organisation verantwortungsbewußter Persönlichkeiten. Er wurde 1960 in Österreich und der Bundesrepublik gegründet. Der WSL-International ist der Zusammenschluß aller nationalen WSL-Verbände und Repräsentationen. Der Bundesverband Deutschland e. V. ist in jedem Bundesland durch Landesverbände und deren Gliederungen vertreten. Die Ziele des WSL:

1. Absoluter Vorrang des Lebens und der ökologischen Gesetze vor der Wirtschaft, Wissenschaft und Technik. Entgiftung aller Lebensbereiche von Mensch, Tier und Pflanze.
2. Generelle Einstellung der Atomkernspaltung wegen ihrer nachweislichen Gefährdung allen Lebens – selbst beim sogenannten „Normalbetrieb" von Atomkraftwerken. Menschenmögliche Sicherung des schon erzeugten und verseuchten radioaktiv strahlenden Materials.

3. Aktive Unterstützung der Friedenspädagogik und Konfliktforschung.
4. Maßnahmen zur verbesserten, sparsamen und ökologischen Nutzung der Energievorräte und Rohstoffe sowie Rückführung brauchbarer Abfälle in den Nutzungskreislauf (Recycling).
5. Erschließung der unerschöpflichen und lebensfreundlichen Energiequellen wie Sonne, Wind, Biogas, Erdwärme zur Wiedererlangung des ökologischen Gleichgewichts.
6. Erhaltung und Sanierung der Lebenselemente Luft, Wasser und Boden. Aufforstung ehemaliger Waldgebiete zur Restaurierung des Naturhaushalts. Trennung von Trink- und Brauchwasser.
7. Gesunde Nahrung und qualitative Ertragssteigerung durch erprobten und bewährten biologischen Landbau. Erweiterte Schadstoffkontrolle und Kennzeichnungspflicht.
8. Gesundes Bauen, gesundes Wohnen. Raumplanung für grüne Städte und umweltfreundliche Verkehrsmittel.
9. Gesunde Medizin mit konsequenter Gesundheitsvorsorge und aktiver Bekämpfung der Suchtgefahren. Verbot der Werbung für Genußgifte und Suchtmittel.
10. Schaffung und Sicherung von humanen Arbeitsplätzen aufgrund zwingender ökologischer Notwendigkeiten.
11. Verhinderung weiterer Ausrottung von Tieren und Pflanzen. Biologische Alternativen zu Tierversuchen, Massentierhaltung und Schädlingsbekämpfung.
12. Wiederherstellung der Unabhängigkeit des Staates von wirtschaftlichen Interessengruppen, Verhinderung der Vorherrschaft einzelner Wirtschaftsbereiche privater oder öffentlicher Hand. Minister und Abgeordnete dürfen nicht gleichzeitig entscheidende Funktionen in der Wirtschaft haben.
13. Schaffung unabhängiger Ressorts für Ökologie und Lebensschutz auf jeder Regierungs- und Verwaltungsebene sowie bei allen Gerichten zur Verhinderung des Mißbrauchs im Gutachterwesen (Bürgeranwalt oder „Ombudsmann").
14. Gesetzliche Verankerung des Klagerechts für natur- und lebensschützende Verbände (Popularklage), Gebührenfreiheit und einheitlicher symbolischer Streitwert für alle ökologisch begründeten Gerichtsverfahren.
15. Lehrstühle und Forschungsstätten für Lebensschutz, Umweltsanierung und konsequente Vorbeugung von Zivilisationsschäden.
16. Rückhaltlose Information der Bevölkerung über alle Risiken und Konsequenzen des ungehemmten technischen Fortschritts und Wirtschaftswachstums. Intensive Verbreitung der ökologischen und gesellschaftlichen Alternativen in allen öffentlich-rechtlichen Medien.

Deutsche Umweltstiftung

Anschrift: Hans Günter Schumacher, Schlachthofstraße 6, 6728 Germersheim

Im 1981 veröffentlichten Gründungsaufruf, mitunterzeichnet von Günter Grass und Erhard Eppler, heißt es unter anderem: Die Erhaltung, Sicherung und der Schutz der natürlichen Lebensgrundlagen der Menschen, der Tier- und Pflanzenwelt sind heute ein wichtiges und weithin anerkanntes Anliegen. Eine Vielzahl einzeln engagierter Bürger, Organisationen, Vereinigungen, Institutionen, staatliche und nichtstaatliche Stellen haben es zum Schwerpunkt ihrer Arbeit gemacht. Trotzdem scheitert die Verwirklichung einer langfristig angelegten, ökologisch orientierten Umweltpolitik häufig an gegensätzlichen Interessen, was dazu führt, daß unter den gegenwärtigen Bedingungen Umweltbelange in Forschung und Entwicklung, Bildung und Ausbildung, Planung und Information sowie in der Verwaltung zukurzkommen.

Dies zu ändern und dafür zu sorgen, daß durch ein gestärktes Umweltbewußtsein bei politischen, sozialen und wirtschaftlichen Maßnahmen ökologischen Gesichtspunkten erhöhte Beachtung geschenkt wird und Interessen des Umweltschutzes auf breiter Ebene dauerhaft und wirkungsvoll durchgesetzt werden, ist unser aller vordringlichster Wunsch. Nicht nur staatliche Stellen können und sollten diese Aufgabe erfüllen; vielmehr muß jeder Bürger durch private Initiative für ein umweltgerechtes Verhalten interessiert und gewonnen werden. Dieses Bemühen scheiterte bislang vielfach an fehlender Information und Aufklärung über bestehende Umweltprobleme, an mangelhafter Koordination vorhandener Unterstützung von Bürgerengagement für unsere Umwelt.

Unmittelbarer und ausschließlicher Zweck der zu gründenden gemeinnützigen Umweltstiftung muß es daher sein, zur Förderung des Umweltschutzes Aktivitäten Einzelner, von Verbänden, Vereinigungen, Instituten, Unternehmen und Forschungseinrichtungen ideell und materiell zu unterstützen, die sich durch wissenschaftliche, journalistische, literarische und künstlerische Tätigkeit, Erziehung und Bildung, Aufklärung und Information sowie Analysen und Studien um die Verbesserung der Umweltverhältnisse und des Umweltrechts bemühen und für die Sicherung, Erhaltung und den Schutz der natürlichen Lebensgrundlagen, von Natur und Landschaft, ökologischen Ressourcen und Biotopen eintreten. Die Verwirklichung dieser vielfältigen Aufgaben als Ergänzung und Förderung bestehender Umweltaktivitäten wird nur dann gelingen, wenn eine möglichst große Anzahl engagierter Bürger zur Gründung der Deutschen Umweltstiftung bereit sind und sich verpflichten, einen einmaligen Betrag zur Bildung des Stiftungsvermögens nach Gründung und Genehmigung einzuzahlen. Die Unterzeichner rufen daher alle auf, die „Deutsche Umweltstiftung“ ins Leben zu rufen. Sie soll als private rechtsfähige und gemeinnützige Stiftung des bürgerlichen Rechts errichtet werden und politisch und wirtschaftlich unabhängig arbeiten.

Naturfreunde Deutschland

Anschrift: Großglocknerstraße 28, 7000 Stuttgart 60
Vorsitzender: Hans Peter Schmitz

Rot und Grün – das ist kein Widerspruch. Die Kombination ist nicht einmal neu. Älter als unser Jahrhundert ist eine Organisation, die beides verbindet: das Streben nach demokratischem Sozialismus und Einsatz für Natur- und Umweltschutz. Die Naturfreunde wurden 1895 als Arbeiter-Touristenverein gegründet, parteiunabhängig, aber der Gewerkschaftsbewegung und der Sozialdemokratie eng verbunden. Die 120 000 Mitglieder im Bundesgebiet kämpfen gegen Umweltzerstörung, gegen Hochrüstung (schon seit 1956), Berufsverbote und den drohenden Überwachungsstaat. Der Verband bietet Gelegenheit zu ökologischen Exkursionen und preiswerten Familienferien im Kreise Gleichgesinnter, fördert Winter- und Wassersport, Natur- und Heimatkunde. Er ist Mitglied im Deutschen Naturschutzring.

Als Ende des letzten Jahrhunderts in Wien österreichische Sozialisten eine touristische Organisation gründeten, war zunächst Ziel und Aufgabe, die arbeitenden Menschen zu bilden und sie aus der dumpfen Atmosphäre der Fabriken und Städte hinauszuführen. Die Idee begeisterte: Aus den wenigen wurden Tausende. Heute zählt die Naturfreunde-Internationale in 14 Ländern der Erde 335 000 Mitglieder. Die über 750 eigenen Naturfreundehäuser der Naturfreunde-Internationale sind Stätten der Begegnung und Entspannung. Die Naturfreunde der Bundesrepublik haben ein weites Netz von über 400 Naturfreundehäusern errichtet.

Naturfreunde treten für den Natur- und Landschaftsschutz ein. Die natürlichen Lebensgrundlagen der Menschen sind bedroht, und die Landschaft wird weiter zersiedelt. Den Menschen, vor allem aus Ballungsgebieten, fehlt es an Erholungsräumen. Die Reinhaltung des Wassers, der Luft- und der Lärm sind die ungelösten Probleme der Gegenwart. – Naturfreunde suchen in kritischer Auseinandersetzung mit bildender Kunst, Literatur, Theater, Film und Musik Verständnis für das kulturelle Schaffen von Vergangenheit und Gegenwart. Die gesellschaftspolitischen Zusammenhänge unseres Lebens werden diskutiert. Naturfreunde erleben aber auch erholsame Tage bei sportlicher

Betätigung. In den Bergen wird das Skilaufen, Bergsteigen oder Bergwandern und auf den Flüssen der Kanusport zum Urlaubserlebnis. Eigene Zeitschriften sorgen für einen engen Kontakt, vermitteln Fach- und Allgemeinwissen und informieren über die gesellschaftspolitischen Ziele der Naturfreunde, um den Menschen ein Leben in Frieden, Freiheit und sozialer Gerechtigkeit zu ermöglichen.

Greenpeace (Deutschland) e. V.

Anschrift: Hohe Brücke 1, 2000 Hamburg 11
Generalbevollmächtigte: Monika Griefahn, Gerd Renker, Harald Zindler

Zweck des Vereins ist die Förderung des Schutzes und der Bewahrung der Natur. Insbesondere soll versucht werden, bestimmte Tiergattungen vor dem Aussterben zu bewahren und allgemein gewaltfreie Kampagnen zu organisieren, um auf diese Art und Weise zu einer Verstärkung des Umweltbewußtseins der Menschen beizutragen.

Die Greenpeace-Organisation wurde 1971 aus Protest gegen die unnötigen und gefährlichen Atom-Tests auf den Aleuten gegründet. Ein Schiff, die „Greenpeace", fuhr in das Testgebiet. Dadurch wuchs die Aufmerksamkeit, so daß die amerikanische Atombehörde veranlaßt wurde, das Gebiet zu sperren und zu einem Vogelschutzgebiet zu erklären. 1972 und 1973 segelte David McTaggart zu den Mururoa-Inseln, wo Frankreich überirdische Atombombenversuche durchführte. Dort konnte erreicht werden, daß Frankreich diese Versuche Ende 1974 einstellte.

Greenpeace hat sich direkten Aktionen verschrieben, die kritische Umweltprobleme behandeln. Unser Hauptziel ist es nicht nur, einige gefährdete Tierarten zu erhalten oder einen bestimmten Mißbrauch unserer Umwelt zu verhindern, sondern auch der Menschheit den Grundgedanken einer neuen umweltbewußten Denkweise zu vermitteln. Dies geschieht im Hinblick auf die Welt, in der wir leben und unsere Nachkommen leben müssen. Daraus ergeben sich die Schwerpunkte der Greenpeace-Philosophie.

▷ Ökologisch: Alle Lebewesen – nämlich Pflanzen, Tiere und Menschen – stehen in einer Gesamtbeziehung zueinander. Der Mensch ist nicht Krone, sondern nur ein Teil der Schöpfung. Er kann sich die Erde nicht untertan machen, sondern nur leben, wenn alle Organismen in einer ausgewogenen Wechselbeziehung zueinander stehen.

▷ Gewaltfreie und direkte Aktionen: Behindern, blockieren, sich mit dem eigenen Leib schützend dazwischenstellen. Nur so können wir zeigen, daß wir es ernst meinen.

- ▷ International: Greenpeace arbeitet zur Zeit in Dänemark, Frankreich, Großbritannien, Neuseeland, Kanada, Niederlanden, Australien, USA und der Bundesrepublik Deutschland. Alle größeren Aktionen und Ziele werden international koordiniert.
- ▷ Überparteilich: Greenpeace lebt nur von Spenden und dem Verkauf von kleinen Gebrauchsgütern (T-Shirts, Sweat-Shirts), Ansteckern und Aufklebern. Keiner kann jedoch mit seiner Spende die Ziele beeinflussen.

Ein weiterer wichtiger Gesichtspunkt ist die detaillierte und genaue Öffentlichkeitsarbeit. Das bedeutet: Für jede Aktion wird eine genaue Pressemappe mit Hintergrundinformationen – auch wissenschaftlicher Art – an alle Medien verschickt. Die Aktion selbst bleibt jedoch spektakulär, daß nur ein kleiner Kreis von eingeweihten Personen genaue Daten und Ort der Aktion kennt. Parallel wird, auch wenn keine Aktion läuft, intensive Aufklärungsarbeit betrieben, etwa mit Dia-Vorträgen in Schulen und Jugendzentren oder mit Info-Shows auf dem Zwei-Mast-Segler „St. Antoine“. Mitstreiter bei Greenpeace kommen aus allen Berufen – von der Verkäuferin über den Schornsteinfeger bis hin zu Fischereiwissenschaftlern und Künstlern.

Ein letzter Grundsatz von Greenpeace ist, kontinuierlich an den Schwerpunkten zu arbeiten, bis wirklich eine Verbesserung eintritt. So sind die augenblicklichen Ziele ein zehnjähriges Fangverbot für Wale, die drastische Verminderung der Fangquoten für Robben und ein Stopp der weiteren Verschmutzung unserer Gewässer durch Atom- und Chemiemüll.

Tips zum Weiterlesen

Ausgewählte Literatur zu den Themenbereichen Ökologie, Natur- und Umweltschutz

Carl Amery: Natur als Politik. Rowohlt Verlag, Reinbek 1978

Michael Andritzky, Klaus Spitzer (Hg.): Grün in der Stadt. Rowohlt Taschenbuch-Verlag, Reinbek 1981

Arnim Bechmann, Gerd Michaelsen: Global Future, Es ist Zeit zu handeln. Dreisam-Verlag, Freiburg 1981

Behörde für Bezirksangelegenheiten, Naturschutz und Umweltgestaltung Hamburg, BBNU (Hg.):
- Ökologie-Forum 1978: Ökologische Planung,
- Ökologie-Forum 1979: Schutz der Tier- und Pflanzenwelt sowie natürlicher Lebensräume,
- Ökologie-Forum 1980: Umweltpolitik und Umweltplanung,
- Ökologie-Forum 1981: Bäume in der Großstadt. Anschrift: BBNU, Steindamm, 2000 Hamburg 1

Hans Christoph Binswanger u. a.: Der NAWU-Report: Wege aus der Wohlstandsfalle. Strategien gegen Arbeitslosigkeit und Umweltkrise. Fischer Taschenbuch Verlag, Frankfurt 1979

Kurt Blüchel: Der Untergang der Tiere. Rowohlt Verlag, Reinbek 1979.

H. Bossel, H. J. Grommelt, K. Öser: Wasser – Ein Lebenselement wird verschmutzt und vergeudet. Fischer Taschenbuch Verlag, Frankfurt 1981

Rudolf Brun (Hg.): Der grüne Protest. Herausforderung durch die Umweltparteien. Fischer Taschenbuch Verlag, Frankfurt 1978

Konrad Buchwald, Wolfgang Engelhardt (Hg.): Handbuch für Planung, Gestaltung und Schutz der Umwelt. BLV, München/Bern/Wien 1978/80

Bundesministerium des Innern (Hg.):
- Was Sie schon immer über Umweltschutz wissen wollten,
- Was Sie schon immer über Abfall und Umwelt wissen wollten,
- Was Sie schon immer über Umweltchemikalien wissen wollten. Verlag W. Kohlhammer, Stuttgart 1981

Bundesministerium für Ernährung, Landwirtschaft und Forsten (Hg.): Naturschutz und Landschaftspflege in der Bundesrepublik Deutschland (mit dem Wortlaut des Bundesnaturschutzgesetzes), Bonn 1979

Bundesministerium für Ernährung, Landwirtschaft und Forsten (Hg.):

Landschaftspflege und Naturschutz. Auszug aus dem Umweltgutachten 1978. Anschrift: Rochusstraße 1, 5300 Bonn 1
Der Bundesminister der Justiz (Hg.): Straftaten gegen die Umwelt, Bonn o. J.
BUND Baden-Württemberg (Hg.): Aktiver Naturschutz I, Aktiver Naturschutz II. BUND-Verlag, Kirchstraße 2, 7800 Freiburg
Bund Naturschutz in Bayern (Hg.): Ökologischer Garten, Fischer Taschenbuch Verlag, Frankfurt 1981
Rachel Carson: Der stumme Frühling. dtv, München 1968
Council on Environmental Quality (Hg.): Global 2000. Der Bericht an den Präsidenten. Zweitausendeins, Frankfurt 1980
Deutscher Naturschutzring (Hg.):
- Feuchtgebiete sind kein nutzloses Land.
- Fließgewässer. Bedeutung, Gefährdungen, Schutz.
- Handel mit gefährdeten Arten.
- Hecken und Feldgehölze. Bedeutung, Schutz, Pflege.
- Jeder kann Seevögel schützen.
- Jugendarbeit im Natur- und Umweltschutz.
- Landwirt = Umweltschützer.
- Lebensrecht für die Natur.
- Mehr Schutz für unsere Vogelwelt.
- Moore. Bedeutung, Schutz, Regeneration.
- Naturschutzgebiete.
- So kann ich helfen im Naturschutz, in der Landschaftspflege, im Umweltschutz (Grundbegriffe des Naturschutzes und der Landschaftspflege, Anschriften von Behörden und Verbänden), Bonn 1980.
- Trockenrasen. Gefährdung und Schutz, Bonn 1980.
- Wildpflanzen in der Stadt.
- Wattenmeer – Natur zum Überleben.
F. J. Dingethal: Kiesgrube und Landschaft. Verlag Paul Parey, Hamburg 1981
Emanuel Eckardt, Sebastian Knauer: Kein schöner Land. Ein deutscher Umweltatlas. Goldmann, München 1981
Louis R. Ember: Acid pollutants, Chemical & Engineering News. American Chemical Society Washington, September 1981
Erhard Eppler: Wege aus der Gefahr. Rowohlt, Reinbek 1981
Wolfgang Erz (Hg.): Rote Liste der gefährdeten Tiere und Pflanzen in der Bundesrepublik Deutschland. Kilda Verlag, Greven 1981
Evangelische Akademie Loccum (Hg.): Graben wir uns das Wasser ab? Loccumer Protokolle, Rehburg-Loccum 1981
Peter Farb: Die Ökologie. Rowohlt Taschenbuch Verlag, Reinbek 1979
Herbert Gruhl: Ein Planet wird geplündert. Fischer Taschenbuch Verlag, Frankfurt 1981

Günter Haaf: Rettet die Natur. Praesentverlag Heinz Peter, Gütersloh 1981
Bob Hunter, Rex Weyler: Rettet die Wale. Die Fahrten von Greenpeace. Kübler Verlag, Lampertheim 1979
Christoph Imboden: Leben am Wasser. Verlag Schweizerischer Bund für Naturschutz, Basel 1976
Michael Kidron, Ronald Segal (Hg.): Hunger und Waffen. Ein politischer Weltatlas. Rowohlt Taschenbuch Verlag, Reinbek 1981
Herwig Klemp: Mehr Natur in Dorf und Stadt. Verlag Günter Hartmann, Kronshagen 1981
Marie Luise Kreuter: Der biologische Garten. Wilhelm Heyne Verlag, München 1981
German J. Krieglsteiner: Fünf Sekunden nach Zwölf. Bund für Umwelt und Naturschutz Deutschland e. V., Landesverband Baden-Württemberg, Kirchstraße 2, 7800 Freiburg
M. L. Kübler (Hg.): Ohne Wasser läuft es nicht. Kübler, Heidelberg 1981
Fred Kurt: Naturschutz – Illusion und Wirklichkeit. Zur Ökologie bedrohter Arten und Lebensgemeinschaften. Verlag Paul Parey, Hamburg 1981
Uwe Lahl, Barbara Zeschmar: Wie krank ist unser Wasser? Dreisam-Verlag, Freiburg 1981
L. G. Le Roy: Natur ausschalten, Natur einschalten. Verlag Klett-Cotta, Stuttgart 1978
Rüdiger Lutz (Hg.): Sanfte Alternativen. Ein Öko-Log-Buch. Beltz, Weinheim 1981
Gerd Michelsen u. a. (Hg.): Der Fischer Öko-Almanach. Fischer Taschenbuch Verlag, Frankfurt 1980
Pat Roy Mooney: Saat-Multis und Welthunger. Rowohlt Taschenbuch Verlag, Reinbek 1981
Jan Mordhorst: Müllkippe Nordsee?, Edition Maritim, Hamburg 1981
Norman Myers: The Sinking Ark. Pergamon Press, Oxford 1979
Gerhard Olschowy (Hg.): Natur- und Umweltschutz in der Bundesrepublik Deutschland, Dreibändige Sonderausgabe:
1. Ökologische Grundlagen des Natur- und Umweltschutzes,
2. Eingriffe in die Umwelt und ihr Ausgleich,
3. Naturschutz, Landschaftspflege und Landschaftsplanung. Verlag Paul Parey, Hamburg 1981

Aurelio Peccei: Die Zukunft in unserer Hand. Molden, Wien 1981
Herbert Pfeifer: Umwelt und Ethik. Landesanstalt für Umweltschutz Baden-Württemberg, Karlsruhe 1980
Der Rat von Sachverständigen für Umweltfragen: Umweltgutachten 1978. Kohlhammer, Stuttgart 1978
Der Rat von Sachverständigen für Umweltfragen: Umweltprobleme der Nordsee. Kohlhammer, Stuttgart 1980

Günther Reichelt, Wolfgang Schwoerbel: Ökologie. Cornelsen-Velhagen & Klasing, Berlin 1979
Hermann Remmert: Ökologie. Ein Lehrbuch. Springer Verlag, Berlin 1980
Tilman Rhode-Jüchtern: Umweltplanung und Lebensqualität. J. B. Metzlersche Verlagsbuchhandlung, Stuttgart 1981
Rudolf L. Schreiber (Hg.): Arche Noah 2000. Pro natur Verlag, Stuttgart 1982
Leopold und Roma Schua: Wasser – Lebenselement und Umwelt. Verlag Karl Alber, Freiburg/München 1981
Urs Schwarz: Der Naturgarten. Wolfgang Krüger Verlag, Frankfurt 1980
Horst Stern (Hg.): Rettet den Wald. Kindler, München 1979
Horst Stern u. a.: Rettet die Vögel. Herbig, München und Berlin 1978
Horst Stern u. a.: Rettet die Wildtiere. Pro natur Verlag, Stuttgart 1980
Johano Strasser, Klaus Traube: Die Zukunft des Fortschritts. Der Sozialismus und die Krise des Industrialismus. Verlag Neue Gesellschaft, Bonn 1980
Hans A. Straub: Alternative Landwirtschaft. Der ökologische Weg aus der Sackgasse. Fischer Taschenbuch Verlag, Frankfurt 1981
Stiftung zum Schutze gefährdeter Pflanzen (Hg.): Aus Liebe zur Natur. Anschrift: Kalkuhlstraße 24, 5300 Bonn 3
Umweltbundesamt: Jahresbericht 1980. Anschrift: Umweltbundesamt, Bismarckplatz 1, 1000 Berlin 33
Verbraucherzentrale Hamburg: Gärtnern ohne Gift. Anschrift: Große Bleichen 23, 2000 Hamburg 36
Frederic Vester: Neuland des Denkens – vom technokratischen zum kybernetischen Zeitalter. dva, Stuttgart 1980
Frederic Vester: Unsere Welt – ein vernetztes System. Klett-Verlag, Stuttgart 1978
Voitl, Guggenberger, Willi: Das große Buch vom biologischen Landbau. Orac, Wien 1980
Wolfgang Graf Vietzthum (Hg.): Die Plünderung der Meere. Fischer Taschenbuch Verlag, Frankfurt 1981
Hubert Weinzierl: Umweltpolitik für die achtziger Jahre. Bund Naturschutz in Bayern, Anschrift: Schönfeldstraße 8, 8000 München 22
Hansruedi Wildermuth: Natur als Aufgabe. Leitfaden für die Naturschutzpraxis in der Gemeinde. Schweizerischer Bund für Naturschutz, Basel 1980
Alexander Windt: Natur in der Stadt. Otto Maier Verlag, Ravensburg 1980
Ernst Zimmerli: Freilandlabor Natur. Schulreservat, Schulweiher, Naturlehrpfad – Schaffung, Betreuung, Einsatz im Unterricht. WWF Schweiz, Zürich 1980